BRÜDER GRIMM Kinder- und Hausmärchen

MIT VIELEN BILDERN VON

JANUSZ GRABIANSKI

VERLAG CARL UEBERREUTER

WIEN–HEIDELBERG

ISBN 3 8000 1010 0
J 292
Papier und Gesamtherstellung: Salzer - Ueberreuter, Wien
Printed in Austria

Kindermärchen werden erzählt, damit in ihrem reinen und milden Lichte die ersten Gedanken und Kräfte des Herzens aufwachen und wachsen; weil aber einen jeden ihre einfache Poesie erfreuen und ihre Wahrheit belehren kann, und weil sie beim Haus bleiben und sich forterben sollen, werden sie auch Hausmärchen genannt.

JAKOB UND WILHELM GRIMM, 1812

INHALT

DER FROSCHKÖNIG

In alten Zeiten, wo das Wünschen noch geholfen hat, lebte ein König, dessen Töchter waren alle schön; aber die jüngste war so schön, daß die Sonne selbst, die doch so vieles gesehen hat, sich freute, sooft sie ihr ins Gesicht schien. Nahe bei dem Schloß des Königs lag ein großer, dunkler Wald, und in dem Wald unter einer alten Linde war ein Brunnen. Wenn nun der Tag sehr heiß war, ging das Königskind hinaus in den Wald und setzte sich an den Rand des kühlen Brunnens. Und wenn die Kleine Langeweile hatte, nahm sie eine goldene Kugel, warf sie in die Höhe und fing sie wieder auf; und das war ihr liebstes Spielwerk.

7

Nun trug es sich einmal zu, daß die goldene Kugel der Königstochter nicht in ihr Händchen fiel, das sie in die Höhe gehalten hatte, sondern vorbei auf die Erde schlug und geradezu ins Wasser rollte. Die Königstochter folgte ihr mit den Augen, aber die Kugel verschwand, und der Brunnen war tief, so tief, daß man keinen Grund sah. Da fing sie an zu weinen und weinte immer lauter und konnte sich gar nicht trösten. Und wie sie so klagte, rief ihr jemand zu: »Was hast du, Königstochter? Du weinst ja, daß sich ein Stein erbarmen möchte.«

Sie sah sich um, woher die Stimme käme, da erblickte sie einen Frosch, der seinen dicken, häßlichen Kopf aus dem Wasser streckte.

»Ach, du bist's, alter Wasserpatscher?« sagte sie. »Ich weine über meine goldene Kugel, die mir in den Brunnen hinabgefallen ist.«

»Sei still und weine nicht«, antwortete der Frosch, »ich kann dir helfen. Aber was gibst du mir, wenn ich dein Spielzeug wieder heraufhole?«

»Was du haben willst, lieber Frosch«, sagte sie, »meine Kleider, meine Perlen und Edelsteine, auch noch die goldene Krone, die ich trage.«

Der Frosch antwortete: »Deine Kleider, deine Perlen und Edelsteine und deine goldene Krone, die mag ich nicht; aber wenn du mich liebhaben willst, und ich soll dein Geselle und Spielkamerad sein, an deinem Tischlein neben dir sitzen, von deinem goldenen Tellerlein essen, aus deinem Becherlein trinken, in deinem Bettlein schlafen. Wenn du mir das versprichst, so will ich hinuntersteigen und dir die goldene Kugel wieder heraufholen.«

»Ach ja«, sagte sie, »ich verspreche dir alles, was du willst, wenn du mir nur die Kugel wiederbringst!« Sie dachte aber: Was der einfältige Frosch schwätzt! Der sitzt im Wasser bei seinesgleichen und quakt und kann keines Menschen Kamerad sein.

Als der Frosch die Zusage erhalten hatte, tauchte er seinen Kopf unter, sank hinab, und bald kam er wieder heraufgeschwommen, hatte die Kugel im

Maul und warf sie ins Gras. Die Königstochter war voll Freude, als sie ihr schönes Spielwerk wieder erblickte, hob es auf und sprang damit fort.

»Warte, warte«, rief der Frosch, »nimm mich mit, ich kann nicht so laufen wie du!« Aber was half es ihm, daß er ihr sein »Quak, quak« so laut nachschrie, wie er nur konnte! Sie hörte nicht darauf, eilte nach Hause und hatte bald den armen Frosch vergessen, der wieder in seinen Brunnen hinabsteigen mußte.

Am andern Tag, als sie sich mit dem König und allen Hofleuten zur Tafel gesetzt hatte und von ihrem goldenen Tellerlein aß, da kam, plitsch, platsch – plitsch, platsch, etwas die Marmortreppe heraufgekrochen. Als es oben angelangt war, klopfte es an die Tür und rief: »Königstochter, jüngste, mach mir auf!«

Sie lief und wollte sehen, wer draußen wäre; als sie aber aufmachte, saß der Frosch davor. Da warf sie die Tür rasch zu, setzte sich wieder an den Tisch, und sie bekam Angst.

Der König sah wohl, daß ihr das Herz gewaltig klopfte, und sprach: »Mein Kind, was fürchtest du dich? Steht etwa ein Riese vor der Tür und will dich holen?«

»Ach nein«, antwortete sie, »es ist kein Riese, sondern ein garstiger Frosch.«

»Was will der Frosch von dir?«

»Ach, lieber Vater, als ich gestern im Wald bei dem Brunnen saß und

spielte, da fiel meine goldene Kugel ins Wasser. Weil ich so weinte, hat
sie der Frosch wieder heraufgeholt, und weil er es durchaus verlangte, so
versprach ich ihm, er sollte mein Kamerad werden. Ich dachte aber, daß er
aus seinem Wasser nimmermehr herauskönnte. Nun ist er draußen und will
zu mir herein.«

Indessen klopfte es zum zweitenmal und rief:

> »Königstochter, jüngste,
> mach mir auf!
> Weißt du nicht, was gestern
> du zu mir gesagt
> bei dem kühlen Brunnenwasser?
> Königstochter, jüngste,
> mach mir auf!«

Da sagte der König: »Was du versprochen hast, das mußt du auch halten;
geh nur und mach ihm auf!«

Sie öffnete die Tür; der Frosch hüpfte herein, ihr immer auf dem Fuße
nach, bis zu ihrem Stuhl. Da saß er und rief: »Heb mich hinauf zu dir!«

Sie zauderte, bis es endlich der König befahl.

Als der Frosch auf dem Stuhl war, wollte er auf den Tisch, und als er da
saß, sprach er: »Nun schieb mir dein goldenes Tellerlein näher, damit wir
zusammen essen!« Das tat die Königstochter zwar, aber man merkte wohl,
daß sie's nicht gerne tat. Der Frosch ließ sich's gut schmecken, aber ihr blieb
fast jedes Bißlein im Halse stecken.

Endlich sprach er: »Ich habe mich sattgegessen und bin müde, nun trag mich in dein Kämmerlein und mach dein seiden Bettlein zurecht, da wollen wir uns schlafenlegen.«

Die Königstochter fing an zu weinen und fürchtete sich vor dem kalten Frosch, den sie sich nicht anzurühren getraute und der nun in ihrem schönen, reinen Bettlein schlafen sollte. Der König aber wurde zornig und befahl: »Wer dir geholfen hat, als du in der Not warst, den sollst du hernach nicht verachten!«

Da packte sie den Frosch mit zwei Fingern, trug ihn hinauf und setzte ihn in eine Ecke. Als sie aber im Bett lag, kam er gekrochen und sprach: »Ich bin müde, ich will schlafen, so gut wie du. Heb mich hinauf, oder ich sag's deinem Vater!«

Da wurde sie bitterböse, holte ihn herauf und warf ihn mit aller Kraft gegen die Wand: »Nun wirst du Ruhe geben, du garstiger Frosch!«

Als er aber herabfiel, war er kein Frosch mehr, sondern ein Königssohn mit schönen, freundlichen Augen. Der war nun nach ihres Vaters Willen ihr lieber Kamerad und Gemahl. Gleich erzählte er ihr, er wäre von einer bösen Hexe verwünscht worden, und niemand hätte ihn aus dem Brunnen

erlösen können als sie allein, und morgen wollten sie zusammen in sein Reich gehen. Dann schliefen beide ein, und am andern Morgen, als die Sonne sie aufweckte, kam ein Wagen herangefahren, mit sechs weißen Pferden bespannt, die hatten weiße Straußfedern auf dem Kopf und zogen an goldenen Ketten; hinten stand der Diener des Königssohnes, das war der treue Heinrich.

Der treue Heinrich war so betrübt gewesen, als sein Herr in einen Frosch verwandelt worden war, daß er sich drei eiserne Reifen hatte um sein Herz legen lassen, damit es ihm nicht vor Weh und Traurigkeit zerspränge. Der Wagen aber sollte den Königssohn in sein Reich abholen; der treue Heinrich half beiden einsteigen, stellte sich wieder hinten auf und war voller Freude über die Erlösung.

Als sie ein Stück Wegs gefahren waren, hörte der Königssohn, daß es hinter ihnen krachte, als wäre etwas gebrochen. Da drehte er sich um und rief:

»Heinrich der Wagen bricht!«
»Nein, Herr, der Wagen nicht,
es ist ein Band von meinem Herzen,
das da lag in großen Schmerzen,
als Ihr in dem Brunnen gelegen,
und noch ein Frosch gewesen.«

Noch einmal und noch einmal krachte es, und der Königssohn meinte jedesmal, der Wagen bräche, und es waren doch nur die Bande, die vom Herzen des treuen Heinrich absprangen, weil nun sein Herr erlöst und glücklich war.

ASCHENPUTTEL

Einem reichen Mann wurde seine Frau krank, und als sie fühlte, daß ihr Ende herankam, rief sie ihr einziges Töchterlein zu sich ans Bett und sprach: »Liebes Kind, bleib fromm und gut, so wird dir der liebe Gott immer beistehen, und ich will vom Himmel auf dich herabblicken, und ich will um dich sein.«

Darauf tat sie die Augen zu und verschied.

Das Mädchen ging jeden Tag hinaus zu dem Grab seiner Mutter und weinte und blieb fromm und gut. Als der Winter kam, deckte der Schnee ein weißes Tüchlein auf das Grab, und als die Sonne im Frühjahr es wieder herabgezogen hatte, nahm sich der Mann eine andere Frau.

Die Frau hatte zwei Töchter mit ins Haus gebracht, die schön und weiß von Angesicht waren, aber garstig und schwarz von Herzen. Da begann eine schlimme Zeit für das arme Stiefkind.

»Soll die dumme Gans bei uns in der Stube sitzen?« sprachen sie. »Wer Brot essen will, muß es verdienen! Hinaus mit der Küchenmagd!«

Sie nahmen ihm seine schönen Kleider weg, zogen ihm einen grauen Kittel an und gaben ihm hölzerne Schuhe.

»Seht einmal die stolze Prinzessin, wie sie geputzt ist!« riefen sie, lachten und führten das Mädchen in die Küche.

Da mußte es vom Morgen bis zum Abend schwere Arbeit tun, früh vor Tag aufstehen, Wasser tragen, Feuer anmachen, kochen und waschen. Obendrein taten ihm die Schwestern alles ersinnliche Herzeleid an, verspotteten es und schütteten ihm die Erbsen und Linsen in die Asche, so daß es sitzen und sie wieder auslesen mußte. Abends, wenn es sich müde gearbeitet hatte, bekam es kein Bett, sondern mußte sich neben den Herd in die Asche legen. Und weil es darum immer staubig und schmutzig aussah, nannten sie es Aschenputtel.

Als der Vater einmal auf eine Messe reisen wollte, fragte er die beiden Stieftöchter, was er ihnen mitbringen sollte.

»Schöne Kleider«, sagte die eine; »Perlen und Edelsteine«, die zweite.

»Aber du, Aschenputtel«, sprach er, »was willst du haben?«

»Vater, das erste Reis, das Euch auf Eurem Heimweg an den Hut stößt, das brecht für mich ab.«

Er kaufte nun für die beiden Schwestern schöne Kleider, Perlen und Edelsteine, und auf dem Rückweg, als er durch einen grünen Busch ritt, streifte ihn ein Haselreis und stieß ihm den Hut ab. Da brach er das Reis ab und nahm es mit. Als er nach Hause kam, gab er den Stieftöchtern, was sie sich gewünscht hatten, und dem Aschenputtel gab er das Reis von dem Haselbusch.

Aschenputtel dankte ihm, ging zu seiner Mutter Grab und pflanzte das Reis darauf und weinte so sehr, daß die Tränen darauf niederfielen und es begossen. Das Reis wuchs und wurde ein schöner Baum. Aschenputtel ging alle Tage dreimal unter den Baum, weinte und betete, und allemal kam ein weißes Vöglein auf den Baum, und wenn Aschenputtel einen Wunsch aussprach, so warf ihm das Vöglein herab, was es sich gewünscht hatte.

Einst geschah es, daß der König ein Fest veranstaltete, das drei Tage dauern sollte, wozu alle schönen Jungfrauen im Lande eingeladen wurden, damit sich sein Sohn eine Braut aussuchen könnte. Als die zwei Stiefschwestern hörten, daß sie auch dabei erscheinen sollten, waren sie lustig und vergnügt, riefen Aschenputtel und sprachen:

»Kämme uns die Haare, bürste uns die Schuhe und mache uns die Schnallen fest, wir gehen zur Brautschau auf des Königs Schloß.«

Aschenputtel gehorchte, weinte aber, weil es auch gern zum Tanz mitgegangen wäre, und bat die Stiefmutter, sie möchte es ihm erlauben.

»Du, Aschenputtel«, sprach sie, »bist voll Staub und Schmutz und willst zum Fest? Du hast keine Kleider und keine Schuhe und willst tanzen?«

Als es aber nicht aufhörte zu bitten, sprach sie endlich: »Da habe ich dir eine Schüssel Linsen in die Asche geschüttet; wenn du die Linsen in zwei Stunden wieder ausgelesen hast, so darfst du mitgehen.«

Das Mädchen lief durch die Hintertür nach dem Garten und rief: »Ihr zahmen Täubchen, ihr Turteltäubchen, all ihr Vöglein unter dem Himmel, kommt und helft mir lesen,

> die guten ins Töpfchen,
> die schlechten ins Kröpfchen.«

Da kamen zum Küchenfenster zwei weiße Täubchen hereingeflogen und danach die Turteltäubchen, und endlich schwirrten alle Vöglein unter dem Himmel herein und ließen sich um die Asche nieder. Und die Täubchen nickten mit den Köpfchen und fingen an pik, pik, pik, pik, und da fingen die übrigen auch an pik, pik, pik, pik und lasen alle guten Körnlein in die Schüssel. Kaum war eine Stunde herum, so waren sie schon fertig und flogen

alle wieder fort. Da brachte das Mädchen die Schüssel der Stiefmutter, freute sich und glaubte, es dürfte nun mit auf das Fest gehen.

Aber die Stiefmutter sprach: »Nein, Aschenputtel, du hast keine Kleider und kannst nicht tanzen; du wirst nur ausgelacht.«

Als das Mädchen wieder weinte, sagte sie: »Wenn du mir zwei Schüsseln voll Linsen in einer Stunde aus der Asche reinlesen kannst, so sollst du mitgehen« und dachte: Das kann das Mädchen nimmermehr.

Als sie die zwei Schüsseln Linsen in die Asche geschüttet hatte, lief das Mädchen durch die Hintertür nach dem Garten und rief: »Ihr zahmen Täubchen, ihr Turteltäubchen, all ihr Vöglein unter dem Himmel, kommt und helft mir lesen,

die guten ins Töpfchen,
die schlechten ins Kröpfchen.«

Da kamen zum Küchenfenster zwei weiße Täubchen hereingeflogen und danach die Turteltäubchen, und endlich schwirrten alle Vögel unter dem Himmel herein und ließen sich um die Asche nieder. Und die Täubchen nickten mit ihren Köpfchen und fingen an pik, pik, pik, pik, und da fingen die übrigen auch an pik, pik, pik, pik und lasen alle guten Körner in die Schüsseln. Und ehe eine halbe Stunde herum war, waren sie schon fertig und flogen alle wieder fort. Da trug das Mädchen die Schüsseln zu der Stiefmutter, freute sich und glaubte, nun dürfte es mit auf das Fest gehen.

Aber die böse Frau sprach: »Es hilft dir doch alles nichts; du kommst

nicht mit, denn du hast keine Kleider und kannst nicht tanzen; wir müßten uns deiner schämen.« Darauf kehrte sie dem Mädchen den Rücken und eilte mit ihren zwei stolzen Töchtern fort.

Als nun niemand mehr daheim war, ging Aschenputtel zu seiner Mutter Grab unter dem Haselbaum und rief:

>»Bäumchen, rüttel dich und schüttel dich,
> wirf Gold und Silber über mich.«

Da warf ihm der Vogel ein golden und silbern Kleid herunter und mit Seide und Silber ausgestickte Pantoffeln. In aller Eile zog Aschenputtel das Kleid an und ging zum Fest. Seine Schwestern aber und die Stiefmutter kannten es nicht und meinten, es müsse eine fremde Königstochter sein, so schön sah es in dem goldenen Kleid aus. An Aschenputtel dachten sie gar nicht und glaubten, es säße daheim im Schmutz und suche die Linsen aus der Asche. Der Königssohn kam ihm entgegen, nahm es bei der Hand und tanzte mit ihm. Er wollte von jetzt an mit niemand tanzen und ließ die Hand des Mädchens nicht los, und wenn ein anderer kam, es aufzufordern, sprach er: »Das ist meine Tänzerin.«

Aschenputtel tanzte, bis es Abend war, da wollte es nach Haus gehen. Der Königssohn aber sprach: »Ich gehe mit und begleite dich.« Denn er wollte sehen, wo das schöne Mädchen zu Hause sei. Sie entwischte ihm aber und sprang in das Taubenhaus. Nun wartete der Königssohn, bis der Vater kam, und sagte ihm, das fremde Mädchen sei in das Taubenhaus gesprungen. Der Alte dachte: Sollte es Aschenputtel sein?, und sie mußten ihm Axt und Hacke bringen, damit er das Taubenhaus entzweischlagen konnte; aber es war niemand darin.

Als die Stiefmutter mit ihren Töchtern zurückkam, lag Aschenputtel in seinen schmutzigen Kleidern in der Asche, und ein trübes Öllämpchen brannte auf dem Herd; denn Aschenputtel war geschwind aus dem Taubenhaus hinten herausgesprungen und zu dem Haselbäumchen am Friedhof gelaufen. Da hatte es die schönen Kleider ausgezogen und aufs Grab gelegt, und der Vogel hatte sie wieder weggenommen, und dann hatte es sich in seinem grauen Kittel in der Küche zur Asche gesetzt.

16

Am andern Tag, als das Fest von neuem anfing und die Eltern und Stiefschwestern wieder fort waren, ging Aschenputtel zu dem Haselbaum und
sprach:
»Bäumchen, rüttel dich und schüttel dich,
wirf Gold und Silber über mich.«

Da warf der Vogel ein noch viel stolzeres Kleid herab als am vorigen
Tag. Und als das Mädchen mit diesem Kleid auf dem Fest erschien, erstaunte

jedermann über seine Schönheit. Der Königssohn aber hatte gewartet, bis
es kam, nahm es gleich bei der Hand und tanzte nur mit ihm allein. Wenn
die andern kamen und es aufforderten, sprach er: »Das ist meine Tänzerin.«
Als es nun Abend war, wollte es fort, und der Königssohn ging ihm nach
und wollte sehen, in welches Haus es ginge, aber es sprang ihm fort und in
den Garten hinter dem Haus. Darin stand ein schöner, großer Baum, an dem
die herrlichsten Birnen hingen. Aschenputtel kletterte so flink wie ein Eichhörnchen zwischen die Äste, und der Königssohn wußte nicht, wo es hingekommen war.
Er wartete aber, bis der Vater kam, und sprach zu ihm:
»Das fremde Mädchen ist mir entwischt, und ich glaube, es ist auf den
Birnbaum gesprungen.«

17

Der Vater dachte: Sollte es Aschenputtel sein?, ließ sich die Axt holen und hieb den Baum um, aber es war niemand darauf.

Als die andern heimkamen, lag Aschenputtel da in der Asche wie sonst auch, denn es war auf der anderen Seite vom Baum herabgesprungen, hatte dem Vogel auf dem Haselbäumchen die schönen Kleider wieder gebracht und sein graues Kittelchen angezogen.

Am dritten Tag, als die Eltern und Schwestern fort waren, ging Aschenputtel wieder zu seiner Mutter Grab und sprach zu dem Bäumchen:

> »Bäumchen, rüttel dich und schüttel dich,
> wirf Gold und Silber über mich.«

Nun warf ihm der Vogel ein Kleid herab, das war so prächtig und glänzend, wie es noch keins gehabt hatte, und die Pantoffeln waren ganz golden. Als es in dem Kleid zu dem Fest kam, wußten sie alle nicht, was sie vor Verwunderung sagen sollten. Der Königssohn tanzte ganz allein mit ihm, und wenn es einer aufforderte, sprach er: »Das ist meine Tänzerin.«

18

Als es nun Abend war, wollte Aschenputtel fort, und der Königssohn wollte es begleiten, aber es entsprang ihm so geschwind, daß er nicht folgen konnte. Der Königssohn hatte aber eine List gebraucht und die ganze Treppe mit Pech bestreichen lassen; da war, als es hinabsprang, der linke Pantoffel des Mädchens hängengeblieben. Der Königssohn hob ihn auf, und er war klein und zierlich und ganz golden. Am nächsten Morgen ging er damit zum Vater und sagte zu ihm: »Keine andere soll meine Gemahlin werden als die, an deren Fuß dieser goldene Schuh paßt.«

Da freuten sich die beiden Schwestern, denn sie hatten schöne Füße. Die älteste ging mit dem Schuh in die Kammer und wollte ihn anprobieren, und die Mutter stand dabei. Aber sie konnte mit der großen Zehe nicht hineinkommen, denn der Schuh war ihr zu klein. Da reichte ihr die Mutter ein Messer und sprach: »Hau die Zehe ab! Wenn du Königin bist, so brauchst du nicht mehr zu Fuß zu gehen.« Das Mädchen hieb die Zehe ab, zwängte den Fuß in den Schuh, verbiß den Schmerz und ging hinaus zum Königssohn. Da nahm er sie als seine Braut aufs Pferd und ritt mit ihr fort. Sie mußten aber an dem Grab vorbei, da saßen die zwei Täubchen auf dem Haselbäumchen und riefen:

>»Rucke di guh, rucke di guh,
>Blut ist im Schuh.
>Der Schuh ist zu klein,
>die rechte Braut sitzt noch daheim.«

Da blickte der Königssohn auf ihren Fuß und sah, wie das Blut herausquoll. Er wendete sein Pferd um, brachte die falsche Braut wieder nach Haus und sagte, das wäre nicht die rechte, die andere Schwester solle den Schuh anziehen. Da ging diese in die Kammer und kam mit den Zehen glücklich in den Schuh, aber die Ferse war zu groß. Da reichte ihr die Mutter ein Messer und sprach: »Hau ein Stück von der Ferse ab! Wenn du

Königin bist, brauchst du nicht mehr zu Fuß zu gehen.« Das Mädchen hieb
ein Stück von der Ferse ab, zwängte den Fuß in den Schuh, verbiß den
Schmerz und ging hinaus zum Königssohn. Da nahm er sie als seine Braut
aufs Pferd und ritt mit ihr fort. Als sie an dem Haselbäumchen vorbeikamen,
saßen die zwei Täubchen darauf und riefen:

»Rucke di guh, rucke di guh,
Blut ist im Schuh.
Der Schuh ist zu klein,
die rechte Braut sitzt noch daheim.«

Er blickte wieder auf ihren Fuß und sah, wie das Blut aus dem Schuh quoll
und an den weißen Strümpfen ganz rot heraufgestiegen war. Da wendete
er sein Pferd und brachte die falsche Braut wieder nach Haus.

»Das ist auch nicht die rechte«, sprach er, »habt Ihr keine andere Tochter?«

»Nein«, sagte der Mann; »nur von meiner verstorbenen Frau ist noch ein
kleines, unscheinbares Aschenputtel da; das kann unmöglich die Braut
sein.«

Der Königssohn sprach,
er solle es heraufschicken,
die Mutter aber antworte-
te: »Ach nein, das Mäd-
chen ist viel zu schmutzig,
das darf sich nicht sehen
lassen.«

Er wollte es aber durch-
aus sehen, und Aschenput-
tel mußte gerufen werden.
Da wusch es sich erst
Hände und Gesicht rein,
ging dann hinaus und neig-
te sich vor dem Königs-
sohn, der ihm den golde-
nen Schuh reichte.

Dann setzte es sich auf
einen Schemel, zog den
Fuß aus dem schweren
Holzschuh und steckte ihn
in den Pantoffel, der saß
wie angegossen. Und als es
sich in die Höhe richtete
und der Königssohn ihm
ins Gesicht sah, erkannte er

das schöne Mädchen, das mit ihm getanzt hatte, und rief: »Das ist die rechte Braut!«

Die Stiefmutter und die beiden Schwestern erschraken und wurden bleich vor Ärger; er aber nahm Aschenputtel aufs Pferd und ritt mit ihm fort. Als sie an dem Haselbäumchen vorbeikamen, riefen die zwei weißen Täubchen:

>»Rucke di guh, rucke di guh,
> kein Blut ist im Schuh.
> Der Schuh ist nicht zu klein,
> die rechte Braut, die führt er heim.«

Und als die Täubchen das gerufen hatten, kamen sie beide herabgeflogen und setzten sich dem Aschenputtel auf die Schultern, eines rechts, das andere links, und blieben da sitzen.

Als die Hochzeit mit dem Königssohn gehalten werden sollte, kamen die falschen Schwestern, wollten sich einschmeicheln und an seinem Glück teilnehmen. Wie die Brautleute nun zur Kirche gingen, schritt die älteste zur rechten, die jüngste zur linken Seite. Da pickten die Tauben jeder ein Auge aus. Hernach, als sie hinausgingen, schritt die älteste zur linken und die jüngste zur rechten Seite. Da pickten die Tauben jeder das andere Auge aus. So waren die beiden Schwestern für ihre Bosheit und Falschheit ihr Leben lang mit Blindheit gestraft.

DAS TAPFERE SCHNEIDERLEIN

Ein Schneiderlein saß an einem Sommermorgen auf seinem Tisch am Fenster, war guter Dinge und nähte aus Leibeskräften. Da kam eine Bauersfrau die Straße herab und rief: »Pflaumenmus! Wer kauft Pflaumenmus?« Das klang dem Schneiderlein lieblich in die Ohren; es steckte sein zartes Haupt zum Fenster hinaus und rief: »Hier herauf, liebe Frau, hier wird sie ihre Ware los.«

Die Frau stieg mit ihrem schweren Korb die drei Treppen zu dem Schneider hinauf und mußte die Töpfe sämtlich vor ihm auspacken. Er besah sie alle, hob sie in die Höhe, hielt die Nase daran und sagte endlich:

»Das Mus scheint mir gut, wieg sie mir doch vier Lot ab, liebe Frau! Wenn's auch ein Viertelpfund ist, kommt es mir nicht darauf an.«

Die Frau, die gehofft hatte, einen guten Absatz zu finden, gab ihm, was er verlangte, ging aber ganz ärgerlich und brummig fort.

»Nun, das Mus soll mir Gott segnen«, rief das Schneiderlein, »und soll mir Kraft und Stärke geben«, holte das Brot aus dem Schrank, schnitt sich ein Stück über den ganzen Laib und strich das Mus darüber. »Das wird mir gut schmecken«, sprach er, »aber erst will ich das Wams fertigmachen, ehe ich anbeiße.«

Er legte das Brot neben sich, nähte weiter und machte vor Freude immer größere Stiche. Indessen stieg der Geruch von dem süßen Mus hinauf an die Wand, wo die Fliegen in großer Menge saßen, so daß sie herangelockt wurden und sich scharenweise darauf niederließen.

»Ei, wer hat euch eingeladen?« sprach das Schneiderlein und jagte die ungebetenen Gäste fort.

Die Fliegen aber, die ihn nicht verstanden, ließen sich nicht abweisen, sondern kamen in immer größerer Zahl wieder.

Da lief dem Schneiderlein endlich, wie man sagt, die Laus über die Leber, es langte nach einem Tuchlappen, und: »Wart', ich will es euch geben!« schlug es unbarmherzig drauflos. Als der Schneider dann zählte, da lagen nicht weniger als sieben vor ihm tot und streckten die Beine.

»Bist du ein tapferer Kerl?« sprach er und mußte selbst seine Tapferkeit bewundern, »das soll die ganze Stadt erfahren.« Und in aller Eile schnitt sich

das Schneiderlein einen Gürtel, nähte ihn
und stickte mit großen Buchstaben darauf:
»Sieben auf einen Streich!«

»Ei was, die Stadt!« sprach er weiter,
»die ganze Welt soll's erfahren!«, und sein
Herz wackelte ihm vor Freude wie ein
Lämmerschwänzchen.

Der Schneider band sich den Gürtel
um den Leib und wollte in die Welt hinaus,
weil er meinte, die Werkstätte sei zu
klein für seine Tapferkeit. Ehe er fortzog,
suchte er im Haus herum, ob nichts da
wäre, was er mitnehmen könnte. Er fand
aber nichts als einen alten Käse, den
steckte er ein. Vor dem Tor bemerkte er
einen Vogel, der sich im Gesträuch gefangen hatte, der mußte zu dem Käse
in die Tasche. Nun schritt er rasch aus,
und weil er leicht und behend war,
fühlte er keine Müdigkeit.

Der Weg führte ihn auf einen
Berg, und als er den höchsten Gipfel
erreicht hatte, saß da ein gewaltiger
Riese und schaute sich ganz gemächlich um. Das Schneiderlein ging
beherzt auf ihn zu, redete ihn an
und sprach:

»Guten Tag, Kamerad! Gelt,
du sitzest da und betrachtest dir
die weite, weite Welt? Ich bin eben
auf dem Weg dahin und will mein
Glück versuchen. Hast du Lust,
mitzugehen?«

Der Riese sah das Schnei-
derlein verächtlich an und
sprach: »Du Lump! Du mi-
serabler Kerl!«

»Was!« antwortete das
Schneiderlein, knöpfte den
Rock auf und zeigte den
Gürtel, »da kannst du lesen,
was ich für ein Mann bin.«

Der Riese las: »Sieben auf einen Streich« und meinte, das wären Menschen gewesen, die der Schneider erschlagen hätte, und kriegte Respekt vor dem kleinen Kerl. Doch wollte er ihn erst prüfen, nahm einen Stein in die Hand und drückte ihn zusammen, daß das Wasser heraustropfte.

»Das mach mir nach«, sprach der Riese, »wenn du Kraft hast!«

»Ist's weiter nichts?« sagte das Schneiderlein, »das macht unsereiner spielend«, griff in die Tasche, holte den weichen Käse und drückte ihn, daß der Saft herauslief. »Gelt«, sprach er, »das war ein wenig besser?«

Der Riese wußte nicht, was er sagen sollte, und konnte es von dem Männlein nicht glauben. Da hob der Riese einen Stein auf und warf ihn so hoch, daß man ihn kaum noch sehen konnte: »Nun, du Wicht, das mach mir nach!«

»Gut geworfen«, sagte der Schneider, »aber der Stein hat doch wieder zur Erde herabfallen müssen. Ich will dir einen werfen, der soll gar nicht wiederkommen«, griff in die Tasche, nahm den Vogel und warf ihn in die Luft. Der Vogel, froh über seine Freiheit, stieg auf, flog fort und kam nicht wieder. »Wie gefällt dir das Stückchen, Kamerad?« fragte der Schneider.

»Werfen kannst du wohl«, sagte der Riese, »aber nun wollen wir sehen, ob du imstande bist, etwas Ordentliches zu tragen.« Er führte das Schneiderlein zu einem mächtigen Eichbaum, der da gefällt auf dem Boden lag, und sagte: »Wenn du stark genug bist, so hilf mir den Baum aus dem Wald tragen.«

»Gerne«, antwortete der kleine Mann, »nimm nur den Stamm auf deine Schulter, ich will die Äste mit den Zweigen aufheben und tragen, das ist doch das Schwerste.«

Der Riese nahm den Stamm auf die Schulter, der Schneider aber setzte sich auf einen Ast, und der Riese, der sich nicht umsehen konnte, mußte den ganzen Baum und das Schneiderlein noch obendrein forttragen. Der kleine Mann war da hinten ganz lustig und guter Dinge und pfiff das Liedchen: »Es ritten drei Schneider zum Tore hinaus«, als wäre das Baumtragen ein Kinderspiel.

Nachdem der Riese die schwere Last ein Stück Wegs fortgeschleppt hatte, konnte er nicht mehr weiter und rief: »Hör, ich muß den Baum fallen lassen!«

Der Schneider sprang behend hinab, faßte den Baum mit beiden Armen, als ob er ihn getragen hätte, und sprach zum Riesen: »Du bist ein so großer Kerl und kannst nicht einmal den Baum tragen!«

Sie gingen zusammen weiter, und als sie an einem Kirschbaum vorbeikamen, faßte der Riese die Krone des Baumes, wo die reifsten Früchte hingen, bog sie herab, gab sie dem Schneider in die Hand und ließ ihn essen. Das Schneiderlein aber war viel zu schwach, um den Baum zu halten, und als der Riese losließ, fuhr der Baum in die Höhe, und der Schneider wurde mit in die Luft geschnellt. Als er ohne Schaden wieder herabgefallen war, sprach der Riese: »Was ist das? Hast du nicht Kraft, die schwache Gerte zu halten?«

»An der Kraft fehlt es nicht«, antwortete das Schneiderlein, »meinst du, das wäre etwas für einen, der sieben mit einem Streich getroffen hat? Ich bin über den Baum gesprungen, weil die Jäger da unten in das Gebüsch schießen. Spring nach, wenn du kannst!«

Der Riese machte den Versuch, konnte aber nicht über den Baum kommen, sondern blieb in den Ästen hängen, so daß das Schneiderlein auch hier die Oberhand behielt.

Der Riese sprach: »Wenn du so ein tapferer Kerl bist, so komm mit in unsere Höhle und übernachte bei uns.« Das Schneiderlein war bereit und folgte ihm.

Als sie in der Höhle anlangten, saßen da noch andere Riesen beim Feuer, und jeder hatte ein gebratenes Schaf in der Hand und aß davon. Das Schneiderlein sah sich um und dachte: Es ist doch hier viel geräumiger als in meiner Werkstatt.

Der Riese wies ihm ein Bett an und sagte, er solle sich hineinlegen und ausschlafen. Dem Schneiderlein war aber das Bett zu groß, es legte sich nicht hinein, sondern kroch in eine Ecke.

Als es Mitternacht war und der Riese meinte, das Schneiderlein läge in tiefem Schlaf, stand er auf, nahm eine große Eisenstange und schlug das Bett mit einem Schlag durch; er meinte, er hätte dem Grashüpfer den Garaus gemacht.

Am frühesten Morgen gingen die Riesen in den Wald und hatten das Schneiderlein ganz vergessen; da kam es auf einmal ganz lustig und verwegen dahergeschritten. Die Riesen erschraken und fürchteten, es schlüge sie alle tot, und liefen in aller Hast fort.

Das Schneiderlein zog weiter, immer seiner spitzen Nase nach. Nachdem es lange gewandert war, kam es in den Hof eines königlichen Palastes, und da es Müdigkeit empfand, so legte es sich ins Gras und schlief ein. Während es da lag, kamen die Leute, betrachteten das Männlein von allen Seiten und lasen auf dem Gürtel: »Sieben auf einen Streich.«

»Ach«, sprachen sie, »was will der große Kriegsheld hier mitten im Frieden? Das muß ein mächtiger Herr sein.«

Sie gingen und meldeten es dem König und meinten, wenn Krieg ausbrechen sollte, wäre das ein wichtiger und nützlicher Mann, den man um keinen Preis fortlassen dürfte. Dem König gefiel der Rat, und er schickte einen von seinen Hofleuten zu dem Schneiderlein, der sollte ihm, wenn es aufgewacht wäre, Kriegsdienste anbieten. Der Abgesandte blieb bei dem Schläfer stehen, wartete, bis er seine Glieder streckte und die Augen aufschlug, und brachte dann seinen Auftrag vor.

»Ebendeshalb bin ich hierhergekommen«, antwortete der Schneider. »Ich bin bereit, in des Königs Dienste zu treten.« So wurde er ehrenvoll empfangen und ihm eine besondere Wohnung angewiesen.

Die Kriegsleute aber waren dem Schneiderlein aufsässig und wünschten, es wäre tausend Meilen weit fort. »Was soll daraus werden?« sprachen sie untereinander; »wenn wir Zank mit ihm kriegen und er zuhaut, so fallen auf jeden Streich sieben. Davor kann unsereiner nicht bestehen.« Also faßten sie einen Entschluß, begaben sich allesamt zum König und baten um ihren Abschied.

»Wir sind nicht gewillt«, sprachen sie, »neben einem Mann zu dienen, der sieben auf einen Streich schlägt.«

Der König war traurig, daß er um des einen willen alle seine treuen Diener verlieren sollte, wünschte, daß seine Augen den Helden nie gesehen hätten, und wäre ihn gerne wieder los gewesen. Aber er getraute sich nicht, ihm den Abschied zu geben, weil er fürchtete, er möchte ihn samt seinem Volk totschlagen und sich auf den königlichen Thron setzen. Er sann lange hin und her. Endlich fand er einen Rat. Er schickte Boten zu dem Schneiderlein und ließ ihm sagen, weil er ein so großer Kriegsheld sei, wolle er ihm ein Anerbieten machen. In einem Wald seines Landes hausten zwei Riesen, die mit Rauben, Morden, Sengen und Brennen großen Schaden stifteten; niemand könne in ihre Nähe, ohne sich in Lebensgefahr zu begeben. Wenn er diese beiden Riesen überwinde und töte, so wolle er ihm seine einzige Tochter zur Gemahlin geben und das halbe Königreich als Brautgabe; auch sollten hundert Reiter mitziehen und ihm Beistand leisten.

Das wäre so etwas für einen Mann, wie du bist, dachte das Schneiderlein, eine schöne Königstochter und ein halbes Königreich wird einem nicht alle Tage angeboten.

»O ja«, gab er zur Antwort, »die Riesen will ich schon bändigen und habe

die hundert Reiter dabei nicht nötig; wer sieben auf einen Streich trifft, braucht sich vor zweien nicht zu fürchten.«

Das Schneiderlein zog aus, und die hundert Reiter folgten ihm. Als es an den Rand des Waldes kam, sprach es zu den Begleitern: »Bleibt nur hier, ich will schon allein mit den Riesen fertig werden.«

Dann sprang der Schneider in den Wald hinein und schaute sich rechts und links um. Bald erblickte er beide Riesen: Sie lagen unter einem Baum und schliefen und schnarchten dabei, daß sich die Äste auf und nieder bogen. Das Schneiderlein, nicht faul, füllte beide Taschen mit Steinen und stieg damit auf den Baum. Als es in der Mitte war, rutschte es auf einen Ast, bis es gerade über die Schläfer zu sitzen kam, und ließ dem einen Riesen einen Stein nach dem andern auf die Brust fallen. Der Riese spürte lange nichts, doch endlich wachte er auf, stieß seinen Gefährten an und sprach: »Was schlägst du mich?«

»Du träumst«, sagte der andere, »ich schlage dich nicht.«

Sie legten sich wieder zum Schlaf, da warf der Schneider auf den zweiten einen Stein herab. »Was soll das?« rief der andere. »Warum bewirfst du mich?«

»Ich bewerfe dich nicht«, antwortete der erste und brummte.

Sie zankten sich eine Weile herum, doch weil sie müde waren, ließen sie's gut sein, und die Augen fielen ihnen wieder zu. Das Schneiderlein fing sein Spiel von neuem an, suchte den größten Stein aus und warf ihn dem ersten Riesen mit aller Gewalt auf die Brust.

»Das ist zu arg!« schrie der, sprang wie ein Unsinniger auf und stieß seinen Gesellen gegen den Baum, daß dieser zitterte. Der andere zahlte mit gleicher Münze, und sie gerieten in solche Wut, daß sie Bäume ausrissen und aufeinander losschlugen, so lang, bis sie endlich beide zugleich tot auf die Erde fielen.

Nun sprang das Schneiderlein herab. »Ein Glück nur«, sprach es, »daß sie den Baum, auf dem ich saß, nicht ausgerissen haben, sonst hätte ich wie ein Eichhörnchen auf einen anderen springen müssen!«

Darauf zog der Schneider sein Schwert und versetzte jedem ein paar tüchtige Hiebe in die Brust, dann ging er zu den Reitern und sprach: »Die Arbeit ist getan, ich habe beiden den Garaus gemacht. Aber hart ist es hergegangen, sie haben in der Verzweiflung Bäume ausgerissen und sich gewehrt. Doch das hilft alles nichts, wenn einer kommt wie ich, der sieben auf einen Streich erschlägt.«

»Seid Ihr denn nicht verwundet?« fragten die Reiter.

»Das bringt keiner so leicht zustande«, antwortete der Schneider, »kein Haar haben sie mir gekrümmt.«

Die Reiter wollten ihm nicht glauben und ritten in den Wald hinein; da fanden sie die beiden Riesen in ihrem Blute, und ringsumher lagen die ausgerissenen Bäume.

Das Schneiderlein verlangte von dem König die versprochene Belohnung. Den aber reute sein Versprechen, und er sann aufs neue, wie er sich den Helden vom Hals schaffen könnte. »Ehe du meine Tochter und das halbe Reich erhältst«, sprach er zu ihm, »mußt du noch eine Heldentat vollbringen. In dem Wald läuft ein Einhorn, das großen Schaden anrichtet; das mußt du erst einfangen.«

»Vor einem Einhorn fürchte ich mich noch weniger als vor zwei Riesen; sieben auf einen Streich, das ist meine Sache!«

Der Schneider nahm sich einen Strick und eine Axt mit, ging in den Wald hinaus und hieß abermals die Leute, welche ihn begleiteten, draußen warten. Er brauchte nicht lange zu suchen. Das Einhorn kam bald daher und sprang geradezu auf den Schneider los, als wollte es ihn ohne Umstände aufspießen.

»Sachte, sachte«, sprach er, »so geschwind geht das nicht«, blieb stehen und wartete, bis das Tier ganz nahe war; dann sprang er behend hinter den Baum. Das Einhorn rannte mit aller Kraft gegen den Baum und spießte sein Horn so fest in den Stamm, daß es nicht Kraft genug hatte, das Horn wieder herauszuziehen, und so war es gefangen.

»Jetzt habe ich das Tier«, sagte der Schneider, kam hinter dem Baum hervor, legte dem Einhorn erst den Strick um den Hals, dann löste er mit der Axt das Horn aus dem Baum, und als alles in Ordnung war, führte er das Tier ab und brachte es dem König.

Der König wollte ihm den verheißenen Lohn noch nicht gewähren und stellte seine dritte Forderung. Der Schneider sollte ihm vor der Hochzeit erst ein Wildschwein fangen, das im Wald großen Schaden tat; die Jäger sollten ihm Beistand leisten.

»Gern«, sprach der Schneider, »das ist ein Kinderspiel!«

Die Jäger nahm er nicht mit in den Wald, und sie waren zufrieden, denn das Wildschwein hatte sie schon mehrmals so empfangen, daß sie keine Lust hatten, ihm nachzustellen. Als das Schwein den Schneider erblickte, lief es mit schäumendem Mund und wetzenden Zähnen auf ihn zu und wollte ihn zur Erde werfen. Der flinke Held aber sprang in eine Kapelle, die in der Nähe war, und gleich oben zum Fenster in einem Satz wieder hinaus. Das Schwein war hinter ihm hergelaufen; er aber hüpfte außen herum und schlug die Tür hinter ihm zu; da war das wütende Tier gefangen, das viel zu schwer und unbeholfen war, um zum Fenster hinauszuspringen.

Das Schneiderlein rief die Jäger herbei, die mußten das gefangene Wild mit eigenen Augen sehen; der Held aber begab sich zum König, der nun, er mochte wollen oder nicht, sein Versprechen halten mußte und ihm seine Tochter und das halbe Königreich übergab. Hätte er gewußt, daß kein Kriegsheld, sondern ein Schneiderlein vor ihm stand, wäre es ihm noch mehr zu Herzen gegangen. Die Hochzeit wurde mit großer Pracht und wenig Freude gehalten und aus einem Schneider ein König gemacht.

Nach einiger Zeit hörte die junge Königin in der Nacht, wie ihr Gemahl im Traum sprach: »Junge, mach mir das Wams und flick mir die Hosen, oder ich will dir die Elle über die Ohren schlagen!«

Da merkte sie, in welcher Gasse der junge Herr geboren war. Sie klagte am andern Morgen ihrem Vater ihr Leid und bat, er möchte ihr helfen, von dem Manne loszukommen, der nichts anderes als ein Schneider sei.

Der König sprach ihr Trost zu und sagte: »Laß in der nächsten Nacht deine Schlafkammer offen, meine Diener sollen draußen stehen und, wenn er eingeschlafen ist, hineingehen, ihn binden und auf ein Schiff tragen, das ihn in die weite Welt führt.«

Die Frau war damit einverstanden. Des Königs Waffenträger aber, der alles mit angehört hatte, war dem jungen Herrn gewogen und hinterbrachte ihm den ganzen Anschlag.

»Dem Ding will ich ein Riegel vorschieben«, sagte das Schneiderlein. Abends legte es sich zu gewöhnlicher Zeit mit seiner Frau zu Bett. Als sie glaubte, er sei eingeschlafen, stand sie auf und öffnete die Tür. Das Schneiderlein, das sich nur stellte, als ob es schliefe, fing an, mit heller Stimme zu rufen: »Junge, mach mir das Wams und flick mir die Hosen, oder ich will dir die Elle über die Ohren schlagen! Ich habe sieben auf einen Streich getroffen, zwei Riesen getötet, ein Einhorn fortgeführt und ein Wildschwein gefangen und sollte mich vor denen fürchten, die draußen vor der Kammer stehen?«

Als diese den Schneider so reden hörten, überkam sie große Furcht. Sie liefen, als wenn das wilde Heer hinter ihnen her wäre, und keiner wollte sich mehr an ihn heranwagen.

Also war und blieb das Schneiderlein sein Lebtag König.

FRAU HOLLE

Eine Witwe hatte zwei Töchter, davon war die eine schön und fleißig, die andere häßlich und faul. Sie hatte aber die häßliche und faule viel lieber, weil sie ihre eigene Tochter war, und die andere mußte alle Arbeit tun und die Dienstmagd im Hause sein. Das arme Mädchen mußte sich täglich auf die Straße zu einem Brunnen setzen und so viel spinnen, daß ihm das Blut aus den Fingern sprang.

Nun geschah es einmal, daß die Spule ganz blutig war; deshalb bückte es sich damit in den Brunnen und wollte sie abwaschen. Da sprang ihm die Spule aber aus der Hand und fiel in den Brunnen hinab. Weinend lief das Mädchen zur Stiefmutter und erzählte ihr das Unglück. Diese schalt es aber so heftig und war so unbarmherzig, daß sie sprach: »Hast du die Spule hinunterfallen lassen, so hol sie auch wieder herauf!«

Da ging das Mädchen zu dem Brunnen zurück und wußte nicht, was es anfangen sollte. In seiner Herzensangst sprang es in den Brunnen, um die Spule zu holen. Es verlor die Besinnung, und als es erwachte und wieder zu sich selbst kam, war es auf einer schönen Wiese, wo die Sonne schien und viel tausend Blumen standen. Auf dieser Wiese ging das Mädchen weiter und kam zu einem Backofen, der war voller Brot; das Brot aber rief: »Ach, zieh mich 'raus, zieh mich 'raus, sonst verbrenn' ich; ich bin schon längst ausgebacken.« Da trat es hinzu und holte mit dem Brotschieber alle Laibe nacheinander heraus.

34

Danach ging es weiter und kam zu einem Baum, der hing voll Äpfel und rief ihm zu: »Ach, schüttel mich, schüttel mich, wir Äpfel sind alle miteinander reif.« Da schüttelte es den Baum, daß die Äpfel fielen, als regnete es, und schüttelte, bis keiner mehr oben war; und als es alle auf einen Haufen zusammengelegt hatte, ging es wieder weiter.

Endlich kam es zu einem kleinen Haus, daraus guckte eine alte Frau; weil sie aber so große Zähne hatte, wurde dem Mädchen angst, und es wollte fortlaufen. Die alte Frau aber rief ihm nach: »Was fürchtest du dich, liebes Kind? Bleib bei mir; wenn du alle Arbeit im Hause ordentlich tust, so soll dir's gut gehen. Du mußt nur achtgeben, daß du mein Bett gut machst und es fleißig aufschüttelst, daß die Federn fliegen, dann schneit es in der Welt; ich bin die Frau Holle.«

Weil die Alte ihr so gut zuredete, faßte sich das Mädchen ein Herz, willigte ein und begab sich in ihren Dienst. Es besorgte auch alles nach ihrer Zufriedenheit und schüttelte ihr das Bett immer fest auf, daß die Federn wie Schneeflocken umherflogen; dafür hatte es auch ein gutes Leben bei ihr, kein böses Wort, und alle Tage Gesottenes und Gebratenes.

Als das Mädchen eine Zeitlang bei der Frau Holle war, wurde es traurig und wußte anfangs selbst nicht, was ihm fehlte. Endlich merkte es, daß es Heimweh hatte; obgleich es ihm hier vieltausendmal besser ging als zu Hause, so hatte es doch ein Verlangen dahin.

Endlich sagte es zu der Alten: »Mich hat das Heimweh gepackt, und wenn es mir auch noch so gut hier unten geht, so kann ich doch nicht länger bleiben; ich muß wieder hinauf zu den Meinigen.«

Die Frau Holle sagte: »Es gefällt mir, daß du wieder nach Hause willst, und weil du mir so treu gedient hast, so will ich dich selbst wieder hinaufbringen.«

Sie nahm es darauf bei der Hand und führte es bis vor ein großes Tor. Das Tor tat sich auf, und wie das Mädchen gerade darunterstand, fiel ein gewaltiger Goldregen, und alles Gold blieb an ihm hängen, so daß es über und über davon bedeckt war.

»Das sollst du haben, weil du so fleißig gewesen bist«, sprach die Frau Holle und gab ihm auch die Spule wieder, die ihm in den Brunnen gefallen war. Darauf wurde das Tor verschlossen, und das Mädchen befand sich oben auf der Welt, nicht weit von seiner Mutter Haus; und als es in den Hof kam, saß der Hahn auf dem Brunnen und rief:

> »Kikeriki,
> unsere goldene Jungfrau ist wieder hie!«

Da ging das Mädchen hinein zu seiner Mutter, und weil es so mit Gold bedeckt kam, wurde es von ihr und der Schwester gut aufgenommen.

Das Mädchen erzählte alles, was es erlebt hatte, und als die Mutter hörte, wie es zu dem großen Reichtum gekommen war, wollte sie der andern häßlichen und faulen Tochter gern dasselbe Glück verschaffen. Sie mußte sich an den Brunnen setzen und spinnen; und damit ihre Spule blutig wurde, stach sie sich in die Finger und stieß sich die Hand in die Dornenhecke. Dann warf sie die Spule in den Brunnen und sprang selber hinein.

Sie kam, wie die andere, auf die schöne Wiese und ging auf demselben Pfad weiter. Als sie zu dem Backofen gelangte, schrie das Brot wieder: »Ach, zieh mich 'raus, zieh mich 'raus, sonst verbrenn' ich; ich bin schon längst ausgebacken.« Die Faule aber antwortete: »Hab' keine Lust, mich schmutzig zu machen!« und ging fort.

Bald kam sie zu dem Apfelbaum, der rief: »Ach, schüttel mich, schüttel mich, wir Äpfel sind alle miteinander reif.« Sie antwortete aber: »Du kommst mir recht, es könnte mir einer auf den Kopf fallen!« und ging dann weiter.

Als sie vor der Frau Holle Haus kam, fürchtete sie sich nicht, weil sie von ihren großen Zähnen schon gehört hatte, und verdingte sich gleich bei ihr. Am ersten Tag war sie fleißig und folgte der Frau Holle, wenn sie ihr etwas sagte, denn sie dachte an das viele Gold, das sie ihr schenken würde. Am zweiten Tag aber fing sie schon an zu faulenzen, am dritten noch mehr; schließlich wollte sie morgens gar nicht mehr aufstehen. Sie machte auch der Frau Holle das Bett nicht, wie sich's gebührte, und schüttelte es nicht, daß die Federn aufflogen.

Da hatte die Frau Holle bald genug von ihr und kündigte ihr den Dienst auf. Die Faule war damit zufrieden und meinte, nun würde der Goldregen kommen. Die Frau Holle führte sie auch zu dem Tor. Als das faule Mädchen aber darunterstand, wurde statt des Goldes ein großer Kessel voll Pech ausgeschüttet.

»Das ist zur Belohnung deiner Dienste«, sagte die Frau Holle und schloß das Tor zu.

Da kam die Faule heim, aber sie war ganz mit Pech bedeckt, und der Hahn auf dem Brunnen rief, als er sie sah:

»Kikeriki,
unsere schmutzige Jungfrau ist wieder hie!«

Das Pech aber blieb fest an ihr hängen und wollte, solange sie lebte, nicht abgehen.

DIE BREMER STADTMUSIKANTEN

Es hatte ein Mann einen Esel, der schon lange Jahre die Säcke unverdrossen zur Mühle getragen hatte, dessen Kräfte aber nun zu Ende gingen, so daß er zur Arbeit immer untauglicher wurde. Da dachte der Herr daran, ihn wegzugeben; aber der Esel merkte, daß kein guter Wind wehte, lief fort und machte sich auf den Weg nach Bremen: dort, meinte er, könnte er ja Stadtmusikant werden.

Als er ein Weilchen unterwegs war, fand er einen Jagdhund auf dem Wege liegen, der jappte nach Luft wie einer, der sich müde gelaufen hat.

»Nun, was jappst du so, Packan?« fragte der Esel.

»Ach«, sagte der Hund, »weil ich alt bin und jeden Tag schwächer werde, auch auf der Jagd nicht mehr fortkann, hat mich mein Herr totschlagen wollen; da hab' ich Reißaus genommen; aber womit soll ich nun mein Brot verdienen?«

»Weißt du was«, sprach der Esel, »ich gehe nach Bremen und werde dort Stadtmusikant; geh mit und laß dich auch bei der Musik anstellen. Ich spiele die Laute, und du schlägst die Pauken.«

Der Hund war zufrieden, und sie gingen weiter. Es dauerte nicht lange, so saß da eine Katze am Weg und machte ein Gesicht wie drei Tage Regenwetter.

»Nun, was ist dir in die Quere gekommen, alter Bartputzer?« fragte der Esel.

»Wer kann da lustig sein, wenn's einem an den Kragen geht«, antwortete die Katze; »weil ich nun alt bin, meine Zähne stumpf werden und ich lieber hinter dem Ofen sitze und spinne, als nach Mäusen herumjage, hat mich meine Frau ersäufen wollen. Ich habe mich zwar fortgemacht, aber nun ist guter Rat teuer: Wo soll ich hin?«

»Geh mit uns nach Bremen! Du verstehst dich doch auf die Nachtmusik, da kannst du ein Stadtmusikant werden.«

Die Katze hielt den Vorschlag für gut
und ging mit. Darauf kamen die drei
Landesflüchtigen an einem Hof vorbei,
da saß auf dem Tor der Haushahn
und schrie aus Leibeskräften.

»Du schreist einem durch Mark und
Bein«, sprach der Esel, »was hast du
vor?«

»Da hab' ich gut Wetter prophezeit«,
erwiderte der Hahn, »weil heut Unserer Lieben Frauen Tag ist, wo sie
dem Christkindlein die Hemdchen
gewaschen hat und sie trocknen
will; aber weil morgen zum Sonntag Gäste kommen, hat die Haus-
frau doch kein Erbarmen und hat
der Köchin gesagt, sie wollte mich
morgen in der Suppe essen, und
da soll ich mir heute abend den
Kopf abschneiden lassen. Nun
schrei ich aus vollem Hals, solang
ich noch kann.«

»Ei was, du Rotkopf«, sagte
der Esel, »zieh lieber mit uns
fort; wir gehen nach Bremen.
Etwas Besseres als den Tod

findest du überall; du hast eine gute Stimme, und wenn wir zusammen musizieren, so wird es schon gehen!«

Der Hahn ließ sich den Vorschlag gefallen, und sie gingen alle vier zusammen fort.

Sie konnten aber die Stadt Bremen in einem Tag nicht erreichen und kamen abends in einen Wald, wo sie übernachten wollten. Der Esel und der Hund legten sich unter einen großen Baum, die Katze und der Hahn machten sich in die Äste, der Hahn aber flog bis in die Spitze, wo es am sichersten für ihn war. Ehe er einschlief, sah er sich noch einmal nach allen vier Windrichtungen um. Da schien es ihm, als sähe er in der Ferne ein Fünkchen brennen, und rief seinen Gesellen zu, es müsse gar nicht weit ein Haus sein, denn es scheine ein Licht.

Sprach der Esel: »Da sollten wir uns aufmachen und hingehen, denn hier ist die Herberge schlecht.« Der Hund meinte, ein paar Knochen und etwas Fleisch dran täten ihm auch gut.

Also machten sie sich auf den Weg nach der Gegend, von wo das Licht herkam, und sahen es bald heller schimmern, und es wurde immer größer, bis sie vor ein hell erleuchtetes Räuberhaus kamen. Der Esel, als der größte, näherte sich dem Fenster und schaute hinein.

»Was siehst du, Grauschimmel?« fragte der Hahn.

»Was ich sehe?« antwortete der Esel; »einen gedeckten Tisch mit gutem Essen und Trinken, und Räuber sitzen daran und lassen sich's wohl sein.«

»Das wäre was für uns!« sprach der Hahn.

»I-a, I-a, ach, wären wir da!« sagte der Esel.

Da berieten die Tiere, wie sie es anfangen müßten, um die Räuber hinauszujagen, und fanden endlich ein Mittel. Der Esel mußte sich mit den Vorderfüßen auf das Fenster stellen, der Hund auf des Esels Rücken springen, die Katze auf den Hund klettern, und endlich flog der Hahn hinauf und setzte sich der Katze auf den Kopf.

Wie das geschehen war, fingen sie auf ein Zeichen insgesamt an, ihre Musik zu machen: Der Esel schrie, der Hund bellte, die Katze miaute und der Hahn krähte.

Dann stürzten sie durch das Fenster in die Stube hinein, daß die Scheiben klirrten.

Die Räuber fuhren bei dem entsetzlichen Geschrei in die Höhe, meinten, ein Gespenst käme herein, und flohen in größter Furcht in den Wald hinaus. Nun setzten sich die vier Gesellen an den Tisch, nahmen mit dem vorlieb, was übriggeblieben war, und aßen, als ob sie vier Wochen hungern sollten.

Als die vier Spielleute fertig waren, löschten sie das Licht aus und suchten sich eine Schlafstätte, jeder nach seiner Natur und Bequemlichkeit. Der Esel legte sich auf den Mist, der Hund hinter die Tür, die Katze auf den Herd bei der warmen Asche, und der Hahn setzte sich auf den Hühnerbalken. Und weil sie müde waren von dem langen Weg, schliefen sie auch bald ein.

Als Mitternacht vorbei war und die Räuber von weitem sahen, daß kein Licht mehr im Haus brannte, auch alles ruhig schien, sprach der Hauptmann:

»Wir hätten uns doch nicht sollen ins Bockshorn jagen lassen«, und hieß einen hingehen und das Haus untersuchen.

Der Abgeschickte fand alles still, ging in die Küche, ein Licht anzuzünden, und weil er die glühenden, feurigen Augen der Katze für glühende Kohlen ansah, hielt er ein Schwefelhölzchen daran, daß es Feuer fangen sollte. Aber die Katze verstand keinen Spaß, sprang ihm ins Gesicht, biß und kratzte. Da erschrak er gewaltig und wollte zur Hintertür hinaus; aber der Hund lag da, sprang auf und biß ihn ins Bein; und als er über den Hof am Mist vorbeirannte, gab ihm noch der Esel einen tüchtigen Schlag mit dem Hinterfuß; der Hahn aber, der vom Lärm aus dem Schlaf geweckt und munter geworden war, rief vom Balken herab: »Kikeriki!«

Da lief der Räuber, was er konnte, zu seinem Hauptmann zurück und meldete: »Ach, in dem Haus sitzt eine greuliche Hexe, die hat mich angehaucht und mit ihren langen Fingern mir das Gesicht zerkratzt. Und vor der Tür steht ein Mann mit einem Messer, der hat mich ins Bein gestochen, und auf dem Hof liegt ein schwarzes Ungetüm, das hat mit einer Holzkeule auf mich losgeschlagen, und oben auf dem Dach, da sitzt der Richter, der rief: ›Bringt mir den Schelm her!‹ Da machte ich, daß ich fortkam.«

Von nun an getrauten sich die Räuber nicht mehr ins Haus. Den vier Bremer Musikanten gefiel es aber so gut darin, daß sie nicht wieder herauswollten.

RAPUNZEL

Es waren einmal ein Mann und eine Frau, die wünschten sich schon lange vergeblich ein Kind. Endlich hofften sie, der liebe Gott werde ihren Wunsch erfüllen. Die Leute hatten in ihrem Hinterhaus ein kleines Fenster, aus dem man konnte in einen prächtigen Garten sehen, der voll der schönsten Blumen und Kräuter stand; er war aber von einer hohen Mauer umgeben, und niemand wagte hineinzugehen, weil er einer Zauberin gehörte, die große Macht besaß und von aller Welt gefürchtet wurde.

Eines Tages stand die Frau an diesem Fenster und sah in den Garten hinab, da erblickte sie ein Beet, das mit den schönsten Rapunzeln, das sind Salatpflanzen, bepflanzt war. Sie sahen so frisch und grün aus, daß sie das größte Verlangen empfand, von den Rapunzeln zu essen. Das Verlangen nahm jeden Tag zu, und da sie wußte, daß sie keine davon bekommen konnte, magerte sie ganz ab und sah blaß und elend aus. Da erschrak der Mann und fragte: »Was fehlt dir, liebe Frau?«

»Ach«, antwortete sie, »wenn ich keine Rapunzeln aus dem Garten hinter unserem Hause zu essen kriege, so sterbe ich.«

Der Mann, der sie lieb hatte, dachte: Ehe du deine Frau sterben lässest, holst du ihr von den Rapunzeln, es mag kosten, was es will.

In der Abenddämmerung stieg er also über die Mauer in den Garten der Zauberin, stach in aller Eile eine Handvoll Rapunzeln aus und brachte sie seiner Frau. Sie machte sich gleich Salat daraus und aß ihn voller Begierde auf. Er hatte ihr aber so gut geschmeckt, daß sie den andern Tag noch dreimal soviel Lust bekam. Sollte sie Ruhe haben, so mußte der Mann noch einmal in den Garten steigen. Er machte sich also in der Abenddämmerung wieder auf; als er aber die Mauer hinabgeklettert war, erschrak er gewaltig, denn er sah die Zauberin vor sich stehen.

»Wie kannst du es wagen«, sprach sie mit zornigem Blick, »in meinen Garten zu steigen, um mir wie ein Dieb meine Rapunzeln zu stehlen? Das soll dir schlecht bekommen!«

»Ach«, antwortete er, »laßt Gnade für Recht ergehen, ich habe mich nur aus Not dazu entschlossen; meine Frau hat Eure Rapunzeln aus dem Fenster erblickt und empfindet so großes Gelüsten danach, daß sie sterben würde, wenn sie nicht davon zu essen bekäme.«

Da ließ der Zorn der Zauberin nach und sie sprach zu ihm: »Verhält es sich so, wie du sagst, so will ich dir gestatten, Rapunzeln mitzunehmen, soviel du willst. Allein ich mache eine Bedingung: Du mußt mir das Kind geben, das euch der liebe Gott schenken wird; es soll ihm gut gehen, und ich will für das kleine Wesen sorgen wie eine Mutter.«

Der Mann versprach in der Angst alles, und als das Kind zur Welt kam, erschien sogleich die Zauberin, gab dem Kind den Namen Rapunzel und nahm es mit sich fort.

Rapunzel war das schönste Kind unter der Sonne. Als es zwölf Jahre alt war, schloß es die Zauberin in einen Turm, der in einem Wald lag und weder Treppe noch Tür hatte, nur ganz oben ein kleines Fensterchen. Wenn die Zauberin hinein wollte, stellte sie sich unten hin und rief:

> »Rapunzel, Rapunzel,
> laß dein Haar herunter!«

Rapunzel hatte lange, prächtige Haare, fein wie gesponnenes Gold. Wenn sie nun die Stimme der Zauberin vernahm, band sie ihre Zöpfe los, wickelte sie oben um einen Fensterhaken, und dann fielen die Haare zwanzig Ellen tief herunter, und die Zauberin stieg daran hinauf.

Nach ein paar Jahren geschah es, daß der Sohn des Königs durch den Wald ritt und an dem Turm vorüberkam. Da hörte er einen Gesang, der war so lieblich, daß er anhielt und horchte. Das war Rapunzel, die sich in ihrer Einsamkeit die Zeit damit vertrieb, ihre süße Stimme erschallen

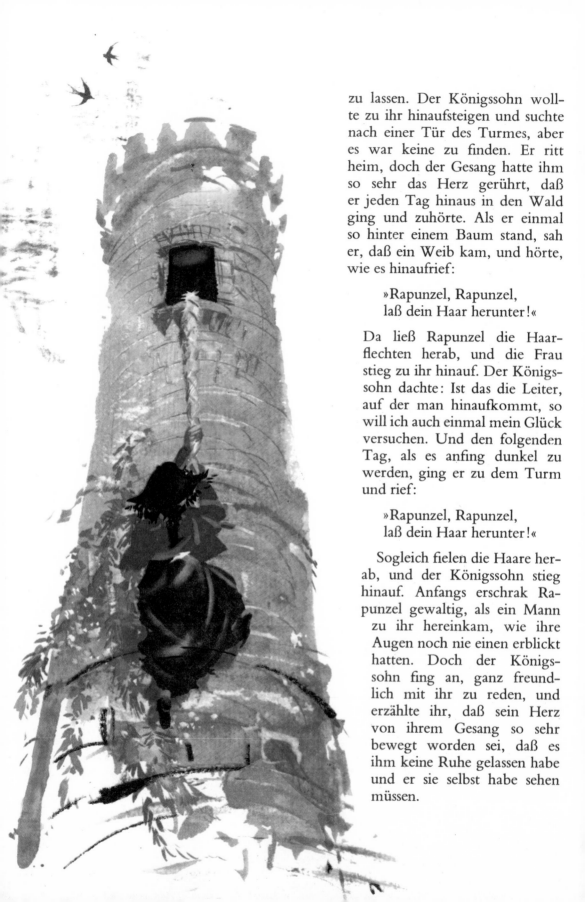

zu lassen. Der Königssohn wollte zu ihr hinaufsteigen und suchte nach einer Tür des Turmes, aber es war keine zu finden. Er ritt heim, doch der Gesang hatte ihm so sehr das Herz gerührt, daß er jeden Tag hinaus in den Wald ging und zuhörte. Als er einmal so hinter einem Baum stand, sah er, daß ein Weib kam, und hörte, wie es hinaufrief:

»Rapunzel, Rapunzel,
laß dein Haar herunter!«

Da ließ Rapunzel die Haarflechten herab, und die Frau stieg zu ihr hinauf. Der Königssohn dachte: Ist das die Leiter, auf der man hinaufkommt, so will ich auch einmal mein Glück versuchen. Und den folgenden Tag, als es anfing dunkel zu werden, ging er zu dem Turm und rief:

»Rapunzel, Rapunzel,
laß dein Haar herunter!«

Sogleich fielen die Haare herab, und der Königssohn stieg hinauf. Anfangs erschrak Rapunzel gewaltig, als ein Mann zu ihr hereinkam, wie ihre Augen noch nie einen erblickt hatten. Doch der Königssohn fing an, ganz freundlich mit ihr zu reden, und erzählte ihr, daß sein Herz von ihrem Gesang so sehr bewegt worden sei, daß es ihm keine Ruhe gelassen habe und er sie selbst habe sehen müssen.

Da verlor Rapunzel ihre Angst, und als er sie fragte, ob sie ihn zum Mann nehmen wollte, und sie sah, daß er jung und schön war, so dachte sie: Der wird mich lieber haben als die alte Frau, sagte »Ja« und legte ihre Hand in seine Hand.

Sie sprach: »Ich will gern mit dir gehen, aber ich weiß nicht, wie ich hinabkommen kann. Wenn du wieder kommst, so bringe jedesmal Seide mit, daraus will ich eine Leiter flechten, und wenn die fertig ist, so steige ich hinunter, und du nimmst mich auf dein Pferd.«

Sie verabredeten, daß er bis dahin alle Abende zu ihr kommen sollte, denn bei Tag kam die Alte.

Die Zauberin merkte nichts davon, bis einmal Rapunzel anfing und fragte: »Sagt mir doch, wie kommt es nur, daß ich Euch viel schwerer heraufziehen kann als den jungen Königssohn, der ist in einem Augenblick bei mir.«

»Ach, du gottloses Kind«, rief die Zauberin, »was muß ich von dir hören! Ich dachte, ich hätte dich von aller Welt abgeschieden, und du hast mich doch betrogen!«

In ihrem Zorn packte sie die schönen Haare der Rapunzel, schlug sie ein paarmal um ihre linke Hand, ergriff eine Schere mit der rechten, und ritsch, ratsch waren sie abgeschnitten, und die schönen Locken lagen auf der Erde.

Und die Alte war so unbarmherzig, daß sie die arme Rapunzel in eine einsame, wüste Gegend brachte, wo sie in großem Jammer und Elend leben mußte.

Am selben Tag aber, wo sie Rapunzel verstoßen hatte, machte die Zauberin abends die abgeschnittenen Flechten oben am Fensterhaken fest, und als der Königssohn kam und rief:

> »Rapunzel, Rapunzel,
> laß dein Haar herunter!«

da ließ sie die Haare hinab. Der Königssohn stieg hinauf, aber er fand oben nicht seine liebste Rapunzel, sondern die Zauberin, die ihn mit bösen und giftigen Blicken ansah.

»Aha«, rief sie höhnisch, »du willst die Frau Liebste holen? Aber der schöne Vogel sitzt nicht mehr im Nest und singt nicht mehr, die Katze hat ihn geholt und wird dir auch noch die Augen auskratzen. Für dich ist Rapunzel verloren, du wirst sie nie wieder erblicken.«

Da geriet der Königssohn außer sich vor Schmerz und sprang in der Verzweiflung vom Turm hinab. Mit dem Leben kam er davon, aber die Dornen, in die er fiel, zerstachen ihm die Augen. Nun irrte er blind im Wald umher, aß nur Wurzeln und Beeren und tat nichts als jammern und weinen über den Verlust seiner liebsten Frau.

So wanderte er einige Jahre im Elend umher und geriet endlich in die Wüstenei, wo Rapunzel kümmerlich lebte. Er vernahm eine Stimme, und sie dünkte ihm so bekannt. Da ging er darauf zu, und wie er herankam, erkannte ihn Rapunzel, fiel ihm um den Hals und weinte. Zwei von ihren Tränen aber benetzten seine Augen, da wurden sie wieder klar, und er konnte damit sehen wie vorher. Er führte sie in sein Reich, wo er mit Freude empfangen wurde, und sie lebten noch lange glücklich und vergnügt.

SCHNEEWITTCHEN

Es war einmal mitten im Winter, die Schneeflocken fielen wie Federn vom Himmel herab. Da saß eine Königin an einem Fenster, das einen Rahmen von schwarzem Ebenholz hatte, und nähte. Und wie sie so nähte und nach dem Schnee aufblickte, stach sie sich mit der Nadel in den Finger, und es fielen drei Tropfen Blut in den Schnee. Und weil Rot im weißen Schnee so schön aussah, dachte sie bei sich: Hätt' ich ein Kind so weiß wie Schnee, so rot wie Blut und so schwarz wie das Holz an dem Rahmen! Bald darauf bekam sie ein Töchterlein, das war so weiß wie Schnee, so rot wie Blut und so schwarzhaarig wie Ebenholz und wurde darum Schneewittchen genannt. Und als das Kind geboren war, starb die Königin.

Ein Jahr später nahm sich der König eine andere Gemahlin. Es war eine

schöne Frau, aber sie war stolz und hochmütig und konnte nicht leiden, daß jemand sie an Schönheit übertraf. Sie hatte einen wunderbaren Spiegel. Wenn sie vor den trat und sich darin anschaute, sprach sie:

> »Spieglein, Spieglein an der Wand,
> wer ist die Schönste im ganzen Land?«

und der Spiegel antwortete:

> »Frau Königin, Ihr seid die Schönste im Land.«

Da war sie zufrieden, denn sie wußte, daß der Spiegel die Wahrheit sagte.

Schneewittchen aber wuchs heran und wurde immer schöner, und als es sieben Jahre alt war, war es so schön wie der klare Tag und schöner als die Königin selbst. Als diese einmal ihren Spiegel fragte:

> »Spieglein, Spieglein an der Wand,
> wer ist die Schönste im ganzen Land?«

antwortete er:

> »Frau Königin, Ihr seid die Schönste hier,
> aber Schneewittchen ist tausendmal schöner als Ihr.«

Da erschrak die Königin und wurde gelb und grün vor Neid. Von nun an kehrte sich ihr das Herz im Leibe um, wenn sie Schneewittchen erblickte, so haßte sie das Mädchen. Und der Neid und der Hochmut wuchsen wie ein Unkraut in ihrem Herzen immer höher, so daß sie Tag und Nacht keine Ruhe mehr hatte. Da rief sie einen Jäger und sprach: »Bring das Kind hinaus

in den Wald, ich will's nicht mehr vor meinen Augen haben. Du sollst es töten und mir Lunge und Leber als Wahrzeichen mitbringen.«

Der Jäger gehorchte und führte es weg. Aber als er den Hirschfänger gezogen hatte und Schneewittchens unschuldiges Herz durchbohren wollte, fing es zu weinen an und sprach: »Ach, lieber Jäger, laß mir mein Leben! Ich will in den wilden Wald laufen und nimmermehr wieder heimkommen.« Und weil es so schön war, hatte der Jäger Mitleid und sprach: »So lauf hin, du armes Kind.«

Die wilden Tiere werden dich bald gefressen haben, dachte er, und doch war's ihm, als wäre ein Stein von seinem Herzen gewälzt, weil er es nicht zu töten brauchte. Und als gerade ein junger Frischling dahergesprungen kam, stach er ihn ab, nahm Lunge und Leber heraus und brachte sie als Wahrzeichen der Königin mit. Der Koch mußte sie mit Salz kochen, und das boshafte Weib aß sie auf und meinte, sie hätte Schneewittchens Lunge und Leber gegessen.

Nun war das arme Kind in dem großen Wald mutterseelenallein, und es war ihm so angst, daß es alle Blätter an den Bäumen ansah und nicht wußte, wie es sich helfen sollte. Da fing es zu laufen an und lief über die spitzen Steine und durch die Dornen, und die wilden Tiere sprangen an ihm vorbei, aber sie taten ihm nichts. Es lief, solange nur die Füße noch fortkonnten,

50

bis es bald Abend werden wollte. Da sah es ein kleines Häuschen und ging hinein, sich auszuruhen.

In dem Häuschen war alles klein, aber so zierlich und reinlich, daß es nicht zu sagen ist. Da stand ein weißgedecktes Tischlein mit sieben kleinen Tellern, jedes Tellerlein mit seinem Löffelein, ferner sieben Messerlein und Gäbelein und sieben Becherlein. An der Wand waren sieben Bettlein nebeneinander aufgestellt und schneeweiße Laken darübergedeckt. Weil Schneewittchen so hungrig und durstig war, aß es von jedem Tellerlein ein wenig Gemüse und Brot und trank aus jedem Becherlein einen Tropfen Wein; denn es wollte nicht einem alles wegnehmen. Hernach legte es sich, weil es so müde war, in ein Bettchen, aber keins paßte; das eine war zu lang, das andere zu kurz, bis endlich das siebente recht war. Und darin blieb es liegen, befahl sich Gott und schlief ein.

Als es ganz dunkel geworden war, kamen die Herren von dem Häuslein. Das waren die sieben Zwerge, die in den Bergen nach Erz gruben. Sie zündeten ihre sieben Lichtlein an, und wie es nun hell im Häuslein wurde, sahen sie, daß jemand darin gewesen war; denn es stand nicht alles so in der gleichen Ordnung, wie sie es verlassen hatten.

Der erste sprach: »Wer hat auf meinem Stühlchen gesessen?« Der zweite: »Wer hat von meinem Tellerchen gegessen?« Der dritte: »Wer hat von

51

meinem Brötchen genommen?« Der vierte: »Wer hat von meinem Gemüschen gegessen?« Der fünfte: »Wer hat mit meinem Gäbelchen gestochen?« Der sechste: »Wer hat mit meinem Messerchen geschnitten?« Der siebente: »Wer hat aus meinem Becherlein getrunken?«

Dann sah sich der erste um und bemerkte, daß auf seinem Bett eine kleine Vertiefung war; da sprach er: »Wer hat in mein Bettchen getreten?« Die andern kamen gelaufen und riefen: »In meinem hat auch jemand gelegen.« Als der siebente aber in sein Bett sah, erblickte er Schneewittchen, das lag darin und schlief. Nun rief er die andern, die kamen herbeigelaufen, schrien vor Verwunderung, holten ihre sieben Lichtlein und beleuchteten Schneewittchen.

»Ei, du mein Gott! Ei, du mein Gott!« riefen sie, »was ist das für ein schönes Kind!« und hatten so große Freude, daß sie es nicht aufweckten, sondern im Bettlein fortschlafen ließen. Der siebente Zwerg aber schlief bei seinen Kameraden, bei jedem eine Stunde, dann war die Nacht herum.

Als es Morgen war, erwachte Schneewittchen, und wie es die sieben Zwerge sah, erschrak es. Sie waren aber freundlich und fragten: »Wie heißt du?«

»Ich heiße Schneewittchen«, antwortete es.

»Wie bist du in unser Haus gekommen?« sprachen die Zwerge weiter.

Da erzählte es ihnen, daß seine Stiefmutter es umbringen lassen wollte; der Jäger habe ihm aber das Leben geschenkt, und da sei es gelaufen den ganzen Tag, bis es endlich dies Häuslein gefunden habe.

Die Zwerge sprachen: »Willst du unsern Haushalt führen, kochen, Betten

machen, waschen, nähen und stricken und willst du alles ordentlich und reinlich halten, so kannst du bei uns bleiben, und es soll dir an nichts fehlen.«

»Ja«, sagte Schneewittchen, »von Herzen gern« und blieb bei ihnen.

Es hielt ihnen das Haus in Ordnung. Morgens gingen die Zwerge in die Berge und suchten Erz und Gold, abends kamen sie wieder, und da mußte ihr Essen bereit sein. Den Tag über war das Mädchen allein. Da warnten es die guten Zwerglein und sprachen: »Hüte dich vor deiner Stiefmutter, die wird bald wissen, daß du hier bist; laß ja niemand herein!«

Die Königin aber, die Schneewittchens Lunge und Leber gegessen zu haben glaubte, dachte, sie sei wieder die Allerschönste, trat vor ihren Spiegel und sprach:

> »Spieglein, Spieglein an der Wand,
> wer ist die Schönste im ganzen Land?«

Da antwortete der Spiegel:

> »Frau Königin, Ihr seid die Schönste hier,
> aber Schneewittchen über den Bergen
> bei den sieben Zwergen
> ist noch tausendmal schöner als Ihr.«

Da erschrak sie, denn sie wußte, daß der Spiegel keine Unwahrheit sprach, und merkte, daß der Jäger sie betrogen hatte und Schneewittchen noch am Leben war. Und da sann sie aufs neue, wie sie das Mädchen umbringen könnte; denn solange sie nicht die Schönste war im ganzen Land, ließ ihr der Neid keine Ruhe.

Als sie sich endlich etwas ausgedacht hatte, färbte sie sich das Gesicht, kleidete sich wie eine alte Krämerin und war ganz unkenntlich. In dieser Gestalt ging sie über die sieben Berge zu den sieben Zwergen, klopfte an die Tür und rief: »Schöne Ware feil!«

Schneewittchen guckte zum Fenster hinaus und rief: »Guten Tag, liebe Frau, was habt Ihr zu verkaufen?«

»Gute Ware, schöne Ware«, antwortete sie, »Schnürriemen in allen Farben« und holte einen hervor, der aus bunter Seide geflochten war.

Diese ehrliche Frau kann ich hereinlassen, dachte Schneewittchen, riegelte die Tür auf und kaufte sich den hübschen Schnürriemen.

»Kind«, sprach die Alte, »wie du aussiehst! Komm, ich will dich einmal ordentlich schnüren.«

Schneewittchen hegte keinen Verdacht, stellte sich vor sie und ließ sich mit dem neuen Schnürriemen das Mieder schnüren. Aber die Alte schnürte geschwind und schnürte so fest, daß dem Schneewittchen der Atem verging und es wie tot hinfiel.

»Nun bist du die Schönste gewesen«, sprach die böse Königin und eilte hinaus.

Nicht lange darauf, zur Abendzeit, kamen die sieben Zwerge nach Haus. Aber wie erschraken sie, als sie ihr liebes Schneewittchen auf der Erde liegen sahen, und es regte und bewegte sich nicht, als wäre es tot. Sie hoben es in die Höhe, und weil sie sahen, daß es zu fest geschnürt war, schnitten sie den Schnürriemen entzwei. Da fing es an, ein wenig zu atmen, und wurde nach und nach wieder lebendig.

Als die Zwerge hörten, was geschehen war, sprachen sie: »Die alte Krämerfrau war niemand andrer als die gottlose Königin. Hüte dich und laß keinen Menschen herein, wenn wir nicht bei dir sind!«

Als das böse Weib aber nach Haus gekommen war, ging es vor den Spiegel und fragte:

>»Spieglein, Spieglein an der Wand,
> wer ist die Schönste im ganzen Land?«

Da antwortete er wie sonst:

>Frau Königin, Ihr seid die Schönste hier,
aber Schneewittchen über den Bergen
bei den sieben Zwergen
ist noch tausendmal schöner als Ihr.«

Als sie das hörte, lief ihr alles Blut zum Herzen, so erschrak sie, denn sie wußte jetzt, daß Schneewittchen wieder lebendig geworden war.

»Nun aber«, sprach sie, »will ich etwas aussinnen, das dich zugrunde richten soll«, und mit Hexenkünsten, die sie verstand, machte sie einen giftigen Kamm. Dann verkleidete sie sich und nahm die Gestalt eines andern alten Weibes an. So ging sie wieder über die sieben Berge zu den sieben Zwergen, klopfte an die Tür und rief: »Gute Ware feil!«

Schneewittchen schaute hinaus und sprach: »Geht nur weiter, ich darf niemand hereinlassen.«

»Das Ansehen wird dir doch erlaubt sein«, sprach die Alte, zog den giftigen Kamm heraus und hielt ihn in die Höhe. Dieser gefiel dem Kind so gut, daß es sich betören ließ und die Tür öffnete. Als sie des Kaufs einig waren, sprach die Alte: »Nun will ich dich einmal ordentlich kämmen.«

Das arme Schneewittchen dachte an nichts und ließ die Alte gewähren; aber kaum hatte sie den Kamm in die Haare gesteckt, als das Gift darin wirkte und das Mädchen ohne Besinnung niederfiel.

»Du Ausbund von Schönheit«, schalt das böse Weib, »jetzt ist's um dich geschehen« und ging fort. Zum Glück war es bald Abend, und die sieben Zwerglein kamen nach Haus. Als sie Schneewittchen wie tot auf der Erde liegen sahen, hatten sie gleich die Stiefmutter im Verdacht, suchten nach und fanden den giftigen Kamm. Und kaum hatten sie ihn herausgezogen, so kam Schneewittchen wieder zu sich und erzählte, was vorgegangen war. Da warnten sie es noch einmal, auf seiner Hut zu sein und niemand die Tür zu öffnen.

Die Königin stellte sich daheim vor den Spiegel und sprach:

>Spieglein, Spieglein an der Wand,
wer ist die Schönste im ganzen Land?«

Da antwortete er wie vorher:

>Frau Königin, Ihr seid die Schönste hier,
aber Schneewittchen über den Bergen
bei den sieben Zwergen
ist noch tausendmal schöner als Ihr.«

Als sie den Spiegel reden hörte, zitterte und bebte sie vor Zorn. »Schneewittchen soll sterben«, rief sie, »und wenn es mein eigenes Leben kostet!«

Darauf ging sie in eine ganz verborgene einsame Kammer, wo niemand hin-kam, und machte da einen giftigen Apfel zurecht. Äußerlich sah er schön aus, weiß mit roten Backen, daß jeder, der ihn erblickte, Lust danach bekam; aber wer ein Stückchen davon aß, der mußte sterben.

Als der Apfel fertig war, färbte sie sich das Gesicht und verkleidete sich in eine Bauersfrau; so ging sie über die sieben Berge zu den sieben Zwergen. Sie klopfte an, Schneewittchen steckte den Kopf zum Fenster hinaus und sprach: »Ich darf keinen Menschen einlassen, die sieben Zwerge haben es mir verboten.«

»Mir auch recht« antwortete die Bäuerin, »meine Äpfel will ich schon los-werden! Da, einen will ich dir schenken.«

»Nein«, sprach Schneewittchen, »ich darf nichts annehmen.«

»Fürchtest du dich vor Gift?« sprach die Alte; »siehst du, da schneide ich den Apfel in zwei Teile; den roten Backen ißt du, den weißen will ich essen.« Der Apfel aber war so kunstvoll gemacht, daß der rote Backen allein vergiftet war.

Schneewittchen schaute den schönen Apfel an, und als es sah, daß die Bäuerin davon aß, konnte es nicht länger widerstehen, streckte die Hand hinaus und nahm die giftige Hälfte. Kaum aber hatte es einen Bissen davon im Mund, so fiel es tot zur Erde nieder. Da betrachtete die Königin das Mägdlein mit grausigen Blicken, lachte überlaut und höhnte: »Weiß wie Schnee, rot wie Blut, schwarz wie Ebenholz! Diesmal können dich die Zwerge nicht wieder erwecken.«

Und als sie daheim den Spiegel befragte:

>>Spieglein, Spieglein an der Wand,
wer ist die Schönste im ganzen Land?<<

antwortete er endlich:

>>Frau Königin, Ihr seid die Schönste im Land.<<

Da hatte ihr neidisches Herz Ruhe, so gut ein neidisches Herz Ruhe haben kann.

Als die Zwerglein abends nach Haus kamen, fanden sie Schneewittchen auf der Erde liegen, und es ging kein Atem mehr aus seinem Mund, denn es war tot. Sie hoben es auf, suchten, ob sie etwas Giftiges fänden, schnürten es auf, kämmten ihm die Haare, wuschen es mit Wasser und Wein, aber es half alles nichts; das liebe Kind war tot und blieb tot. Sie legten es auf eine Bahre und setzten sich alle sieben daneben und beweinten es und weinten drei Tage lang. Da wollten sie es begraben, aber es sah noch so frisch aus wie ein lebender Mensch und hatte noch seine schönen roten Backen. Sie sprachen: >>Das Mädchen können wir nicht in die schwarze Erde versenken<< und ließen einen durchsichtigen Sarg von Glas machen, daß man das Mädchen von allen Seiten sehen konnte, legten es hinein und schrieben mit

goldenen Buchstaben seinen Namen darauf und daß es eine Königstochter sei. Dann trugen sie den Sarg hinaus auf ihren Berg. Einer von ihnen blieb immer dabei und bewachte den Sarg. Und die Tiere kamen auch und beweinten Schneewittchen, erst eine Eule, dann ein Rabe, zuletzt ein Täubchen.

Nun lag Schneewittchen lange, lange Zeit in dem Sarg und verfiel nicht, sondern sah aus, als ob es schliefe; denn es war noch so weiß wie Schnee, so rot wie Blut und so schwarzhaarig wie Ebenholz.

Es geschah eines Tages, daß ein Königssohn in den Wald geriet und zu dem Zwergenhaus kam, um dort zu übernachten. Er sah auf dem Berg den Sarg und das schöne Schneewittchen darin und las, was mit goldenen Buchstaben darauf geschrieben war. Da sprach er zu den Zwergen: »Laßt mir den Sarg, ich will euch geben, was ihr dafür haben wollt.«

Aber die Zwerge antworteten: »Wir geben ihn nicht um alles Gold in der Welt.«

Da sprach er: »So schenkt ihn mir, denn ich kann nicht leben, ohne Schneewittchen zu sehen! Ich will es ehren und hochachten wie mein Liebstes.«

Wie er so sprach, empfanden die guten Zwerglein Mitleid mit ihm und
gaben ihm den Sarg. Der Königssohn ließ ihn nun von seinen Dienern auf
den Schultern forttragen. Da geschah es, daß diese über eine Wurzel stol-
perten, und von der Erschütterung fiel das giftige Apfelstück, das Schneewittchen abgebissen hatte, aus dem Hals. Kurz darauf öffnete es die Augen,
hob den Deckel vom Sarg in die Höhe, richtete sich auf und war wieder
lebendig.

»Ach Gott, wo bin ich?« rief es.

Der Königssohn sagte voll Freude: »Du bist bei mir« und erzählte, was
sich zugetragen hatte, und sprach: »Ich habe dich lieber als alles auf der
Welt; komm mit mir in meines Vaters Schloß, du sollst meine Gemahlin
werden.« Da war Schneewittchen glücklich und ging mit ihm, und ihre
Hochzeit wurde mit großer Pracht und Herrlichkeit angeordnet.

Zu dem Fest war aber auch Schneewittchens gottlose Stiefmutter eingeladen worden. Sobald sie nun schöne Kleider angezogen hatte, trat sie vor
den Spiegel und sprach:

> »Spieglein, Spieglein an der Wand,
> wer ist die Schönste im ganzen Land?«

Der Spiegel antwortete:

> »Frau Königin, Ihr seid die Schönste hier,
> aber die junge Königin ist tausendmal schöner als Ihr.«

Da stieß das böse Weib einen Fluch aus, und sie bekam solche Angst, daß sie sich nicht zu fassen wußte. Sie wollte zuerst gar nicht zur Hochzeit kommen; doch ließ es ihr keine Ruhe, sie mußte fort und die junge Königin sehen. Und wie sie in den Saal trat, erkannte sie Schneewittchen, und vor Angst und Schrecken stand sie da und konnte sich nicht regen.

Aber es waren schon eiserne Pantoffeln über Kohlenfeuer bereitgestellt, und diese wurden mit Zangen herbeigetragen und vor die böse Frau hingestellt. Da mußte sie in die rotglühenden Schuhe treten und so lange tanzen, bis sie tot zu Boden fiel.

TISCHCHEN, DECK DICH, GOLDESEL UND KNÜPPEL AUS DEM SACK

Vor langer Zeit lebte ein Schneider, der drei Söhne hatte und nur eine einzige Ziege. Aber weil die Ziege sie alle zusammen mit ihrer Milch ernährte, mußte sie ihr gutes Futter haben und täglich hinaus auf die Weide geführt werden. Die Söhne taten das auch der Reihe nach. Einmal brachte sie der älteste auf den Kirchhof, wo die schönsten Kräuter standen, ließ sie da fressen und herumspringen.

Abends, als es Zeit war heimzugehen, fragte er: »Ziege, bist du satt?« Die Ziege antwortete:

> »Ich bin so satt,
> ich mag kein Blatt, meh! meh!«

»So komm nach Haus«, sprach der Junge, faßte sie am Strick, führte sie in den Stall und band sie fest. »Nun«, sagte der alte Schneider, »hat die Ziege ihr gehöriges Futter?«

»Oh«, antwortete der Sohn, »die ist so satt, sie mag kein Blatt.« Der Vater aber wollte sich selbst überzeugen, ging hinab in den Stall, streichelte das liebe Tier und fragte: »Ziege, bist du auch satt?« Die Ziege antwortete:

> »Wovon sollt' ich satt sein?
> Ich sprang nur über Gräbelein
> und fand kein einzig Blättelein, meh! meh!«

»Was muß ich hören!« rief der Schneider, lief hinauf und sprach zu dem Jungen: »Ei, du Lügner sagst, die Ziege wäre satt und hast sie hungern lassen?« und in seinem Zorn nahm er die Elle von der Wand und jagte ihn mit Schlägen hinaus.

Am andern Tag war die Reihe am zweiten Sohn, der suchte an der Gartenhecke einen Platz aus, wo lauter gute Kräuter standen, und die Ziege fraß sie alle ab. Abends, als er heim wollte, fragte er: »Ziege, bist du satt?« Die Ziege antwortete:

> »Ich bin so satt,
> ich mag kein Blatt, meh! meh!«

»So komm nach Haus«, sprach der Junge, zog sie heim und band sie im Stall fest. »Nun«, sagte der alte Schneider, »hat die Ziege ihr gehöriges Futter?«

»Oh«, antwortete der Sohn, »die ist so satt, sie mag kein Blatt.« Der Schneider wollte sich darauf nicht einlassen, ging in den Stall und fragte: »Ziege, bist du auch satt?« Die Ziege antwortete:

> »Wovon sollt' ich satt sein?
> Ich sprang nur über Gräbelein,
> und fand kein einzig Blättelein, meh! meh!«

»Der gottlose Bösewicht!« schrie der Schneider, »so ein braves Tier hungern zu lassen!«, lief hinauf und schlug mit der Elle den Jungen zur Haustür hinaus.

Die Reihe kam jetzt an den dritten Sohn. Der wollte seine Sache gut machen, suchte Buschwerk mit dem schönsten Laub aus und ließ die Ziege daran fressen. Abends, als er heim wollte, fragte er: »Ziege, bist du auch satt?« Die Ziege antwortete:

> »Ich bin so satt,
> ich mag kein Blatt, meh! meh!«

»So komm nach Haus«, sagte der Junge, führte sie in den Stall und band sie fest. »Nun«, fragte der alte Schneider, »hat die Ziege ihr gehöriges Futter?«

»Oh«, antwortete der Sohn, »die ist so satt, sie mag kein Blatt.« Der Schneider traute nicht, ging hinab und fragte: »Ziege, bist du auch satt?« Das boshafte Tier antwortete:

»Wovon sollt' ich satt sein?
Ich sprang nur über Gräbelein
und fand kein einzig Blättelein, meh! meh!«

»O du Lügenbrut!« rief der Schneider, »einer so gottlos und pflichtvergessen wie der andere! Ihr sollt mich nicht länger zum Narren haben!« Und vor Zorn ganz außer sich, sprang er hinauf und gerbte dem armen Jungen mit der Elle den Rücken so fest, daß er zum Haus hinaussprang.

Der alte Schneider war nun mit seiner Ziege allein. Am andern Morgen ging er hinab in den Stall, liebkoste die Ziege und sprach: »Komm, mein liebes Tierlein, ich will dich selbst zur Weide führen.« Er nahm sie am Strick und brachte sie zu grünen Hecken und unter Schafrippe und was sonst die Ziegen gern fressen. »Da kannst du dich einmal nach Herzenslust sättigen«, sprach er zu ihr und ließ sie weiden bis zum Abend. Da fragte er: »Ziege, bist du satt?« Sie antwortete:

»Ich bin so satt,
ich mag kein Blatt, meh! meh!«

»So komm nach Haus«, sagte der Schneider, führte sie in den Stall und band sie fest. Als er wegging, kehrte er sich noch einmal um und sagte: »Nun bist du doch einmal satt!« Aber die Ziege machte es ihm nicht besser als den anderen und rief:

»Wovon sollt' ich satt sein?
Ich sprang nur über Gräbelein
und fand kein einzig Blättelein, meh! meh!«

Als der Schneider das hörte, stutzte er und erkannte, daß er seine drei Söhne ohne Ursache verstoßen hatte. »Wart«, rief er, »du undankbares Geschöpf! Dich fortzujagen ist noch zu wenig, ich will dir einen Denkzettel geben, daß du dich unter ehrbaren Schneidern nicht mehr darfst sehen lassen.« In aller Eile sprang er hinauf, holte sein Bartmesser, seifte der Ziege den Kopf ein und schor sie so glatt wie seine flache Hand. Und weil die Elle zu ehrenvoll gewesen wäre, holte er die Peitsche und versetzte ihr solche Hiebe, daß sie in gewaltigen Sprüngen davonlief.

Als der Schneider dann so ganz einsam in seinem Hause saß, verfiel er in große Traurigkeit und hätte seine Söhne gerne wieder gehabt, aber niemand wußte, wo sie hingeraten waren.

Der älteste war zu einem Schreiner in die Lehre gegangen, da lernte er
fleißig und unverdrossen, und als seine Zeit herum war, daß er wandern
sollte, schenkte ihm der Meister ein Tischchen, das gar kein besonderes Aussehen hatte und von gewöhnlichem Holz war; aber es hatte eine gute Eigen-
schaft. Wenn man es aufstellte und sprach: »Tischchen, deck dich!«, so war
das gute Tischchen auf einmal mit einem saubern Tüchlein bedeckt, und
darauf stand ein Teller, Messer und Gabel lagen daneben, und Schüsseln mit
Gesottenem und Gebratenem, soviel Platz hatten, und ein großes Glas mit
rotem Wein leuchtete, daß einem das Herz lachte.

Der junge Geselle dachte: Damit hast du genug für dein Lebtag, zog
guter Dinge in der Welt umher und bekümmerte sich gar nicht darum, ob
ein Wirtshaus gut oder schlecht geführt war und ob etwas darin zu finden
war oder nicht. Wenn es ihm gefiel, so kehrte er gar nicht ein, sondern im
Feld, im Wald, auf einer Wiese, wo er Lust hatte, nahm er sein Tischchen
vom Rücken, stellte es vor sich und sprach: »Deck dich!«, und alles war da,
was sein Herz begehrte. Endlich kam es ihm in den Sinn, zu seinem Vater
zurückzukehren; sein Zorn würde sich gelegt haben, und mit dem Tischchen-
deck-dich würde er ihn gerne wieder aufnehmen.

Auf dem Heimweg kam er abends in ein Wirtshaus, das voll mit Gästen
war. Sie hießen ihn willkommen und luden ihn ein, sich zu ihnen zu setzen
und mit ihnen zu essen, sonst würde er schwerlich noch etwas bekommen.
»Nein«, antwortete der Schreiner, »die paar Bissen will ich euch nicht vor
dem Mund wegnehmen, lieber sollt ihr meine Gäste sein.«

Sie lachten und meinten, er triebe seinen Spaß mit ihnen. Er aber stellte
sein hölzernes Tischchen mitten in die Stube und sprach: »Tischchen, deck
dich!« Augenblicklich war es mit Speisen voll, so gut, wie sie der Wirt

nicht hätte herbeischaffen können, und ihr Geruch stieg den Gästen lieblich in die Nase. »Zugegriffen, liebe Freunde!« sprach der Schreiner, und
als die Gäste sahen, wie es gemeint war, ließen sie sich nicht zweimal bitten,
rückten heran, zogen ihre Messer und griffen tapfer zu. Und was sie am
meisten wunderte: wenn eine Schüssel leer geworden war, stellte sich gleich
von selbst eine volle an ihren Platz.

Der Wirt stand in der Ecke und sah alldem zu; er wußte gar nicht, was
er sagen sollte, dachte aber: Einen solchen Koch könntest du auch in deiner
Wirtschaft wohl brauchen. Der Schreiner und seine Gesellschaft waren
lustig bis in die späte Nacht hinein. Endlich legten sie sich schlafen, und
der junge Geselle ging auch zu Bett und stellte sein Wünschtischlein an die
Wand. Dem Wirt aber ließen seine Gedanken keine Ruhe. Es fiel ihm ein,
daß in seiner Rumpelkammer ein altes Tischchen stehe, das geradeso aus-
sehe. Das holte er ganz sachte herbei und vertauschte es mit dem Wünsch-
tischchen.

Am andern Morgen zahlte der Schreiner sein Quartier, packte sein Tischchen auf den Rücken, dachte gar nicht daran, daß er ein falsches hätte, und
ging seiner Wege. Zu Mittag kam er bei seinem Vater an, der ihn mit großer
Freude empfing.

»Nun, mein lieber Sohn, was hast du gelernt?« sagte er zu ihm.

»Vater, ich bin ein Schreiner geworden.«

»Ein gutes Handwerk«, erwiderte der Alte. »Aber was hast du von deiner Wanderschaft mitgebracht?«

»Vater, das Beste, was ich mitgebracht habe, ist das Tischchen.«

Der Schneider betrachtete es von allen Seiten und sagte: »Damit hast du kein Meisterstück gemacht, das ist ein altes und schlechtes Tischchen.«

»Aber es ist ein Tischchen-deck-dich«, antwortete der Sohn. »Wenn ich es hinstelle und ihm sage, es soll sich decken, so stehen gleich die schönsten Gerichte darauf und ein Wein dabei, der das Herz erfreut. Ladet nur alle Verwandten und Freunde ein, die sollen sich einmal erquicken, denn das Tischchen macht sie alle satt.«

Als die Gesellschaft beisammen war, stellte er sein Tischchen mitten in die Stube und sprach: »Tischchen, deck dich!« Aber das Tischchen regte sich nicht und blieb so leer wie jeder andere Tisch, der die Sprache nicht versteht. Da merkte der arme Geselle, daß ihm das Tischchen vertauscht worden war, und schämte sich, daß er wie ein Lügner dastand. Die Verwandten aber lachten ihn aus und mußten, ohne getrunken und gegessen zu haben, wieder heimwandern. Der Vater holte seine Stoffe wieder herbei und schneiderte fort, der Sohn aber ging bei einem Meister in die Arbeit.

Der zweite Sohn war zu einem Müller gekommen und bei ihm in die Lehre gegangen. Als er seine Lehre beendet hatte, sprach der Meister: »Weil du dich so gut gehalten hast, schenke ich dir einen Esel von einer besonderen Art; er zieht nicht am Wagen und trägt auch keine Säcke.«

»Wozu ist er denn nütze?« fragte der junge Geselle. »Er speit Gold«, antwortete der Müller. »Wenn du ihn auf ein Tuch stellst und sprichst ›Bricklebrit‹, so speit dir das gute Tier Goldstücke aus, von vorn und hinten.«

»Das ist eine schöne Sache«, sprach der Geselle, dankte dem Meister und zog in die Welt. Wenn er Gold nötig hatte, brauchte er nur zu seinem Esel »Bricklebrit« zu sagen, so regnete es Goldstücke, und er hatte weiter keine Mühe, als sie von der Erde aufzuheben. Wo er hinkam, war ihm das Beste gut genug, und je teurer, je lieber, denn er hatte immer einen vollen Beutel. Als er sich eine Zeitlang in der Welt umgesehen hatte, dachte er: Du

mußt deinen Vater aufsuchen. Wenn du mit dem Goldesel kommst, so
wird er seinen Zorn vergessen und dich gut aufnehmen. Zufällig geriet
er in dasselbe Wirtshaus, wo seinem Bruder das Tischchen vertauscht worden
war. Er führte seinen Esel an der Hand, und der Wirt wollte ihm das Tier
abnehmen und anbinden. Der junge Geselle aber sprach:

»Gebt Euch keine Mühe, meinen Grauschimmel führe ich selbst in den
Stall und binde ihn auch selbst an, denn ich muß wissen, wo er steht.«

Dem Wirt kam das wunderlich vor, und er meinte, einer, der seinen Esel
selbst besorgen müßte, hätte nicht viel zu verzehren. Als aber der Fremde
in die Tasche griff, zwei Goldstücke herausholte und sagte, er solle nur etwas
Gutes für ihn einkaufen, da machte er große Augen, lief und suchte das Beste,
das er auftreiben konnte. Nach der Mahlzeit fragte der Gast, was er schuldig
sei. Der Wirt wollte ihm den doppelten Preis machen und sagte, noch ein
paar Goldstücke müsse er zulegen. Der Geselle griff in die Tasche, aber sein
Gold war eben zu Ende.

»Wartet einen Augenblick, Herr Wirt«, sprach er, »ich will nur gehen und
Gold holen«, nahm aber das Tischtuch mit. Der Wirt wußte nicht, was das
heißen sollte, war neugierig, schlich ihm nach, und da der Gast die Stalltür
zuriegelte, so guckte er durch ein Astloch.

Der Fremde breitete unter dem Esel das Tuch aus, rief »Bricklebrit«, und augenblicklich fing das Tier an, Gold zu speien, daß es ordentlich auf die Erde herabregnete.

»Ei der Tausend«, sagte der Wirt, »da sind die Dukaten bald geprägt! So ein Geldbeutel ist nicht übel!«

Der Gast bezahlte seine Zeche und legte sich schlafen. Der Wirt aber schlich in der Nacht in den Stall hinab, führte den Münzmeister weg und band einen andern Esel an seine Stelle. Am folgenden Morgen in der Frühe zog der Geselle mit dem Esel ab und meinte, er habe seinen Goldesel. Mittags kam er bei seinem Vater an, der sich freute, als er ihn wiedersah, und ihn gern aufnahm.

»Was ist aus dir geworden, mein Sohn?« fragte der Alte.

»Ein Müller, lieber Vater«, antwortete er.

»Was hast du von deiner Wanderschaft mitgebracht?«

»Weiter nichts als einen Esel.«

»Esel gibt's hier genug«, sagte der Vater, »da wäre mir doch eine gute Ziege lieber gewesen.«

»Ja«, antwortete der Sohn, »aber es ist kein gemeiner Esel, sondern ein Goldesel. Wenn ich sage ›Bricklebrit‹, so speit Euch das gute Tier ein ganzes Tuch voll Goldstücke. Laßt nur alle Verwandten herbeirufen, ich mache sie alle zu reichen Leuten.«

»Das lass' ich mir gefallen«, sagte der Schneider, »dann brauche ich mich mit der Nadel nicht weiter zu quälen«, ging selbst fort und rief die Verwandten herbei. Sobald sie beisammen waren, hieß sie der Müller Platz nehmen, breitete sein Tuch aus und brachte den Esel in die Stube.

»Jetzt gebt acht«, gebot er und rief »Bricklebrit«, aber es waren keine Goldstücke, was herabfiel, und es zeigte sich, daß das Tier nichts von der Kunst verstand, denn nicht jeder Esel bringt es so weit. Da machte der arme Müller ein langes Gesicht, sah, daß er betrogen worden war, und bat die Verwandten um Verzeihung, die so arm heimgingen, wie sie gekommen waren. Es blieb nichts übrig, der Alte mußte wieder nach der Nadel greifen und der Junge sich bei einem Müller verdingen.

Der dritte Bruder war zu einem Drechsler in die Lehre gegangen, und weil es ein kunstreiches Handwerk ist, mußte er am längsten lernen. Seine Brüder aber meldeten ihm in einem Briefe, wie schlimm es ihnen ergangen sei und wie sie der Wirt noch am letzten Abend um ihre schönen Geschenke gebracht habe. Als der Drechsler nun ausgelernt hatte und wandern sollte, schenkte ihm sein Meister, weil er sich so gut aufgeführt hatte, einen Sack und sagte: »Es liegt ein Knüppel darin.«

»Den Sack kann ich umhängen, und er kann mir gute Dienste leisten, aber was macht der Knüppel darin? Der macht ihn nur schwer.«

»Das will ich dir sagen«, antwortete der Meister. »Hat dir jemand etwas zuleid getan, so sprich nur: ›Knüppel, aus dem Sack!‹, dann springt der Knüppel heraus unter die Leute und tanzt ihnen so lustig auf dem Rücken herum, daß sie sich acht Tage lang nicht bewegen können; und er hört nicht eher auf, als bis du sagst: ›Knüppel, in den Sack!‹«

Der Geselle dankte ihm, hing den Sack um, und wenn ihm jemand zu nahe kam und etwas zuleid tun wollte, so sprach er: »Knüppel, aus dem Sack!« Alsbald sprang der Knüppel heraus und klopfte einem nach dem andern den Rock oder das Wams gleich auf dem Rücken aus und wartete nicht erst, bis er sie ausgezogen hatte; und das ging so geschwind, daß, ehe sich's einer versah, die Reihe schon an ihm war.

Der junge Drechsler langte zur Abendzeit in dem Wirtshaus an, wo seine Brüder betrogen worden waren. Er legte den Ranzen vor sich auf den Tisch und fing an zu erzählen, was er alles Merkwürdiges in der Welt gesehen habe.

»Ja«, sagte er, »man findet wohl ein Tischchen-deck-dich, einen Goldesel und dergleichen, lauter gute Dinge, die ich nicht verachte; aber das ist alles nichts gegen den Schatz, den ich mir erworben habe und mit mir da in meinem Sacke führe.«

Der Wirt spitzte die Ohren: Was in aller Welt mag das sein? dachte er, der Sack ist wohl mit lauter Edelsteinen angefüllt; den sollte ich auch noch haben, denn aller guten Dinge sind drei!

Sobald Schlafenszeit war, streckte sich der Gast auf die Bank und legte seinen Sack als Kopfkissen unter. Als der Wirt meinte, der Gast liege in tiefem Schlaf, ging er herbei, rückte und zog ganz sachte und vorsichtig an dem Sack, ob er ihn vielleicht wegziehen und einen andern unterlegen könnte. Der Drechsler aber hatte schon lange darauf gewartet. Wie nun der Wirt eben einen herzhaften Ruck tun wollte, rief er: »Knüppel, aus dem Sack!« Alsbald fuhr das Knüppelchen heraus, dem Wirt auf den Leib, und rieb ihm die Nähte, daß es nur so prasselte.

Der Wirt schrie zum Erbarmen, aber je lauter er schrie, desto kräftiger

schlug der Knüppel ihm den Takt dazu auf dem Rücken, bis er endlich er-
schöpft zur Erde niedersank.

Da sprach der Drechsler: »Wenn du das Tischchen-deck-dich und den
Goldesel nicht wieder herausgibst, so soll der Tanz von neuem angehen.«

»Ach nein«, rief der Wirt ganz kleinlaut, »ich gebe alles gerne wieder heraus,
laßt nur den verwünschten Kobold wieder in den Sack kriechen!«

Da sprach der Geselle: »Ich will Gnade für Recht ergehen lassen, aber
hüte dich, mich zu betrügen!« Dann rief er: »Knüppel, in den Sack!« und
ließ ihn ruhen.

Der Drechsler zog am andern Morgen mit dem Tischchen-deck-dich und
dem Goldesel heim zu seinem Vater. Der Schneider freute sich, als er ihn
wiedersah, und fragte auch ihn, was er in der Fremde gelernt habe.

»Lieber Vater«, antwortete er, »ich bin ein Drechsler geworden.«

»Ein kunstreiches Handwerk«, sagte der Vater. »Was hast du von der
Wanderschaft mitgebracht?«

»Ein kostbares Stück, lieber Vater«, antwortete der Sohn, »einen Knüppel-
aus-dem-Sack.«

»Was!« rief der Vater, »einen Knüppel? Das ist der Mühe wert! Den kannst du dir von jedem Baum abhauen.«

»Aber einen solchen nicht, lieber Vater! Sage ich: ›Knüppel, aus dem Sack!‹ so springt der Knüppel heraus und macht mit dem, der es nicht gut mit mir meint, einen schlimmen Tanz und läßt nicht eher nach, als bis er auf der Erde liegt und um gut Wetter bittet. Seht Ihr, mit diesem Knüppel habe ich das Tischchen-deck-dich und den Goldesel wieder herbeigeschafft, die der diebische Wirt meinen Brüdern abgenommen hatte. Jetzt laßt sie beide rufen, und ladet alle Verwandten ein, ich will sie speisen und ihnen zu trinken geben und die Taschen noch mit Gold füllen.«

Der alte Schneider wollte diesen Worten nicht recht trauen, brachte aber doch die Verwandten zusammen. Da deckte der Drechsler ein Tuch in die Stube, führte den Goldesel herein und sagte zu seinem Bruder: »Nun, lieber Bruder, sprich mit ihm!«

Der Müller sagte »Bricklebrit«, und augenblicklich sprangen die Goldstücke auf das Tuch herab, als käme ein Platzregen, und der Esel hörte nicht eher auf, als bis alle so viel hatten, daß sie's nicht mehr tragen konnten.

Dann holte der Drechsler das Tischchen und sagte: »Lieber Bruder, nun sprich mit ihm!« Und kaum hatte der Schreiner »Tischchen, deck dich!« gesagt, so war es gedeckt und mit den schönsten Schüsseln reichlich besetzt. Da wurde eine Mahlzeit gehalten, wie der gute Schneider noch keine in seinem Haus erlebt hatte, und die ganze Verwandtschaft blieb beisammen bis in die Nacht, und alle waren lustig und vergnügt. Der Schneider verschloß Nadel und Zwirn, Elle und Bügeleisen in einen Schrank und lebte mit seinen drei Söhnen in Freude und Herrlichkeit.

Wo ist aber die Ziege hingekommen, die schuld war, daß der Schneider seine drei Söhne fortjagte? Das will ich dir sagen. Sie schämte sich, daß sie einen kahlen Kopf hatte, lief in eine Fuchshöhle und verkroch sich. Als der Fuchs nach Hause kam, funkelten ihm ein paar große Augen aus der Dunkelheit entgegen, daß er erschrak und wieder zurücklief.

Der Bär begegnete ihm, und da der Fuchs ganz verstört aussah, so sprach er: »Was ist dir, Bruder Fuchs, was machst du für ein Gesicht?«

»Ach«, antwortete der Rote, »ein grimmig Tier sitzt in meiner Höhle und hat mich mit feurigen Augen angeglotzt!«

»Das wollen wir bald austreiben«, sprach der Bär, ging mit zu der Höhle und schaute hinein. Als er aber die feurigen Augen erblickte, erschrak er gleichfalls. Er wollte mit dem grimmigen Tier nichts zu tun haben und nahm Reißaus.

Die Biene begegnete dem Bären, und da sie merkte, daß es ihm in seiner Haut nicht wohl zumute war, sprach sie: »Bär, du machst ja ein gewaltig verdrießlich Gesicht. Wo ist deine Lustigkeit geblieben?«

»Du hast gut reden«, antwortete der Bär; »es sitzt ein grimmiges Tier mit Glotzaugen in dem Hause des Roten, und wir können es nicht herausjagen.«

Die Biene sprach: »Du dauerst mich, Bär; ich bin zwar ein armes, schwaches Geschöpf, das ihr am Wege nicht anguckt, aber ich glaube doch, daß ich euch helfen kann.«

Sie flog in die Fuchshöhle, setzte sich der Ziege auf den glattgeschorenen Kopf und stach sie so fest, daß sie aufsprang, »meh! meh!« schrie und wie toll in die Welt hineinlief. Und niemand weiß bis zur Stunde, wo sie hingelaufen ist.

DORNRÖSCHEN

Vorzeiten lebten ein König und eine Königin, die sprachen jeden Tag: »Ach, wenn wir doch ein Kind hätten!« und kriegten immer keins. Da geschah es, als die Königin einmal im Bade saß, daß ein Frosch aus dem Wasser ans Land kroch und zu ihr sprach: »Dein Wunsch wird erfüllt werden; ehe ein Jahr vergeht, wirst du eine Tochter haben.«

Was der Frosch gesagt hatte, das geschah, und die Königin bekam ein

Mädchen, das war so schön, daß der König vor Freude sich nicht zu fassen wußte und ein großes Fest gab. Er lud nicht bloß seine Verwandten, Freunde und Bekannten, sondern auch die weisen Frauen dazu ein, damit sie dem Kind hold und gewogen wären. Es waren ihrer dreizehn in seinem Reiche; weil er aber nur zwölf goldene Teller hatte, von denen sie essen sollten, so mußte eine von ihnen daheim bleiben.

Das Fest wurde mit aller Pracht gefeiert, und als es zu Ende war, beschenkten die weisen Frauen das Kind mit ihren Wundergaben, die eine mit Tugend, die andere mit Schönheit, die dritte mit Reichtum, und so mit allem, was auf der Welt zu wünschen ist.

Als elf ihre Sprüche eben getan hatten, trat plötzlich die dreizehnte herein. Sie wollte sich dafür rächen, daß sie nicht eingeladen war, und ohne jemand zu grüßen oder nur anzusehen, rief sie mit lauter Stimme: »Die Königstochter soll sich in ihrem fünfzehnten Jahr an einer Spindel stechen und tot hinfallen.« Und ohne ein Wort weiterzusprechen, kehrte sie sich um und verließ den Saal.

Alle waren erschrocken; da trat die zwölfte hervor, die ihren Wunsch noch übrig hatte, und weil sie den bösen Spruch nicht aufheben, sondern ihn nur mildern konnte, so sagte sie: »Es soll aber kein Tod sein, sondern ein hundertjähriger tiefer Schlaf, in den die Königstochter fällt.«

Der König, der sein liebes Kind vor dem Unglück gern bewahren wollte, ließ den Befehl ausgeben, daß alle Spindeln im ganzen Königreich verbrannt werden sollten. An dem Mädchen aber wurden die Gaben der weisen Frauen erfüllt; denn es war so schön, sittsam, freundlich und verständig, daß jedermann, der es ansah, es liebhaben mußte.

An dem Tag, an dem es gerade fünfzehn Jahre alt wurde, waren der König und die Königin nicht zu Hause, und das Mädchen blieb ganz allein im Schloß zurück. Da ging es allerorten herum, besah Stuben und Kammern, wie es Lust hatte, und kam endlich auch an einen alten Turm. Es stieg die enge Wendeltreppe hinauf und gelangte zu einer kleinen Tür. In dem Schloß steckte ein verrosteter Schlüssel. Als es ihn umdrehte, sprang die Tür auf, und da saß in einem kleinen Stübchen eine alte Frau mit einer Spindel und spann emsig ihren Flachs.

»Guten Tag, du altes Mütterchen«, sprach die Königstochter, »was machst du da?«

»Ich spinne«, sagte die Alte und nickte mit dem Kopf.

»Was ist das für ein Ding, das so lustig herumspringt?« fragte das Mädchen, nahm die Spindel und wollte auch spinnen. Kaum hatte sie aber die Spindel angerührt, so ging der Zauberspruch in Erfüllung, und sie stach sich damit in den Finger.

In dem Augenblick aber, wo sie den Stich empfand, fiel sie auf das Bett nieder, das dort stand, und lag in einem tiefen Schlaf. Und dieser Schlaf verbreitete sich über das ganze Schloß. Der König und die Königin, die eben heimgekommen und in den Saal getreten waren, fingen an einzuschlafen, und der ganze Hofstaat mit ihnen. Da schliefen auch die Pferde im Stall, die Hunde im Hof, die Tauben auf dem Dach, die Fliegen an der Wand,

75

ja, das Feuer, das auf dem Herd flackerte, wurde still und schlief ein. Der Braten hörte auf zu brutzeln, der Koch, der den Küchenjungen, weil er etwas versehen hatte, an den Haaren ziehen wollte, ließ ihn los und schlief. Und der Wind legte sich, und auf den Bäumen vor dem Schloß regte sich kein Blättchen mehr.

Rings um das Schloß aber begann eine Dornenhecke zu wachsen, die jedes Jahr höher wurde und endlich das ganze Schloß umzog und darüber hinauswuchs, daß gar nichts mehr davon zu sehen war, nicht einmal die Fahne auf dem Dach.

Es ging aber die Sage in dem Land von dem schönen schlafenden Dornröschen, denn so wurde die Königstochter genannt, so daß von Zeit zu Zeit Königssöhne kamen und durch die Hecke in das Schloß dringen wollten. Es war ihnen aber nicht möglich, denn die Dornen hielten fest zusammen, als hätten sie Hände, und die Jünglinge blieben darin hängen, konnten sich nicht wieder losmachen und starben eines jämmerlichen Todes.

Nach langen, langen Jahren kam wieder einmal ein Königssohn in das Land und hörte, wie ein alter Mann von der Dornenhecke erzählte. Es solle ein Schloß dahinter stehen, in dem eine wunderschöne Königstochter, Dornröschen genannt, schon seit hundert Jahren schlafe, und mit ihr schliefen der König und die Königin und der ganze Hofstaat. Der Alte wußte auch von seinem Großvater, daß schon viele Königssöhne gekommen wären und versucht hätten, durch die Dornenhecke zu dringen, aber sie wären darin hängengeblieben und eines traurigen Todes gestorben. Da sprach der Jüngling: »Ich fürchte mich nicht, ich will hinaus und das schöne Dornröschen sehen.« Der gute Alte mochte ihm abraten, wie er wollte, er hörte nicht auf seine Worte.

Nun waren aber gerade die hundert Jahre verflossen, und der Tag war gekommen, wo Dornröschen wieder erwachen sollte. Als der Königssohn sich der Dornenhecke näherte, waren es lauter schöne, große Blumen, die taten sich von selbst auseinander und ließen ihn unbeschädigt hindurch, und hinter ihm taten sie sich wieder als eine Hecke zusammen.

Im Schloßhof sah er die Pferde und scheckigen Jagdhunde liegen und schlafen, auf dem Dach saßen die Tauben und hatten das Köpfchen unter den Flügel gesteckt. Und als er ins Haus kam, schliefen die Fliegen an der Wand, der Koch in der Küche hielt noch die Hand, als wolle er den Jungen packen, und die Magd saß vor dem schwarzen Huhn, das gerupft werden sollte.

Da ging er weiter und sah im Saal den ganzen Hofstaat liegen und schlafen, und oben auf dem Thron schlummerten der König und die Königin. Da ging er noch weiter; alles war so still, daß einer seinen Atem hören konnte; und endlich kam er zu dem Turm und öffnete die Tür zu der kleinen Stube, in der Dornröschen schlief.

Da lag es und war so schön, daß er die Augen nicht abwenden konnte, und er bückte sich und gab ihm einen Kuß. Wie er es mit dem Mund berührt hatte, schlug Dornröschen die Augen auf erwachte und blickte ihn ganz freundlich an. Da gingen sie zusammen hinab, und der König erwachte und die Königin und der ganze Hofstaat, und sie sahen einander mit großen Augen an. Und die Pferde im Hof standen auf und schüttelten sich, die Jagdhunde sprangen und wedelten, die Tauben auf dem Dach zogen das Köpfchen unterm Flügel hervor, sahen umher und flogen ins Feld. Die Fliegen an den Wänden krochen weiter, das Feuer in der Küche erhob sich, flackerte und kochte das Essen, der Braten fing wieder an zu brutzeln, und der Koch gab dem Jungen eine Ohrfeige, daß er schrie, und die Magd rupfte das Huhn fertig. Und da wurde die Hochzeit des Königssohnes mit dem Dornröschen in aller Pracht gefeiert, und sie lebten vergnügt bis an ihr Ende.

HÄNSEL UND GRETEL

Vor einem großen Wald wohnte ein armer Holzhacker mit seiner Frau und seinen zwei Kindern; das Bübchen hieß Hänsel und das Mädchen Gretel. Der Mann hatte wenig zu beißen, und einmal, als große Teuerung ins Land kam, konnte er auch das tägliche Brot nicht mehr beschaffen. Wie er sich nun abends im Bett Gedanken machte und sich vor Sorgen herumwälzte, seufzte er und sprach zu seiner Frau: »Was soll aus uns werden? Wie können wir unsere armen Kinder ernähren, da wir für uns selbst nichts mehr haben?«

»Weißt du was, Mann«, antwortete die Frau, »wir wollen morgen in aller Früh die Kinder hinaus in den Wald führen, wo er am dichtesten ist; dort machen wir ein Feuer an und geben jedem noch ein Stückchen Brot, dann gehen wir an unsere Arbeit und lassen sie allein. Sie finden den Weg nicht wieder nach Hause, und wir sind sie los.«

»Nein, Frau«, sagte der Mann, »das tue ich nicht; wie sollt' ich's übers Herz bringen, meine Kinder im Wald allein zu lassen. Die wilden Tiere würden bald kommen und sie zerreißen.«

»O du Narr«, sagte sie, »dann müssen wir alle vier Hungers sterben, du kannst gleich die Bretter für die Särge hobeln« und ließ ihm keine Ruhe, bis er einwilligte.

»Aber die armen Kinder dauern mich doch«, sagte der Mann.

Die beiden Kinder hatten vor Hunger auch nicht einschlafen können und alles gehört, was die Stiefmutter zum Vater gesagt hatte. Gretel weinte bittere Tränen und sprach zu Hänsel: »Nun ist's um uns geschehen!«

»Still, Gretel«, sprach Hänsel, »gräme dich nicht, ich will uns schon helfen.« Und als die Alten eingeschlafen waren, stand er auf, zog sein Röcklein an, machte die Tür auf und schlich sich hinaus. Da schien der Mond ganz helle, und die weißen Kieselsteine, die vor dem Haus lagen, glänzten wie lauter silberne Geldstücke. Hänsel bückte sich und steckte so viele in sein Rocktäschlein, wie nur hineingingen. Dann lief er wieder zurück, sprach zu Gretel: »Sei getrost, liebes Schwesterchen, und schlaf nur ruhig ein, Gott wird uns nicht verlassen« und legte sich wieder in sein Bett.

Als der Tag anbrach, noch ehe die Sonne aufgegangen war, kam schon die Frau und weckte die beiden Kinder. »Steht auf, ihr Faulenzer, wir wollen in den Wald gehen und Holz holen!« Dann gab sie jedem ein Stückchen Brot und sprach: »Da habt ihr etwas für den Mittag; aber eßt es nicht vorher auf, weiter kriegt ihr nichts.«

Gretel nahm das Brot unter die Schürze, weil Hänsel die Steine in der Tasche hatte. Danach machten sie sich alle zusammen auf den Weg nach dem Wald. Als sie ein Weilchen gegangen waren, stand Hänsel still und blickte nach dem Haus zurück und tat das wieder und immer wieder. Der Vater sprach: »Hänsel, was guckst du da und bleibst zurück? Hab acht und vergiß deine Beine nicht!«

»Ach, Vater«, sagte Hänsel, »ich sehe nach meinem weißen Kätzchen, das sitzt oben auf dem Dach und will mir ade sagen.«

Die Frau sprach: »Narr, das ist dein Kätzchen nicht, das ist die Morgensonne, die auf den Schornstein scheint.«

Hänsel aber hatte nicht nach dem Kätzchen gesehen, sondern immer einen von den blanken Kieselsteinen aus seiner Tasche auf den Weg geworfen.

Als sie mitten in den Wald gekommen waren, sprach der Vater: »Nun sammelt Holz, ihr Kinder, ich will ein Feuer anmachen, damit ihr nicht friert.«

Hänsel und Gretel trugen Reisig zusammen, einen kleinen Berg hoch. Das Reisig wurde angezündet, und als die Flamme recht hoch brannte, sagte die Frau: »Nun legt euch ans Feuer, ihr Kinder, und ruht euch aus, wir gehen in den Wald und holen Holz. Wenn wir fertig sind, kommen wir wieder und holen euch ab.«

Hänsel und Gretel saßen am Feuer, und als der Mittag kam, aß jedes sein Stück Brot. Und weil sie die Schläge der Holzaxt hörten, so glaubten sie, ihr Vater wäre in der Nähe. Es war aber nicht die Holzaxt, es war ein Ast, den der Vater an einen dürren Baum gebunden hatte und den der Wind hin- und herschlug. Als sie lange so gesessen waren, fielen ihnen die Augen vor Müdigkeit zu, und sie schliefen fest ein. Als sie endlich erwachten, war es schon finstere Nacht.

Gretel fing an zu weinen und sprach: »Wie sollen wir nun aus dem Wald kommen?« Hänsel aber tröstete sie: »Wart nur ein Weilchen, bis der Mond aufgegangen ist, dann wollen wir den Weg schon finden!« Als dann der Vollmond aufgestiegen war, nahm Hänsel sein Schwesterchen an der Hand und ging den Kieselsteinen nach; die schimmerten wie neugeschlagene Silbermünzen und zeigten den Kindern den Weg. Sie gingen die ganze Nacht hindurch und kamen bei anbrechendem Tag wieder zu ihres Vaters Haus.

Sie klopften an die Tür, und als die Frau aufmachte und sah, daß es Hänsel

und Gretel waren, sprach sie: »Ihr bösen Kinder, was habt ihr so lange im Wald geschlafen? Wir haben geglaubt, ihr wollt gar nicht wiederkommen.« Der Vater aber freute sich, denn es war ihm zu Herzen gegangen, daß er sie so allein zurückgelassen hatte.

Nicht lange darnach war wieder Not in allen Ecken, und die Kinder hörten, wie die Mutter nachts im Bett zum Vater sprach: »Alles ist wieder aufgezehrt; wir haben noch einen halben Laib Brot, hernach hat das Lied ein Ende. Die Kinder müssen fort, wir wollen sie tiefer in den Wald hineinführen, damit sie den Weg nicht wieder herausfinden; es gibt sonst keine Rettung für uns.«

Dem Mann fiel's schwer aufs Herz, und er dachte: Es wäre besser, daß du den letzten Bissen mit deinen Kindern teiltest. Aber die Frau hörte auf nichts, was er sagte, schalt ihn und machte ihm Vorwürfe. Wer A sagt, muß auch B sagen, und weil er das erstemal nachgegeben hatte, so mußte er es auch zum zweitenmal.

Die Kinder aber waren noch wach gewesen und hatten das Gespräch mit angehört. Als die Alten schliefen, stand Hänsel wieder auf, wollte hinaus und Kieselsteine auflesen wie das vorigemal, aber die Frau hatte die Tür verschlossen, und Hänsel konnte nicht hinaus. Aber er tröstete sein Schwesterchen und sprach: »Weine nicht, Gretel, und schlaf nur ruhig, der liebe Gott wird uns schon helfen.«

Am frühen Morgen kam die Frau und holte die Kinder aus dem Bett. Sie erhielten ihr Stückchen Brot, das war aber noch kleiner als das vorigemal. Auf dem Weg nach dem Wald bröckelte es Hänsel in der Tasche, stand oft still und warf ein Bröcklein nach dem andern auf die Erde.

»Hänsel, was stehst du und guckst dich um?« fragte der Vater. »Geh deiner Wege.«

»Ich sehe nach meinem Täubchen, das sitzt auf dem Dach und will mir ade sagen«, antwortete Hänsel.

»Narr«, murrte die Frau, »das ist dein Täubchen nicht, das ist die Morgensonne, die auf den Schornstein scheint.« Hänsel aber warf Bröcklein um Bröcklein auf den Weg.

Die Frau führte die Kinder noch tiefer in den Wald, wo sie ihr Lebtag noch nicht gewesen waren. Da wurde wieder ein großes Feuer angemacht, und die Mutter sagte: »Bleibt nur sitzen, ihr Kinder, und wenn ihr müde seid, könnt ihr ein wenig schlafen; wir gehen in den Wald und hauen Holz, und abends, wenn wir fertig sind, kommen wir und holen euch ab.«

Als es Mittag war, teilte Gretel ihr Brot mit Hänsel, der sein Stück auf den Weg gestreut hatte. Dann

schliefen sie ein, und der Abend verging, aber niemand kam zu den armen Kindern. Sie erwachten erst in der finsteren Nacht, und Hänsel tröstete sein Schwesterchen und sagte: »Wart nur, Gretel, bis der Mond aufgeht, dann werden wir die Brotbröcklein sehen, die ich ausgestreut habe, die zeigen uns den Weg nach Hause.«

Als der Mond kam, machten sie sich auf; aber sie fanden kein Bröcklein mehr, denn die vieltausend Vögel, die im Wald und im Feld umherfliegen, die hatten sie weggepickt. Hänsel sagte zu Gretel: »Wir werden den Weg schon finden!« Aber sie fanden ihn nicht. Sie gingen die ganze Nacht und noch einen Tag vom Morgen bis zum Abend, aber sie kamen aus dem Wald nicht heraus und waren sehr hungrig, denn sie hatten nichts als die paar Beeren, die auf der Erde standen. Und weil sie so müde waren, daß die Beine sie nicht mehr tragen wollten, legten sie sich unter einen Baum und schliefen ein.

Nun war schon der dritte Morgen, daß sie ihres Vaters Haus verlassen hatten. Sie fingen wieder an zu gehen, aber sie gerieten immer tiefer in den Wald, und wenn nicht bald Hilfe kam, so mußten sie verschmachten. Als es Mittag war, sahen sie ein schönes, schneeweißes Vöglein auf einem Ast sitzen, das sang so schön, daß sie stehenblieben und ihm zuhörten. Und als es fertig war, schwang es seine Flügel und flog vor ihnen her, und sie gingen ihm nach, bis sie zu einem Häuschen gelangten, auf dessen Dach es sich setzte. Als sie ganz nahe herankamen, sahen sie, daß das Häuslein

aus Brot gebaut und mit Kuchen gedeckt war;
aber die Fenster waren aus hellem Zucker.

»Da wollen wir uns dranmachen«, sprach
Hänsel, »und eine gesegnete Mahlzeit halten.
Ich will ein Stück vom Dach essen! Gretel,
du kannst vom Fenster essen, das schmeckt
süß.«

Hänsel langte in die Höhe und brach sich
ein wenig vom Dach ab, um zu versuchen,
wie es schmeckte, und Gretel stellte sich an
die Scheiben und knupperte daran. Da rief
eine feine Stimme aus der Stube heraus:

»Knupper, knapper, kneischen,
wer knuppert an meinem Häuschen?«

Die Kinder antworteten:

»Der Wind, der Wind,
das himmlische Kind«,

und aßen weiter, ohne sich irremachen zu lassen. Hänsel, dem das Dach sehr gut schmeckte,
riß sich ein großes Stück davon herunter,
und Gretel stieß eine ganze runde Fenster-
scheibe heraus, setzte sich nieder und aß davon.

Da ging auf einmal die Tür auf,
und eine steinalte Frau, die sich auf
eine Krücke stützte, kam heraus-
geschlichen. Hänsel und Gretel
erschraken so gewaltig, daß sie
fallen ließen, was sie in den
Händen hielten. Die Alte
aber wackelte mit dem Kopf
und sprach: »Ei, ihr
lieben Kinder, wer hat
euch hierhergebracht?
Kommt nur herein und
bleibt bei mir, es ge-
schieht euch kein Leid.«

Sie faßte beide an der Hand und führte sie in ihr Häuschen. Da wurde gutes Essen aufgetragen, Milch und Pfannkuchen mit Zucker, Äpfel und Nüsse. Hernach wurden zwei schöne Bettlein weiß gedeckt, und Hänsel und Gretel legten sich hinein und meinten, sie wären im Himmel.

Die Alte hatte sich nur so freundlich gestellt, sie war aber eine böse Hexe, die den Kindern auflauerte, und hatte das Brothäuslein bloß gebaut, um sie herbeizulocken. Wenn eins in ihre Gewalt kam, so tötete sie es, kochte es und aß es, und das war ihr ein Festtag. Die Hexen haben rote Augen und können nicht weit sehen, aber sie haben eine feine Witterung wie die Tiere und merken es, wenn Menschen herankommen. Als Hänsel und Gretel in ihre Nähe kamen, da lachte sie boshaft und sprach höhnisch: »Die habe ich jetzt, die sollen mir nicht wieder entwischen.«

Frühmorgens, ehe die Kinder erwacht waren, stand sie schon auf, und als sie beide so lieblich ruhen sah, mit den vollen roten Backen, murmelte sie vor sich hin: »Das wird ein guter Bissen werden!«

Da packte sie Hänsel mit ihrer dürren Hand, führte ihn in einen kleinen Stall und sperrte ihn hinter einer Gittertür ein; er mochte schreien wie er wollte, es half ihm nichts.

Dann ging sie zu Gretel, rüttelte sie wach und rief: »Steh auf, Faulenzerin, trag Wasser und koch deinem Bruder etwas Gutes, der sitzt draußen im Stall und soll fett werden. Wenn er fett ist, so will ich ihn essen.«

Gretel fing an, bitterlich zu weinen, aber es war alles vergeblich, sie mußte tun, was die böse Hexe verlangte.

Nun wurde dem armen Hänsel das beste Essen gekocht, aber Gretel bekam nichts als Krebsschalen. Jeden Morgen schlich die Alte zu dem Ställchen und rief: »Hänsel, streck deine Finger heraus, damit ich fühle, ob du bald fett bist.«

Hänsel streckte ihr aber ein Knöchlein heraus, und

die Alte, die schlechte Augen hatte, konnte es nicht sehen und meinte, es wären Hänsels Finger, und wunderte sich, daß er gar nicht fett werden wollte. Als vier Wochen um waren und Hänsel immer mager blieb, da verlor sie die Geduld, und sie wollte nicht länger warten.

»Heda, Gretel!« rief sie dem Mädchen zu, »sei flink und trag Wasser! Hänsel mag fett oder mager sein, morgen will ich ihn schlachten und kochen.«

Ach, wie jammerte das arme Schwesterchen, als es das Wasser tragen mußte, und wie flossen ihm die Tränen über die Backen herunter!

»Lieber Gott, hilf uns doch!«, rief sie aus, »hätten uns nur die wilden Tiere im Wald gefressen, so wären wir doch zusammen gestorben!«

»Spar nur dein Geplärre«, sagte die Alte, »es hilft dir alles nichts.«

Frühmorgens mußte Gretel heraus, den Kessel mit Wasser aufhängen und Feuer anzünden. »Erst wollen wir backen«, sagte die Alte, »ich habe den Backofen schon eingeheizt und den Teig geknetet.« Sie stieß die arme Gretel hinaus zu dem Backofen, aus dem die Feuerflammen schon herausschlugen.

»Kriech hinein«, befahl die Hexe, »und sieh zu, ob recht eingeheizt ist, damit wir das Brot hineinschieben können.«

Sobald Gretel darin war, wollte sie den Ofen zumachen, und Gretel sollte darin braten, und dann wollte sie das Kind auch aufessen.

Aber Gretel merkte, was die Hexe im Sinn hatte, und sprach: »Ich weiß nicht, wie ich's machen soll; wie komm' ich da hinein?«

»Dumme Gans«, sagte die Alte, »die Öffnung ist groß genug; siehst du wohl, ich könnte selbst hinein«, krabbelte heran und steckte den Kopf in den Backofen.

Da gab ihr Gretel einen Stoß, daß sie weit hineinfiel, machte die eiserne Tür zu und schob den Riegel vor.

Hu! da fing sie an zu heulen, ganz gräßlich; aber Gretel lief fort, und die gottlose Hexe mußte elend verbrennen.

Gretel aber lief schnurstracks zu Hänsel, öffnete sein Ställchen und rief: »Hänsel, wir sind erlöst, die alte Hexe ist tot!«

Da sprang Hänsel heraus wie ein Vogel aus dem Käfig, dem die Tür aufgemacht wird.

Wie haben sie sich gefreut, sind einander um den Hals gefallen, sind herumgesprungen und haben sich geküßt! Und weil sie sich nicht mehr zu fürchten brauchten, so gingen sie in das Haus der Hexe hinein; da standen in allen Ecken Kästchen mit Perlen und Edelsteinen.

»Die sind noch besser als Kieselsteine«, sagte Hänsel und steckte in seine Taschen, was hineinwollte, und Gretel sagte: »Ich will auch etwas mit nach Haus bringen« und füllte sich ihr Schürzchen voll.

»Aber jetzt wollen wir fort«, sagte Hänsel, »damit wir aus dem Hexenwald herauskommen.«

Als sie ein paar Stunden gegangen waren, kamen sie an ein großes Wasser. »Wir können nicht hinüber«, sprach Hänsel, »ich sehe keinen Steg und keine Brücke.«

»Hier fährt auch kein Schiffchen«, antwortete Gretel, »aber dort schwimmt eine weiße Ente, wenn ich die bitte, so hilft sie uns hinüber.« Da rief sie: »Entchen, Entchen, da steht Gretel und Hänsel. Kein Steg und keine Brücke ist zu sehen, nimm uns auf deinen weißen Rücken!«

Das Entchen kam gleich heran, und Hänsel setzte sich auf und bat sein Schwesterchen, sich zu ihm zu setzen.

»Nein«, antwortete Gretel, »es wird dem Entchen zu schwer; es soll uns nacheinander hinüberbringen.«

Das tat das gute Tierchen, und als die beiden glücklich drüben waren und ein Weilchen weitergingen, da kam ihnen der Wald immer bekannter vor, und endlich erblickten sie von weitem ihres Vaters Haus.

Da fingen sie an zu laufen, stürzten in die Stube hinein und fielen ihrem Vater um den Hals.

Der Mann hatte keine frohe Stunde gehabt, seitdem er die Kinder im Wald gelassen hatte, die Frau aber war gestorben.

Gretel schüttete ihr Schürzchen aus, daß die Perlen und Edelsteine in der Stube herumsprangen, und Hänsel warf eine Handvoll nach der anderen aus seiner Tasche dazu.

Da hatten alle Sorgen ein Ende, und sie lebten froh und zufrieden zusammen.

DIE SIEBEN RABEN

Ein Mann hatte sieben Söhne und immer noch kein Töchterchen, so-sehr er sich's auch wünschte; endlich kam doch ein Mädchen. Die Freude war groß, aber das Kind war schmächtig und klein und sollte wegen seiner Schwachheit die Nottaufe bekommen. Der Vater schickte einen der Knaben zur Quelle, Taufwasser zu holen; die andern sechs liefen mit, und weil jeder der erste beim Schöpfen sein wollte, so fiel ihnen der Krug in den Brunnen. Da standen sie und wußten nicht, was sie tun sollten, und keiner getraute sich heim. Als sie so lange nicht zurückkamen, wurde der Vater ungeduldig und sprach: »Gewiß haben sie's wieder über dem Spiel ver-gessen, die gottlosen Jungen.« Er hatte Angst, das Mädchen müßte ungetauft sterben, und im Ärger rief er: »Ich wollte, daß die Jungen alle zu Raben würden!«

Kaum war das Wort ausgesprochen, da hörte er ein Geschwirr über seinem Haupt in der Luft, blickte in die Höhe und sah sieben kohlschwarze Raben auf und davon fliegen.

Die Eltern konnten die Verwünschungen nicht mehr zurücknehmen, und so traurig sie über den Verlust ihrer sieben Söhne waren, trösteten sie sich doch einigermaßen durch ihr liebes Töchterchen, das bald zu Kräften kam und mit jedem Tag schöner wurde. Es wußte lange Zeit nicht einmal, daß es Geschwister gehabt hatte, denn die Eltern hüteten sich, die Knaben zu erwähnen, bis es eines Tages zufällig die Leute reden hörte, das Mädchen wäre wohl schön, aber doch eigentlich schuld an dem Unglück seiner sieben Brüder.

Da wurde das Kind ganz betrübt, ging zu Vater und Mutter und fragte, ob es denn Brüder gehabt hätte und wo sie hingeraten wären. Nun konnten die Eltern das Geheimnis nicht länger verschweigen, sagten jedoch, der Himmel habe es so bestimmt, und seine Geburt sei nur der unschuldige Anlaß gewesen. Allein das Mädchen machte sich täglich ein Gewissen daraus und glaubte, es müßte seine Geschwister wieder erlösen. Es hatte nicht Ruhe, bis es sich heimlich aufmachte und in die weite Welt ging, seine Brüder irgendwo aufzuspüren und zu befreien, es mochte kosten, was es wollte. Es nahm nichts mit sich als ein Ringlein von seinen Eltern zum Andenken, einen Laib Brot für den Hunger, ein Krüglein Wasser für den Durst und ein Stühlchen für die Müdigkeit.

Nun ging das Mädchen immerzu, weit, weit, bis an der Welt Ende. Da kam es zur Sonne; aber die war zu heiß und fürchterlich und fraß die kleinen Kinder. Eilig lief das Mädchen weg und lief hin zum Mond, aber der war gar zu kalt und auch grausig und bös, und als er das Kind bemerkte, sprach er: »Ich rieche, rieche Menschenfleisch!«

Da machte es sich geschwind fort und kam zu den Sternen. Die waren ihm freundlich und gut gesinnt, und jeder saß auf einem besonderen Stühlchen. Der Morgenstern aber stand auf, gab dem Kind ein Beinchen und sprach: »Wenn du das Beinchen nicht hast, kannst du den Glasberg nicht aufschließen, und in dem Glasberg wohnen deine Brüder.«

Das Mädchen nahm das Beinchen, wickelte es in ein Tüchlein und ging wieder fort, so lange, bis es an den Glasberg kam. Das Tor war verschlossen, und es wollte das Beinchen hervorholen, aber wie es das Tüchlein aufmachte, war es leer. Es hatte das Geschenk der guten Sterne verloren. Was sollte es nun anfangen? Seine Brüder wollte es erretten und hatte keinen Schlüssel

zum Glasberg. Das gute Schwesterchen nahm ein Messer, schnitt sich das kleine Fingerchen ab, steckte es in das Tor und schloß glücklich auf. Als es hineingegangen war, kam ihm ein Zwerglein entgegen, das fragte: »Mein Kind, was suchst du?«

»Ich suche meine Brüder, die sieben Raben«, antwortete das Mädchen. Der Zwerg sprach: »Die Herren Raben sind nicht zu Haus, aber willst du hier so lange warten, bis sie kommen, so tritt ein.«

Darauf trug das Zwerglein die Speise der Raben herein auf sieben Tellerchen und in sieben Becherchen, und von jedem Tellerchen aß das Schwesterchen ein Bröckchen, und aus jedem Becherchen trank es ein Schlückchen; in das letzte Becherchen aber ließ es das Ringlein fallen, das es mitgenommen hatte.

Auf einmal hörte es in der Luft ein Geschwirr und ein Rauschen. Da sprach das Zwerglein: »Jetzt kommen die Herren Raben heimgeflogen.« Da waren sie, wollten essen und trinken und suchten ihre Tellerchen und Becherchen.

Es sprach einer nach dem andern: »Wer hat von meinem Tellerchen gegessen? Wer hat aus meinem Becherchen getrunken? Das ist eines Menschen Mund gewesen.«

Und als der siebente auf den Grund des Bechers kam, rollte ihm das Ringlein entgegen. Da sah er es an und erkannte, daß es ein Ring von Vater und Mutter war, und sprach: »Gott gebe, unser Schwesterlein wäre da, so wären wir erlöst!«

Als das Mädchen, das hinter der Tür stand und lauschte, den Wunsch hörte, trat es hervor.

Da bekamen alle die Raben ihre menschliche Gestalt wieder. Und sie herzten und küßten einander und zogen fröhlich heim.

RUMPELSTILZCHEN

Es war einmal ein Müller, der war arm, aber er hatte eine schöne Tochter. Nun traf es sich, daß er mit dem König zu sprechen kam, und um sich Geltung zu verschaffen, sagte er zu ihm: »Ich habe eine Tochter, die kann Stroh zu Gold spinnen.«

Der König sprach zum Müller: »Das ist eine Kunst, die mir gefällt. Wenn deine Tochter so geschickt ist, wie du sagst, so bringe sie morgen in mein Schloß, dort will ich sie auf die Probe stellen.«

Als nun das Mädchen zum König geführt wurde, geleitete er es in eine Kammer, die voll Stroh lag, gab ihr Rad und Haspel und sprach: »Jetzt mache dich an die Arbeit, und wenn du bis morgen früh dieses Stroh nicht zu Gold versponnen hast, so mußt du sterben.« Darauf schloß er die Kammer selbst zu, und sie blieb allein darin.

Da saß nun die arme Müllerstochter und wußte um ihr Leben keinen Rat. Sie verstand nichts davon, wie man Stroh zu Gold spinnen konnte, und ihre Angst wurde immer größer, bis sie endlich zu weinen anfing. Da ging auf einmal die Tür auf, und ein kleines Männchen trat herein und sprach: »Guten Abend, Jungfer Müllerin, warum weinst du so sehr?«

»Ach«, antwortete das Mädchen, »ich soll Stroh zu Gold spinnen und kann das nicht.«

Da sprach das Männchen: »Was gibst du mir, wenn ich dir's spinne?«

»Mein Halsband«, sagte das Mädchen.

Das Männchen nahm das Halsband, setzte sich vor das Rädchen, und schnurr, schnurr, schnurr, dreimal gezogen, war die Spule voll. Dann steckte es eine andere auf, und schnurr, schnurr, schnurr, dreimal gezogen, war auch die zweite voll. Und so ging's fort bis zum Morgen, da war alles Stroh versponnen, und alle Spulen waren voll Gold.

Schon bei Sonnenaufgang kam der König, und als er das Gold erblickte, staunte er und freute sich; aber sein Herz wurde nur noch goldgieriger. Er ließ die Müllerstochter in eine andere Kammer voll Stroh bringen, die noch viel größer war, und befahl ihr, auch das in einer Nacht zu spinnen, wenn ihr das Leben lieb wäre.

Das Mädchen wußte sich wieder nicht zu helfen und weinte; da ging abermals die Tür auf, und das kleine Männchen erschien und sprach: »Was gibst du mir, wenn ich dir das Stroh zu Gold spinne?«

»Meinen Ring vom Finger«, antwortete das Mädchen.

Das Männchen nahm den Ring, fing wieder an zu schnurren mit dem Rad und hatte bis zum Morgen alles Stroh zu glänzendem Gold gesponnen.

Der König freute sich ungemein bei dem Anblick, war aber noch immer nach Gold gierig. Er ließ die Müllerstochter in eine noch größere Kammer voll Stroh bringen und sprach: »Dies mußt du noch in dieser Nacht verspinnen; gelingt es dir wirklich, so sollst du meine Gemahlin werden.«

Wenn's auch eine Müllerstochter ist, dachte er, eine reichere Frau finde ich in der ganzen Welt nicht.

Als das Mädchen allein war, kam das Männlein zum drittenmal wieder und sprach: »Was gibst du mir, wenn ich dir noch einmal das Stroh spinne?«

»Ich habe nichts mehr, das ich dir geben könnte«, antwortete das Mädchen.

»So versprich mir, wenn du Königin wirst, dein erstes Kind.«

Wer weiß, wie das noch geht, dachte die Müllerstochter und wußte sich auch in der Not nicht anders zu helfen. Sie versprach also dem Männchen, was es verlangte, und das Männchen spann dafür noch einmal das Stroh zu Gold. Und als am Morgen der König kam und alles fand, wie er gewünscht hatte, hielt er Hochzeit mit ihr, und die schöne Müllerstochter wurde seine Königin.

Nach einem Jahr bekam sie ein schönes Kind und dachte gar nicht mehr an das Männchen. Da trat es plötzlich in ihre Kammer und sprach: »Nun gib mir, was du versprochen hast.«

Die Königin erschrak und bot dem Männchen alle Reichtümer des Königreichs an, wenn es ihr das Kind lassen wollte. Aber das Männchen erwiderte: »Nein, etwas Lebendes ist mir lieber als alle Schätze der Welt.«

Da fing die Königin so an zu jammern und zu weinen, daß das Männchen Mitleid mit ihr hatte: »Drei Tage will ich dir Zeit lassen«, sprach es, »wenn du bis dahin meinen Namen weißt, so sollst du dein Kind behalten.«

Nun dachte die Königin die ganze Nacht über alle Namen nach, die sie jemals gehört hatte, und schickte einen Boten über Land, der sollte sich erkundigen weit und breit, was es noch für Namen gäbe. Als am andern Tag das Männchen kam, fing sie an mit Kaspar, Melchior, Balthasar und sagte alle Namen, die sie wußte, der Reihe her nach; aber bei jedem sprach das Männlein: »So heiß' ich nicht.«

Den zweiten Tag ließ sie in der Nachbarschaft herumfragen, wie die Leute dort genannt würden, und sagte dem Männlein die ungewöhnlichsten und seltsamsten Namen vor: »Heißt du vielleicht Rippenbiest oder Hammelwade oder Schnürbein?« Aber es antwortete immer: »So heiß' ich nicht.«

Den dritten Tag kam der Bote wieder zurück und erzählte: »Neue Namen habe ich keinen einzigen finden können, aber wie ich an einen hohen Berg um die Waldecke kam, wo Fuchs und Hase sich gute Nacht sagen, sah ich ein kleines Haus, und vor dem Haus brannte ein Feuer, und um das Feuer sprang ein gar zu lächerliches Männchen, hüpfte auf einem Bein und schrie:

> ›Heute back' ich, morgen brau' ich,
> übermorgen hol' ich der Königin ihr Kind;
> ach, wie gut ist, daß niemand weiß,
> daß ich Rumpelstilzchen heiß'!‹

Jetzt könnt ihr wohl denken, wie die Königin froh war, als sie den Namen hörte! Als bald hernach das Männlein hereintrat und fragte: »Nun, Frau Königin, wie heiß' ich?« Da fragte sie erst: »Heißest du Kunz?« — »Nein.« — »Heißt du Hinz?« — »Nein.«

»Heißt du etwa Rumpelstilzchen?«

»Das hat dir der Teufel gesagt, das hat dir der Teufel gesagt!« schrie das Männlein und stieß mit dem rechten Fuß vor Zorn so tief in die Erde, daß es bis an den Leib hineinfuhr; dann packte es in seiner Wut den linken Fuß mit beiden Händen und riß sich selbst mitten entzwei.

DER WOLF UND DIE SIEBEN GEISSLEIN

Es war einmal eine alte Geiß, die hatte sieben junge Geißlein und hatte sie lieb, wie eine Mutter ihre Kinder lieb hat. Eines Tages wollte sie in den Wald gehen und Futter holen; da rief sie alle sieben herbei und sprach:
»Liebe Kinder, ich will hinaus in den Wald, seid auf eurer Hut vor dem Wolf; wenn er hereinkommt, so frißt er euch alle mit Haut und Haar. Der Bösewicht verstellt sich oft, aber an seiner rauhen Stimme und an seinen schwarzen Füßen werdet ihr ihn erkennen.«

Die Geißlein sagten: »Liebe Mutter, wir wollen uns schon in acht nehmen. Ihr könnt ohne Sorge fortgehen.« Da meckerte die Alte und machte sich getrost auf den Weg.

Es dauerte nicht lange, so klopfte jemand an die Haustür und rief: »Macht auf, ihr lieben Kinder, eure Mutter ist da und hat jedem von euch etwas mitgebracht!«

Aber die Geißlein hörten an der rauhen Stimme, daß es der Wolf war.

»Wir machen nicht auf!« riefen sie. »Du bist unsre Mutter nicht; die hat eine feine und liebliche Stimme, aber deine Stimme ist rauh; du bist der Wolf!«

Da ging der Wolf fort zu einem Krämer und kaufte sich ein großes Stück Kreide; die aß er und machte damit seine Stimme fein. Dann kam er zurück, klopfte an die Haustür und rief: »Macht auf, ihr lieben Kinder, eure Mutter ist da und hat jedem von euch etwas mitgebracht!«

Aber der Wolf hatte seine schwarze Pfote in das Fenster gelegt, das sahen die Kinder und riefen: »Wir machen nicht auf, unsere Mutter hat keinen schwarzen Fuß wie du; du bist der Wolf!«

Da lief der Wolf zu einem Bäcker und sprach: »Ich habe mir den Fuß

angestoßen, streich mir Teig darüber.« Und als ihm der Bäcker die Pfote
bestrichen hatte, lief er zum Müller und sprach: »Streu mir weißes Mehl
auf meine Pfote.« Der Müller dachte: Der will jemanden betrügen und
weigerte sich. Aber der Wolf befahl: »Wenn du es nicht tust, so fresse ich
dich!« Da fürchtete sich der Müller und machte ihm die Pfote weiß.

Nun ging der Bösewicht zum drittenmal zu der Haustür, klopfte an und
sprach: »Macht mir auf, Kinder, euer liebes Mütterlein ist heimgekommen
und hat jedem von euch etwas aus dem Wald mitgebracht.«

Die Geißlein riefen: »Zeig uns erst deine Pfote, damit wir wissen, daß
du unser liebes Mütterlein bist!«

Da legte er die Pfote ins Fenster, und als sie sahen, daß sie weiß war, glaubten
sie, es sei alles wahr, und machten die Tür auf. Wer aber hereinkam, das
war der Wolf!

Die Geißlein erschraken und wollten sich verstecken. Das eine sprang unter den Tisch, das zweite ins Bett, das dritte in den Ofen, das vierte in die Küche, das fünfte in den Schrank, das sechste unter die Waschschüssel, das siebente in den Kasten der Wanduhr. Aber der Wolf fand sie alle und machte nicht langes Federlesen; eins nach dem andern schluckte er in seinen Rachen; nur das jüngste in dem Uhrkasten, das fand er nicht. Als der Wolf seinen Hunger gestillt hatte, trollte er sich fort, legte sich auf der grünen Wiese unter einen Baum und begann zu schlafen.

Nicht lange danach kam die Geiß aus dem Walde wieder heim. Ach, was mußte sie da erblicken! Die Haustür stand sperrangelweit offen; Tische, Stühle und Bänke waren umgeworfen, die Waschschüssel lag in Scherben, Decke und Kissen waren aus dem Bett gezogen. Sie suchte ihre Kinder, aber nirgends waren sie zu finden. Sie rief sie nacheinander beim Namen, aber niemand antwortete.

Endlich, als sie das jüngste rief, da antwortete eine feine Stimme: »Liebe Mutter, ich stecke im Uhrkasten!« Sie holte es heraus, und es erzählte ihr, daß der Wolf gekommen sei und die andern alle gefressen habe.

Sogleich ging die Mutter in ihrem Jammer hinaus, und das jüngste Geißlein lief mit. Und als sie auf die Wiese kam, lag der Wolf unter dem Baum und schnarchte, daß die Äste zitterten. Sie betrachtete ihn von allen Seiten und sah, daß sich in seinem angefüllten Bauch etwas regte und zappelte. Ach Gott, dachte sie, sollten meine armen Kinder, die er zum Abendbrot hinuntergewürgt hat, noch am Leben sein?

Da mußte das Geißlein nach Hause laufen und Schere, Nadel und Zwirn holen. Dann schnitt sie dem Umgetüm den Wanst auf, und kaum hatte sie einen Schnitt getan, so steckte schon ein Geißlein den Kopf heraus, und als sie weiterschnitt, sprangen nacheinander alle sechse heraus und hatten nicht einmal Schaden gelitten, denn das Raubtier hatte sie in seiner Gier einfach hinuntergeschluckt. Das war eine Freude! Da herzten sie ihre liebe Mutter und hüpften wie ein Schneider, der Hochzeit hält.

Die Alte aber sagte: »Jetzt geht und sucht große Steine; damit wollen wir dem wilden Tier den Bauch füllen, solange es noch im Schlaf liegt.«

Da schleppten die sieben Geißlein in aller Eile Steine herbei und steckten sie ihm in den Bauch,

soviel sie hineinbringen konnten. Dann nähte ihn die Alte in aller Geschwindigkeit wieder zu, daß er nichts merkte und sich nicht einmal regte.

Als der Wolf ausgeschlafen hatte, machte er sich auf die Beine, und weil er großen Durst empfand, wollte er zu einem Brunnen gehen und trinken. Als er aber anfing sich zu bewegen, stießen die Steine in seinem Bauch aneinander und rappelten. Da rief er:

>>Was rumpelt und pumpelt
in meinem Bauch?
Ich meinte, es wären sechs Geißelein,
so sind's lauter Wackerstein.<<

Als er an den Brunnen kam und sich über den Rand bückte und trinken wollte, da zogen ihn die schweren Steine in die Tiefe, und er mußte jämmerlich ersaufen.

Als die sieben Geißlein das sahen, da kamen sie herbeigelaufen und riefen laut: »Der Wolf ist tot! Der Wolf ist tot!« und tanzten mit ihrer Mutter vor Freude um den Brunnen herum.

EINÄUGLEIN, ZWEIÄUGLEIN, DREIÄUGLEIN

Es war einmal eine Frau, die hatte drei Töchter. Davon hieß die älteste Einäuglein, weil sie nur ein einziges Auge mitten auf der Stirn hatte, und die mittlere Zweiäuglein, weil sie zwei Augen hatte wie andere Menschen, und die jüngste Dreiäuglein, weil sie drei Augen hatte, und das dritte befand sich bei ihr auch mitten auf der Stirn. Weil aber Zweiäuglein nicht anders aussah als andere Menschenkinder, konnten es die Schwestern und die Mutter nicht leiden.

Sie sprachen zu ihm: »Du mit deinen zwei Augen bist nicht besser als das gemeine Volk, du gehörst nicht zu uns.« Sie stießen es herum und warfen ihm schlechte Kleider hin und gaben ihm nicht mehr zu essen, als was sie übrig ließen, und taten ihm Leid an, wo sie nur konnten.

Eines Tages mußte Zweiäuglein hinaus ins Feld gehen und die Ziege hüten, aber es war noch ganz hungrig, weil ihm seine Schwestern so wenig zu essen gegeben hatten. Da setzte es sich auf einen Rain und fing an so bitter zu weinen, daß zwei Bächlein aus seinen Augen herabflossen. Und wie es in seinem Jammer einmal aufblickte, stand eine Frau neben ihm, die fragte: »Zweiäuglein, was weinst du?«

Zweiäuglein antwortete: »Soll ich nicht weinen? Weil ich zwei Augen habe wie andere Menschen, können mich meine Schwestern und meine Mutter nicht leiden, stoßen mich von einer Ecke in die andere, werfen mir alte Kleider hin und geben mir nichts zu essen, als was sie übrig lassen. Heute haben sie mir so wenig gegeben, daß ich noch ganz hungrig bin.«

Da antwortete die weise Frau: »Zweiäuglein, trockne dir dein Gesicht, ich will dir etwas sagen, daß du nicht mehr hungern sollst. Sprich nur zu deiner Ziege:

›Zicklein, meck,
Tischlein, deck‹,

dann wird ein sauber gedecktes Tischlein vor dir stehen und das schönste

100

Essen darauf, daß du essen kannst, soviel du Lust hast. Und wenn du satt bist und das Tischlein nicht mehr brauchst, so sprich nur:

›Zicklein, meck,
Tischlein, weg‹,

dann wird es vor deinen Augen wieder verschwinden.« Darauf ging die weise Frau fort.

Zweiäuglein aber dachte: Ich muß gleich einmal versuchen, ob es wahr ist, was sie gesagt hat, denn mich hungert gar zu sehr, und sprach:

»Zicklein, meck,
Tischlein, deck.«

Kaum hatte es die Worte ausgesprochen, so stand da ein Tischlein mit einem weißen Tüchlein gedeckt, darauf ein Teller mit Messer und Gabel und silbernem Löffel, die schönsten Speisen standen rundherum, rauchten und waren noch warm, als wären sie eben erst aus der Küche gekommen.

Da sagte Zweiäuglein das kürzeste Gebet her, das es wußte: »Herr Gott, sei unser Gast zu aller Zeit, Amen«, langte zu und ließ sich's wohl schmecken. Und als es satt war, sprach es, wie die weise Frau gelehrt hatte:

»Zicklein, meck,
Tischlein, weg.«

Sogleich war das Tischlein und alles, was darauf stand, wieder verschwunden. Das ist ein schöner Haushalt, dachte Zweiäuglein und war ganz vergnügt und guter Dinge.

Abends, als es mit seiner Ziege heimkam, fand es ein irdenes Schüsselchen mit Essen, das ihm die Schwestern hingestellt hatten, aber es rührte nichts an. Am andern Tag zog das Mädchen mit seiner Ziege wieder hinaus und ließ die paar Brocken, die ihm gereicht wurden, liegen. Das erstemal und das zweitemal beachteten es die Schwestern gar nicht; als aber jedesmal dasselbe geschah, merkten sie es und sprachen: »Es ist etwas nicht richtig mit dem Zweiäuglein, das läßt jedesmal das Essen stehen und hat doch sonst alles aufgezehrt, was ihm gereicht wurde. Es muß andere Wege gefunden haben.«

Damit sie aber hinter die Wahrheit kämen, sollte Einäuglein mitgehen, wenn Zweiäuglein die Ziege auf die Weide trieb, und sollte achten, was es dort tue und ob jemand etwas zu essen und zu trinken bringe.

Als nun Zweiäuglein sich wieder aufmachte, trat Einäuglein zu ihm und sprach: »Ich will mit ins Feld und sehen, daß die Ziege auch recht gehütet und ins Futter getrieben wird.« Aber Zweiäuglein merkte, was Einäuglein im Sinne hatte, und trieb die Ziege hinaus ins hohe Gras und sprach: »Komm, Einäuglein, wir wollen uns setzen, ich will dir was vorsingen.«

Einäuglein setzte sich hin und war von dem ungewohnten Weg und von der Sonnenhitze müde, und Zweiäuglein sang immer:

>»Einäuglein, wachst du?
Einäuglein, schläfst du?«

Da tat Einäuglein das eine Auge zu und schlief ein. Und als Zweiäuglein sah, daß Einäuglein fest schlief und nichts verraten konnte, sprach es:

>»Zicklein, meck,
Tischlein, deck«,

und setzte sich an sein Tischlein und aß und trank, bis es satt war. Dann rief es wieder:

>»Zicklein, meck,
Tischlein, weg«,

und alles war augenblicklich verschwunden.

Zweiäuglein weckte nun Einäuglein und sprach: »Einäuglein, du willst Hüter sein und schläfst dabei ein! Inzwischen hätte die Ziege in alle Welt laufen können; komm, wir wollen nach Haus gehen.« Da gingen sie nach Hause, und Zweiäuglein ließ wieder sein Schüsselchen unangerührt stehen. Einäuglein konnte der Mutter nicht verraten, warum es nicht essen wollte, und sagte zu seiner Entschuldigung: »Ich war draußen eingeschlafen.«

Am andern Tag sprach die Mutter zu Dreiäuglein: »Diesmal sollst du mitgehen und achthaben, ob Zweiäuglein draußen ißt und ob ihm jemand Essen und Trinken bringt; denn essen und trinken muß es heimlich.«

Da sagte Dreiäuglein zu Zweiäuglein: »Ich will mitgehen und sehen, ob auch die Ziege recht gehütet und ins Futter getrieben wird.« Aber Zweiäuglein merkte, was Dreiäuglein im Sinne hatte, und trieb die Ziege hinaus ins hohe Gras und sprach: »Wir wollen uns dahin setzen, Dreiäuglein. Ich will dir etwas vorsingen.«

Dreiäuglein setzte sich, war müde von dem Weg und der Sonnenhitze, und Zweiäuglein hob wieder das vorige Liedlein an und sang:

>»Dreiäuglein, wachst du?«

Aber statt daß es nun weitersang:

>»Dreiäuglein, schläfst du?«,

sang es aus Unbedachtsamkeit:

>»Zweiäuglein, schläfst du?«

und sang immer:

>»Dreiäuglein, wachst du?
Zweiäuglein, schläfst du?«

Da fielen dem Dreiäuglein seine zwei Augen zu und schliefen fest, aber das dritte schlief nicht ein, weil es von dem Sprüchlein nicht angeredet war. Zwar machte es Dreiäuglein zu, aber nur aus List, als ob es auch damit schliefe; doch blinzelte es und konnte alles sehr gut sehen. Und als Zweiäuglein meinte, Dreiäuglein schliefe fest, sagte es sein Sprüchlein:

> »Zicklein, meck,
> Tischlein, deck«,

aß und trank nach Herzenslust und hieß dann das Tischlein wieder fortgehen:

> »Zicklein, meck,
> Tischlein, weg«,

und Dreiäuglein hatte alles mit angesehen.

Da kam Zweiäuglein zu ihm, weckte es und sprach: »Ei, Dreiäuglein, bist du eingeschlafen? Du kannst aber gut hüten! Komm, wir wollen heimgehen.«

Und als sie nach Hause kamen, aß Zweiäuglein wieder nicht, und Dreiäuglein sprach zur Mutter: »Ich weiß nun, warum das hochmütige Ding nicht ißt; wenn sie draußen zur Ziege spricht:

> ›Zicklein, meck,
> Tischlein, deck‹,

103

so steht ein Tischlein vor ihr, das ist mit dem besten Essen besetzt, viel besser, als wir's hier haben; und wenn sie satt ist, so spricht sie:

>Zicklein, meck,
Tischlein, weg<,

und alles ist wieder verschwunden; ich habe alles genau mit angesehen. Zwei Augen hatte sie mir mit einem Sprüchlein eingeschläfert, aber das eine auf der Stirne, das war zum Glück wach geblieben.«

Da rief die neidische Mutter: »Willst du's besser haben als wir? Die Lust soll dir vergehen!« Sie holte ein Schlachtmesser und stieß es der Ziege ins Herz, daß sie tot hinfiel.

Als Zweiäuglein das sah, ging es voll Trauer hinaus, setzte sich auf den Feldrain und weinte bittere Tränen.

Da stand auf einmal die weise Frau wieder neben dem Mädchen und sprach: »Zweiäuglein, was weinst du?«

»Soll ich nicht weinen?« antwortete es. »Die Ziege, die mir jeden Tag, wenn ich Euer Sprüchlein hersagte, den Tisch so schön deckte, ist von meiner Mutter geschlachtet worden. Nun muß ich wieder Hunger und Kummer leiden.«

Die weise Frau sprach: »Zweiäuglein, ich will dir einen guten Rat geben. Bitte deine Schwestern, daß sie dir die Eingeweide von der geschlachteten Ziege geben, und vergrab sie vor der Haustür in die Erde; das wird dein Glück sein.«

Dann verschwand sie, und Zweiäuglein ging heim und sprach zu den

Schwestern: »Liebe Schwestern, gebt mir doch etwas von meiner Ziege;
ich verlange nichts Gutes, gebt mir nur die Eingeweide.«

Da lachten sie und sprachen: »Das kannst du haben, wenn du weiter nichts
willst.« Und Zweiäuglein nahm die Eingeweide und vergrub sie abends
in aller Stille nach dem Rat der weisen Frau vor der Haustür.

Als sie am andern Morgen alle miteinander erwachten und vor die Haustür traten, stand da ein wunderbarer, prächtiger Baum, der hatte Blätter
von Silber, und Früchte von Gold hingen dazwischen, daß wohl nichts
Schöneres und Köstlicheres auf der weiten Welt war. Sie wußten aber nicht,
wie der Baum in der Nacht dahingekommen war; nur Zweiäuglein merkte,
daß er aus den Eingeweiden der Ziege gewachsen war; denn er stand gerade
da, wo das Mädchen sie in die Erde vergraben hatte.

Da sprach die Mutter zu Einäuglein: »Steig hinauf, mein Kind, und brich uns die Früchte von dem Baume ab!«

Einäuglein stieg hinauf, aber sooft es einen von den goldenen Äpfeln ergreifen wollte, fuhr ihm der Zweig aus den Händen; und das geschah jedesmal, so daß es keinen einzigen Apfel holen konnte, es mochte sich anstellen, wie es wollte.

Da sprach die Mutter: »Dreiäuglein, steig du hinauf, du kannst mit deinen drei Augen besser um dich schauen als Einäuglein.«

Einäuglein rutschte herunter, und Dreiäuglein stieg hinauf. Aber Dreiäuglein war nicht geschickter und mochte schauen, wie es wollte, die goldenen Äpfel wichen immer zurück. Endlich wurde die Mutter ungeduldig und stieg selbst hinauf, konnte aber ebensowenig wie Einäuglein und Dreiäuglein die Frucht fassen und griff immer in die leere Luft.

Da sprach Zweiäuglein: »Ich will einmal hinaufklettern, vielleicht gelingt es mir eher.« Die Schwestern riefen zwar: »Du mit deinen zwei Augen, was willst du ausrichten!« Aber Zweiäuglein stieg hinauf, und die goldenen Äpfel zogen sich nicht vor ihm zurück, sondern ließen sich von selbst in seine Hand herab, so daß es einen nach dem andern pflücken konnte und ein ganzes Schürzchen voll mit herunterbrachte.

Die Mutter nahm sie ihm ab, aber statt daß Einäuglein und Dreiäuglein dafür das arme Zweiäuglein besser behandelt hätten, wurden sie nur neidisch, daß Zweiäuglein allein die Früchte holen konnte, und gingen noch härter mit ihm um.

Einmal, als sie beisammen um den Baum standen, kam ein junger Ritter daher. »Geschwind, Zweiäuglein«, riefen die zwei Schwestern, »verschwinde, daß wir uns deiner nicht schämen müssen!« und stürzten über das arme Zweiäuglein in aller Eile ein leeres Faß, das gerade neben dem Baum stand, und schoben die goldenen Äpfel, die es abgebrochen hatte, auch darunter.

Als nun der Ritter näherkam, war es ein schöner Herr; der blieb stehen, bewunderte den prächtigen Baum von Gold und Silber und sprach zu den beiden Schwestern: »Wem gehört dieser schöne Baum? Wer mir einen Zweig davon gäbe, könnte dafür verlangen, was er wollte.« Da antworteten Einäuglein und Dreiäuglein, der Baum gehöre ihnen, und sie wollten ihm gern einen Zweig abbrechen. Sie gaben sich auch beide große Mühe, aber sie waren es nicht imstande, denn die Zweige und Früchte wichen jedesmal vor ihnen zurück.

Da sprach der Ritter: »Das ist ja wunderlich, daß der Baum euch gehört und ihr doch nicht die Macht habt, etwas davon abzubrechen!« Die Mädchen blieben dabei, der Baum sei ihr Eigentum. Während sie aber so sprachen, rollte Zweiäuglein unter dem Fasse ein paar goldene Äpfel heraus, so daß sie zu den Füßen des Ritters liefen; denn Zweiäuglein war bös, daß Einäuglein und Dreiäuglein nicht die Wahrheit sagten. Wie der Ritter die Äpfel sah, staunte er und fragte, wo sie herkämen. Einäuglein und Dreiäuglein antworteten, sie hätten noch eine Schwester, die dürfe sich aber nicht sehen lassen, weil sie nur zwei Augen habe wie andere Menschen. Der Ritter aber verlangte sie zu sehen und rief: »Zweiäuglein, komm hervor!«

Da kam Zweiäuglein ganz getrost unter dem Faß hervor. Der Ritter war verwundert über seine Schönheit und sprach: »Du, Zweiäuglein, kannst mir gewiß einen Zweig von dem Baum abbrechen.«

»Ja«, antwortete Zweiäuglein, »das werde ich wohl können, denn der Baum gehört mir.« Und stieg hinauf und brach mit leichter Mühe einen Zweig mit feinen silbernen Blättern und goldenen Früchten ab und reichte ihn dem Ritter hin.

Da sprach der Ritter: »Zweiäuglein, was soll ich dir dafür geben?«

»Ach«, antwortete Zweiäuglein, »ich leide Hunger und Durst, Kummer und Not vom frühen Morgen bis zum späten Abend; wenn Ihr mich mitnehmen und erlösen wollt, so wäre ich glücklich.«

Da hob der Ritter das Zweiäuglein auf sein Pferd und brachte es heim auf sein väterliches Schloß. Dort gab er ihm schöne Kleider, Essen und Trinken nach Herzenslust, und weil er es so lieb hatte, ließ er sich mit ihm trauen, und die Hochzeit wurde in großer Freude gehalten.

Als nun Zweiäuglein von dem schönen Rittersmann fortgeführt wurde, da neideten die zwei Schwestern ihm erst recht sein Glück. Der wunderbare Baum bleibt uns doch erhalten, dachten sie; können wir auch keine Früchte davon brechen, so wird doch jeder davor stehenbleiben, gerne zu uns kommen und ihn rühmen; wer weiß, wo unser Weizen noch blüht!

Aber am anderen Morgen war der Baum verschwunden und ihre Hoffnung dahin. Und als Zweiäuglein zu seinem Kämmerlein hinaussah, stand er zu seiner großen Freude jetzt vor ihrem Fenster und war ihm also nachgefolgt.

Zweiäuglein lebte lange Zeit vergnügt und glücklich. Einmal kamen zwei arme Frauen zu ihm auf das Schloß und baten um ein Almosen. Da sah ihnen Zweiäuglein ins Gesicht und erkannte seine Schwestern Einäuglein und Dreiäuglein, die so in Armut geraten waren, daß sie umherziehen und vor den Türen ihr Brot suchen mußten. Zweiäuglein aber hieß sie willkommen und tat ihnen Gutes und pflegte sie, so daß die beiden von Herzen bereuten, was sie ihrer Schwester in der Jugend einmal Böses angetan hatten.

SCHNEEWEISSCHEN UND ROSENROT

Eine arme Witwe lebte einsam in einem Hüttchen, und vor dem Hüttchen war ein Garten. Darin standen zwei Rosenbäumchen, davon trug das eine weiße, das andere rote Rosen. Die Frau hatte zwei Kinder, die glichen den beiden Rosenbäumchen, das eine hieß Schneeweißchen, das andere Rosenrot. Sie waren aber so fromm und gut, so arbeitsam und unverdrossen, wie je zwei Kinder auf der Welt gewesen sind; Schneeweißchen war nur stiller und sanfter als Rosenrot.

Rosenrot sprang lieber in den Wiesen und Feldern umher, suchte Blumen und fing Schmetterlinge; Schneeweißchen aber saß daheim bei der Mutter, half ihr im Hauswesen oder las ihr vor, wenn nichts zu tun war. Die beiden Kinder hatten einander so lieb, daß sie sich immer an den Händen faßten, sooft sie zusammen ausgingen. Wenn Schneeweißchen sagte: »Wir wollen uns nicht verlassen«, so antwortete Rosenrot: »Solange wir leben nicht«, und die Mutter setzte hinzu: »Was das eine hat, soll es mit dem andern teilen.«

Oft liefen sie im Walde allein umher und sammelten rote Beeren, aber kein Tier tat ihnen etwas zuleid, sondern sie kamen zutraulich herbei: das Häschen fraß ein Kohlblatt aus ihren Händen, das Reh graste an ihrer Seite, der Hirsch sprang ganz lustig vorbei, und die Vögel blieben auf den Ästen sitzen und sangen, was sie nur konnten. Kein Unfall traf sie. Wenn sie sich im Wald verspätet hatten und die Nacht sie überfiel, so legten sie sich nebeneinander auf das Moos und schliefen, bis der Morgen kam, und die Mutter wußte das und hatte ihretwegen keine Sorge.

Einmal, als sie im Wald übernachtet hatten und das Morgenrot sie aufweckte, sahen sie ein schönes Kind in einem weißen, glänzenden Kleidchen neben ihrem Lager sitzen. Es stand auf und blickte sie ganz freundlich an, sprach aber nichts und ging in den Wald hinein. Und als sie sich umsahen, hatten sie ganz nahe bei einem Abgrund geschlafen und wären gewiß hineingefallen, wenn sie in der Dunkelheit noch ein paar Schritte weitergegangen wären. Die Mutter aber sagte ihnen, das müsse der Engel gewesen sein, der gute Kinder bewacht.

Schneeweißchen und Rosenrot hielten das Hüttchen der Mutter so reinlich, daß es eine Freude war, hineinzuschauen. Im Sommer besorgte Rosenrot das Haus und stellte der Mutter jeden Morgen, ehe sie aufwachte, einen Blumenstrauß vors Bett, darin war von jedem Bäumchen eine Rose. Im Winter zündete Schneeweißchen das Feuer an und hing den Kessel an den Feuerhaken. Der Kessel war von Messing, glänzte aber wie Gold, so rein war er gescheuert. Abends, wenn die Flocken fielen, sagte die Mutter: »Geh, Schneeweißchen, und schieb den Riegel vor«, und dann setzten sie sich an den Herd, und die Mutter nahm die Brille und las aus einem großen Buch vor, und die beiden Mädchen hörten zu, saßen und spannen. Neben ihnen lag ein Lämmchen auf dem Boden, und hinter ihnen auf einer Stange saß ein weißes Täubchen und hatte seinen Kopf unter die Flügel gesteckt.

Eines Abends, als sie so traulich beisammensaßen, klopfte jemand an die Tür, als wolle er eingelassen werden. Die Mutter sprach: »Geschwind, Rosenrot, mach auf, es wird ein Wanderer sein, der Obdach sucht.«

Rosenrot lief und schob den Riegel weg und dachte, es sei ein armer Mann; aber der war es nicht, es war ein Bär, der seinen dicken schwarzen Kopf zur Tür hereinsteckte. Rosenrot schrie laut und sprang zurück; das Lämmchen

blökte, das Täubchen flatterte auf, und Schneeweißchen versteckte sich hinter der Mutter Bett.

Der Bär aber fing an zu sprechen und sagte: »Fürchtet euch nicht, ich tue euch nichts zuleid, ich bin halb erfroren und will mich nur ein wenig bei euch wärmen.«

»Du armer Bär«, sprach die Mutter, »leg dich ans Feuer und gib nur acht, daß dir dein Pelz nicht anbrennt.« Dann rief sie: »Schneeweißchen, Rosenrot, kommt hervor! Der Bär tut euch nichts, er meint's ehrlich.«

Da kamen beide heran, und nach und nach näherten sich auch das Lämmchen und Täubchen und hatten keine Furcht vor ihm. Der Bär sprach: »Ihr Kinder, klopft mir den Schnee ein wenig aus dem Pelzwerk«, und sie holten den Besen und kehrten dem Bären das Fell rein; er aber streckte sich ans Feuer und brummte ganz vergnügt und behaglich.

Nicht lange, so wurden sie ganz vertraut und machten Spaß mit dem unbeholfenen Gast. Sie zausten ihm das Fell mit den Händen, setzten ihre Füßchen auf seinen Rücken und walkten ihn hin und her, oder sie nahmen eine

110

Haselrute und schlugen auf ihn los, und wenn er brummte, so lachten sie. Der Bär ließ sich aber alles gefallen, nur wenn sie's gar zu arg machten, rief er: »Laßt mich am Leben, ihr Kinder!

> Schneeweißchen, Rosenrot,
> schlägst dir den Freier tot!«

Als Schlafenzeit war und die andern zu Bett gingen, sagte die Mutter zu dem Bären: »Du kannst in Gottes Namen da am Herd liegenbleiben, dann bist du vor der Kälte und dem bösen Wetter geschützt.«

Sobald der Tag graute, ließen ihn die beiden Kinder hinaus, und er trabte über den Schnee in den Wald. Von nun an kam der Bär jeden Abend zur gleichen Stunde, legte sich an den Herd und erlaubte den Kindern, Kurzweil mit ihm zu treiben, soviel sie wollten, und sie waren so gewöhnt an ihn, daß die Tür nicht eher zugeriegelt wurde, als bis der schwarze Geselle eingetroffen war.

Als das Frühjahr herangekommen und draußen alles grün war, sagte der

Bär eines Morgens zu Schneeweißchen: »Nun muß ich fort und darf den ganzen Sommer nicht wiederkommen.«

»Wo gehst du denn hin, lieber Bär?« fragte Schneeweißchen.

»Ich muß in den Wald und meine Schätze vor den bösen Zwergen hüten. Im Winter, wenn die Erde hartgefroren ist, müssen die Zwerge wohl unten bleiben und können sich nicht durcharbeiten. Aber jetzt, wenn die Sonne die Erde aufgetaut und erwärmt hat, da brechen sie durch, steigen herauf, suchen und stehlen. Was einmal in ihren Händen ist und in ihren Höhlen liegt, das kommt so leicht nicht wieder an des Tages Licht.«

Schneeweißchen war ganz traurig über den Abschied, und als es ihm die Tür aufriegelte und der Bär sich hinausdrängte, blieb er an dem Türhaken hängen, und ein Stück seiner Haut riß auf. Da war es Schneeweißchen, als habe es Gold durchschimmern gesehen, aber es war seiner Sache nicht sicher. Der Bär lief eilig fort und war bald hinter den Bäumen verschwunden.

Nach einiger Zeit schickte die Mutter die Kinder in den Wald, Reisig zu sammeln. Da fanden sie draußen einen großen Baum, der lag gefällt auf dem Boden, und an dem Stamm sprang zwischen dem Gras etwas auf und ab. Sie konnten aber nicht unterscheiden, was es war. Als sie näher kamen, sahen sie einen Zwerg mit einem alten, verwelkten Gesicht und

einem ellenlangen, schneeweißen Bart. Das Ende des Bartes war in eine Spalte des Baumes eingeklemmt, und der Kleine sprang hin und her wie ein Hündchen am Seil und wußte nicht, wie er sich helfen sollte. Er glotzte die Mädchen mit seinen roten, feurigen Augen an und schrie: »Was steht ihr da! Könnt ihr nicht kommen und mir Beistand leisten?«

»Was hast du angefangen, kleines Männchen?« fragte Rosenrot.

»Dumme, neugierige Gans«, antwortete der Zwerg, »den Baum habe ich spalten wollen, um kleines Holz in der Küche zu haben; bei den dicken Klötzen verbrennt gleich das bißchen Speise, das unsereiner braucht, der nicht so viel hinunterschlingt wie ihr grobes, gieriges Volk. Ich hatte den Keil schon glücklich hineingetrieben, und es wäre alles nach Wunsch gegangen, aber der Holzklotz war zu glatt und

sprang unversehens heraus, und der Baum fuhr so geschwind zusammen, daß ich meinen schönen weißen Bart nicht mehr herausziehen konnte; nun steckt er drin, und ich kann nicht fort. Da lacht ihr albernen glatten Milchgesichter! Pfui, wie seid ihr garstig!«

Die Kinder gaben sich alle Mühe, aber sie konnten den Bart nicht herausziehen, er steckte zu fest.

»Ich will laufen und Leute herbeiholen«, sagte Rosenrot.

»Wahnsinnige Schafsköpfe«, schnarrte der Zwerg, »wer wird gleich Leute herbeirufen? Ihr seid mir schon um zwei zu viel; fällt euch nichts Besseres ein?«

»Sei nur nicht ungeduldig«, sagte Schneeweißchen, »ich will dir schon helfen«, holte sein Scherchen aus der Tasche und schnitt das Ende des Bartes ab.

Sobald der Zwerg sich frei fühlte, griff er nach einem Sack, der zwischen den Wurzeln des Baumes steckte und mit Gold gefüllt war, hob ihn heraus und brummte vor sich hin: »Ungehobeltes Volk, schneidet mir ein Stück von meinem stolzen Bart ab! Lohn's euch der Kuckuck.« Damit schwang er seinen Sack auf den Rücken und ging fort, ohne die Kinder nur noch einmal anzusehen.

Einige Zeit später wollten Schneeweißchen und Rosenrot Fische angeln. Als sie nahe bei dem Bach waren, sahen sie, daß etwas wie eine große Heuschrecke nach dem Wasser zu hüpfte, als wolle es hineinspringen. Sie liefen herzu und erkannten den Zwerg.

»Wo willst du hin?« sagte Rosenrot, »du willst doch nicht ins Wasser?«

»Solch ein Narr bin ich nicht«, schrie der Zwerg, »seht ihr nicht, der verwünschte Fisch will mich hineinziehen!«

Der Zwerg war da gesessen und hatte geangelt, und unglücklicherweise hatte der Wind seinen Bart mit der Angelschnur verflochten. Als gleich darauf ein großer Fisch anbiß, fehlten dem schwachen Geschöpf die Kräfte, ihn herauszuziehen; der Fisch behielt die Oberhand und riß den Zwerg zu sich hin. Zwar hielt er sich an allen Halmen und Binsen, aber das half nicht viel, er mußte den Bewegungen des Fisches folgen und war in beständiger Gefahr, ins Wasser gezogen zu werden.

Die Mädchen kamen zur rechten Zeit, hielten ihn fest und versuchten, den Bart von der Schnur loszumachen; aber vergebens, Bart und Schnur waren fest ineinander verwirrt. Es blieb nichts übrig, als das Scherchen hervorzuholen und den Bart abzuschneiden, wobei ein kleiner Teil davon verlorenging.

Als der Zwerg das sah, schrie er sie an: »Was ist das für eine Manier, ihr Dummköpfe, einem das Gesicht zu schänden? Nicht genug, daß ihr mir den Bart gestutzt habt, jetzt schneidet ihr mir den besten Teil davon ab; ich darf mich vor den Meinigen gar nicht sehen lassen!« Dann holte er einen Sack kostbarster Perlen, der im Schilf lag, und ohne ein Wort weiter zu sagen, schleppte er ihn fort und verschwand hinter einem Stein.

Bald danach schickte die Mutter die beiden Mädchen nach der Stadt, um Zwirn, Nadeln, Schnüre und Bänder einzukaufen. Der Weg führte sie über eine Heide, auf der hier und dort mächtige Felsenstücke verstreut lagen. Plötzlich sahen sie einen großen Vogel in der Luft schweben, der langsam über ihnen kreiste, sich immer tiefer herabsenkte und endlich nicht weit bei einem Felsen sich niederließ. Gleich darauf hörten sie einen durchdringenden, jämmerlichen Schrei. Sie liefen herzu und sahen mit Schrecken, daß der Adler ihren alten Bekannten, den Zwerg, gepackt hatte und ihn forttragen wollte. Die mitleidigen Kinder hielten gleich das Männchen fest und stritten sich so lange mit dem Adler herum, bis er seine Beute fahren ließ.

Als der Zwerg sich von dem ersten Schrecken erholt hatte, schrie er mit

seiner kreischenden Stimme: »Konntet ihr nicht besser mit mir umgehen? Gerissen habt ihr an meinem dünnen Röckchen, daß es überall zerfetzt und durchlöchert ist, unbeholfenes und täppisches Gesindel, das ihr seid!«

Dann nahm er seinen Sack mit Edelsteinen und schlüpfte wieder unter den Felsen in seine Höhle. Die Mädchen waren an seinen Undank schon gewöhnt, setzten ihren Weg fort und besorgten die Einkäufe in der Stadt. Als sie am Heimweg wieder auf die Heide kamen, überraschten sie den Zwerg, der auf einem reinlichen Plätzchen seinen Sack mit Edelsteinen ausgeschüttet und nicht gedacht hatte, daß so spät noch jemand daherkommen würde. Die Abendsonne schien über die glänzenden Steine, sie leuchteten so prächtig in allen Farben, daß die Kinder stehenblieben und sie betrachteten.

»Was steht ihr da und gafft wie Maulaffen?« schrie der Zwerg, und sein aschgraues Gesicht wurde vor Zorn zinnoberrot. Er wollte mit seinen Scheltworten fortfahren, als sich ein lautes Brummen hören ließ und ein schwarzer Bär aus dem Wald herbeitrabte.

Erschrocken sprang der Zwerg auf, aber er konnte nicht mehr zu seinem Schlupfwinkel gelangen, der Bär war schon in seiner Nähe. Da rief er in Herzensangst: »Lieber Herr Bär, verschont mich! Ich will Euch alle meine Schätze geben. Seht die schönen Edelsteine, die da liegen. Schenkt mir das Leben, was habt Ihr an mir kleinem, schmächtigem Kerl? Ihr spürt mich nicht zwischen den Zähnen. Da, die beiden gottlosen Mädchen packt, das sind für Euch zarte Bissen, fett wie junge Wachteln, die freßt in Gottes Namen!«

Der Bär kümmerte sich nicht um seine Worte, gab dem boshaften Geschöpf einen einzigen Schlag mit der Tatze, und es regte sich nicht mehr.

Die Mädchen waren fortgelaufen, aber der Bär rief ihnen nach: »Schneeweißchen und Rosenrot, fürchtet euch nicht! Wartet, ich will mit euch gehen.«

Da erkannten sie seine Stimme und blieben stehen, und als der Bär bei ihnen war, fiel plötzlich die Bärenhaut ab, und er stand da als ein schöner Mann und war ganz in Gold gekleidet.

»Ich bin eines Königs Sohn«, sprach er, »und war von dem gottlosen Zwerg, der mir meine Schätze gestohlen hatte, verwünscht, als wilder Bär im Wald zu laufen, bis ich durch seinen Tod erlöst würde. Jetzt hat er seine wohlverdiente Strafe empfangen.«

Schneeweißchen wurde mit dem Prinzen vermählt und Rosenrot mit seinem Bruder, und sie teilten die großen Schätze miteinander, die der Zwerg in seiner Höhle zusammengetragen hatte. Die alte Mutter lebte noch lange Jahre glücklich bei ihren Kindern. Die zwei Rosenbäumchen aber nahm die Mutter mit, und sie standen vor ihrem Fenster und trugen jedes Jahr die schönsten Rosen, weiß und rot.

SIMELIBERG

Es waren zwei Brüder, einer war reich, der andere arm. Der Reiche aber gab dem Armen nichts, und er mußte sich vom Kornhandel kümmerlich ernähren. Da ging es ihm oft so schlecht, daß er für Frau und Kinder kein Brot hatte.

Einmal fuhr er mit seinem Karren durch den Wald, da erblickte er seitwärts einen großen, kahlen Berg, und weil er den noch nie gesehen hatte, hielt er an und betrachtete ihn mit Verwunderung. Wie er so stand, sah er zwölf wilde, große Männer daherkommen. Weil er nun glaubte, es seien Räuber, schob er seinen Karren ins Gebüsch, stieg auf einen Baum und wartete, was da geschehen würde.

Die zwölf Männer gingen aber vor den Berg und riefen: »Berg Semsi, Berg Semsi, tu dich auf!«

Sogleich tat sich der kahle Berg in der Mitte auseinander, und die zwölf gingen hinein, und wie sie drin waren, schloß er sich zu. Bald darauf aber tat er sich wieder auf, und die Männer kamen heraus und trugen schwere Säcke auf dem Rücken. Und als sie alle wieder am Tageslicht waren, sprachen sie: »Berg Semsi, Berg Semsi, tu dich zu!« Da fuhr der Berg zusammen, es war kein Eingang mehr zu sehen, und die zwölf gingen wieder fort.

Als sie der Arme ganz aus den Augen verloren hatte, stieg er vom Baum herunter und war neugierig, was wohl im Berg Heimliches verborgen wäre. Deshalb ging er davor und sprach: »Berg Semsi, Berg Semsi, tu dich auf!«, und der Berg tat sich auch vor ihm auf. Da trat er ein, und der ganze Berg war eine Höhle von Silber und Gold, und hinten lagen große Haufen Perlen und blitzende Edelsteine, wie Korn aufgeschüttet. Der Arme wußte gar nicht, was er anfangen solle und ob er sich etwas von den Schätzen

117

nehmen dürfe; schließlich füllte er sich die Taschen mit Gold; die Perlen und Edelsteine aber ließ er liegen.

Als der Arme wieder herauskam, sprach er gleichfalls: »Berg Semsi, Berg Semsi, tu dich zu!« Da schloß sich der Berg, und der Arme fuhr mit seinem Karren nach Hause.

Nun brauchte er sich nicht mehr zu sorgen und konnte mit seinem Gold für Frau und Kind Brot und auch Wein dazu kaufen, lebte fröhlich und redlich, gab den Armen und tat jedermann Gutes.

Als aber das Gold zu Ende war, ging er zu seinem Bruder, lieh sich einen Scheffel und holte sich von neuem Gold aus dem Berg; doch rührte er von den großen Schätzen nichts an. Wie er sich zum drittenmal etwas holen wollte, borgte er sich bei seinem Bruder wiederum den Scheffel aus. Der Reiche aber war schon lange neidisch auf das Vermögen seines Bruders und den schönen Haushalt, den er sich eingerichtet hatte, und konnte nicht begreifen, woher der Reichtum komme und was sein Bruder mit dem Scheffel anfange. Da dachte er sich eine List aus: Er bestrich den Boden des Scheffels mit Pech.

Als er das Maß zurückbekam, war ein Goldstück darin hängengeblieben. Gleich ging er zu seinem Bruder und fragte ihn: »Was hast du mit dem Scheffel gemessen?«

»Korn und Gerste«, sagte der andere. Da zeigte er ihm das Goldstück und drohte ihm, wenn er nicht die Wahrheit sage, werde er ihn bei Gericht verklagen. Da erzählte ihm der Bruder nun alles, wie es zugegangen war.

Der Reiche aber ließ gleich einen Wagen anspannen, fuhr hinaus, wollte die Gelegenheit besser ausnutzen und ganz andere Schätze mitbringen. Als er vor den Berg kam, rief er: »Berg Semsi, Berg Semsi, tu dich auf!« Der Berg tat sich auf, und er ging hinein. Da lagen die Reichtümer alle vor ihm, und er wußte lange nicht, wonach er zuerst greifen solle. Endlich lud er Edelsteine auf, soviel er tragen konnte. Er wollte seine Last hinausbringen, weil aber sein Kopf ganz voll von den Schätzen war, hatte er darüber den Namen des Berges vergessen und rief: »Berg Simeli, Berg Simeli, tu dich auf!« Aber das war nicht der rechte Name, und der Berg regte sich nicht und blieb verschlossen. Da bekam er Angst, aber je länger er nachdachte, desto mehr verwirrten sich seine Gedanken, und alle Schätze halfen ihm nichts mehr.

Am Abend tat sich der Berg auf, und die zwölf Räuber kamen herein. Als sie ihn sahen, lachten sie und riefen: »Dieb, nun haben wir dich endlich! Meinst du, wir hätten's nicht gemerkt, daß du zweimal gekommen bist?

Aber wir konnten dich nicht finden; zum drittenmal sollst du nicht wieder heraus.« Da rief er: »Ich war's nicht, mein Bruder war's«, aber er mochte um sein Leben bitten und sagen, was er wollte, die Räuber ließen ihn nicht mehr frei.

KÖNIG DROSSELBART

E in König hatte eine Tochter, die war überaus schön, aber dabei so stolz und hochmütig, daß ihr kein Freier gut genug war. Sie wies einen nach dem andern ab und trieb noch dazu Spott mit ihnen.

Einmal ließ der König ein großes Fest veranstalten und lud dazu aus der Nähe und Ferne die heiratslustigen Männer ein. Sie wurden alle in eine Reihe nach Rang und Stand geordnet; erst kamen die Könige, dann die Herzöge, die Fürsten, Grafen und Freiherrn, zuletzt die Edelleute. Nun

wurde die Königstochter durch die Reihen geführt, aber an jedem hatte sie
etwas auszusetzen. Der eine war ihr zu dick: »Das Weinfaß!« sprach sie.
Der andere zu lang: »Lang und schwank hat keinen Gang!« Der dritte zu kurz:
»Kurz und dick hat kein Geschick!« Der vierte zu blaß: »Der bleiche Tod!«
Der fünfte zu rot: »Hahnenkamm!« Der sechste war nicht gerade genug:
»Grünes Holz, hinterm Ofen getrocknet!« Und so hatte sie also an jedem
etwas auszusetzen. Besonders aber machte sie sich über einen jungen König
lustig, der ganz oben stand, und dem das Kinn ein wenig krumm gewachsen
war.

»Ei«, rief sie und lachte, »der hat ein Kinn wie die Drossel einen Schnabel«; und seit der Zeit bekam er den Namen Drosselbart. Als der alte König aber sah, daß seine Tochter nichts andres tat, als über die Leute spotten, und alle Freier, die hier versammelt waren, verschmähte, wurde er zornig und schwur, sie solle den erstbesten Bettler zum Manne nehmen, der vor seine Türe käme.

Ein paar Tage darauf fing ein Spielmann an, unter dem Fenster zu singen, um damit ein geringes Almosen zu verdienen. Als dies der König hörte, sprach er: »Laßt ihn heraufkommen!« Da trat der Spielmann in seinen schmutzigen, zerlumpten Kleidern herein, sang vor dem König und seiner Tochter und bat, als er fertig war, um eine milde Gabe.

Der König sprach: »Dein Gesang hat mir so gefallen, daß ich dir meine Tochter zur Frau geben will.« Die Königstochter erschrak, aber der König sagte: »Ich habe den Eid geleistet, dich dem erstbesten Bettelmann zu geben; den will ich auch halten.«

Es half keine Widerrede, der Pfarrer wurde geholt, und sie mußte sich gleich mit dem Spielmann trauen lassen. Als das geschehen war, sprach der König: »Nun schickt sich's nicht, daß du als Bettelweib noch länger in meinem Schloß bleibst; du kannst jetzt mit deinem Mann fortziehen.«

Der Bettelmann führte sie an der Hand hinaus, und sie mußte ihm zu Fuß folgen.

Als sie in einen großen Wald kamen, da fragte sie: »Ach, wem gehört der schöne Wald?«

»Der gehört dem König Drosselbart;
hätt'st du ihn genommen, so wär' er dein!«

»Ich arme Jungfer zart,
ach, hätt' ich genommen den König Drosselbart!«

Darauf kamen sie über eine Wiese, da fragte sie wieder: »Wem gehört die schöne, grüne Wiese?«

»Sie gehört dem König Drosselbart;
hätt'st du ihn genommen, so wär' sie dein.«

»Ich arme Jungfer zart,
ach, hätt' ich genommen den König Drosselbart!«

Dann kamen sie durch eine große Stadt, da fragte sie neuerdings: »Wem gehört diese schöne, große Stadt?«

»Sie gehört dem König Drosselbart;
hätt'st du ihn genommen, so wär' sie dein.«

»Ich arme Jungfer zart,
ach, hätt' ich genommen den König Drosselbart!«

»Es gefällt mir gar nicht«, sprach der Spielmann, »daß du dir immer einen andern zum Mann wünschst; bin ich dir nicht gut genug?«

Endlich kamen sie an ein ganz kleines Häuschen; da fragte sie:

»Ach Gott, wie ist das Haus so klein!
Wem mag das winzige Häuschen sein?«

Der Spielmann antwortete: »Das ist mein und dein Haus, wo wir zusammen wohnen werden.« Sie mußte sich bücken, damit sie zu der niedrigen Tür hineinkam.

»Wo sind die Diener?« begann die Königstochter.

»Was Diener!« antwortete der Bettelmann, »du mußt selbst tun, was du getan haben willst. Mach nur gleich Feuer an und stell Wasser auf, damit du mir mein Essen kochst; ich bin sehr müde.«

Die Königstochter verstand aber nichts vom Feuermachen und Kochen, und der Bettelmann mußte selbst mit Hand anlegen, daß es noch so leidlich ging. Als sie die schmale Kost verzehrt hatten, legten sie sich zu Bett.

Aber am Morgen trieb er sie schon ganz früh heraus, weil sie das Haus besorgen sollte.

Ein paar Tage lebten sie auf diese Art schlecht und recht und zehrten ihren Vorrat auf. Da sprach der Mann: »Frau, so geht's nicht länger, daß wir hier essen und nichts verdienen. Du mußt Körbe flechten.«

Er ging hinaus, schnitt Weiden und brachte sie heim. Da fing sie an zu flechten, aber die harten Weiden stachen ihr die zarten Hände wund.

»Ich sehe, das geht nicht«, sprach der Mann. »Spinn lieber, vielleicht kannst du das besser.«

Sie setzte sich hin und ver-

suchte zu spinnen, aber der harte Faden schnitt ihr bald in die weichen Finger, daß ihr das Blut herunterlief.

»Siehst du«, sprach der Mann, »du taugst zu keiner Arbeit, mit dir habe ich's schlimm getroffen. Nun will ich's versuchen und einen Handel mit Töpfen und irdenem Geschirr anfangen; du sollst dich auf den Markt setzen und die Ware feilhalten.«

Ach, dachte sie, wenn auf den Markt Leute aus meines Vaters Reich kommen und mich da sitzen und feilhalten sehen, wie werden sie mich verspotten!

Aber es half nichts, sie mußte sich fügen, wenn beide nicht Hungers sterben wollten. Das erstemal ging's gut, denn die Leute kauften der Frau, weil sie schön war, gern ihre Ware ab und bezahlten, was sie forderte; ja, viele gaben ihr das Geld und ließen ihr die Töpfe noch dazu. Nun lebten sie von dem Erworbenen, solang es dauerte; dann kaufte der Mann wieder eine Menge neues Geschirr ein. Sie setzte sich damit an eine Ecke des Marktes, stellte das Geschirr um sich her und bot es an. Da kam plötzlich ein betrunkener Husar dahergejagt und ritt geradezu in die Töpfe hinein, daß alles in tausend Scherben zersprang. Sie fing an zu weinen und wußte vor Angst nicht, was sie anfangen sollte.

»Ach, wie wird's mir ergehen!« rief sie. »Was wird mein Mann dazu sagen?« Sie lief heim und erzählte ihm das Unglück.

»Wer setzt sich auch an die Ecke des Marktes mit irdenem Geschirr!« sprach der Mann. »Laß nur das Weinen, ich sehe, du bist zu keiner ordentlichen Arbeit zu gebrauchen. Soeben bin ich in unseres Königs Schloß gewesen und habe gefragt, ob sie nicht eine Küchenmagd brauchen könnten, und sie haben mir versprochen, sie wollten dich dazu nehmen; dafür bekommst du freies Essen.«

Nun wurde die Königstochter eine Küchenmagd, mußte dem Koch zur Hand gehen und die sauerste Arbeit tun. Sie machte sich in beiden Taschen ein Töpfchen fest, darin brachte sie nach Haus, was ihr von dem Übriggebliebenen gelassen wurde, und davon nährten sich beide.

Bald wurde verlautbart, daß die Hochzeit des ältesten Königssohnes gefeiert werden sollte. Da ging die arme Frau hinauf, stellte sich vor die Saaltür und wollte zusehen. Als nun die Lichter angezündet waren und alle eintraten, einer schöner als der andere, und alles voll Pracht und Herrlichkeit war, da dachte sie traurig an ihr Schicksal und verwünschte ihren Stolz und Hochmut, der sie erniedrigt und in so große Armut gestürzt hatte. Von den köstlichen Speisen, die da ein- und ausgetragen wurden und von denen der Geruch zu ihr aufstieg, warfen ihr Diener manchmal ein paar Brocken zu, die tat sie in ihr Töpfchen und wollte es heimtragen.

Auf einmal trat der Königssohn herein; er war in Samt und Seide gekleidet und hatte goldene Ketten um den Hals. Und als er die schöne Frau in der

Tür stehen sah, ergriff er sie bei der Hand und wollte mit ihr tanzen. Aber sie weigerte sich und erschrak, denn sie sah, daß es der König Drosselbart war, der um sie gefreit und den sie mit Spott abgewiesen hatte. Ihr Sträuben half nichts, er zog sie in den Saal. Da zerriß das Band, an dem die Taschen hingen, und die Töpfe fielen zu Boden. Und wie das die Leute sahen, entstand ein allgemeines Gelächter und Spotten, und sie war so beschämt, daß sie sich lieber tausend Klafter unter die Erde gewünscht hätte. Sie sprang zur Tür hinaus und wollte fliehen, aber auf der Treppe holte sie ein Mann ein und brachte sie zurück, und als sie ihn ansah, war es wieder der König Drosselbart.

Er sprach ihr freundlich zu: »Fürchte dich nicht, ich und der Spielmann, der mit dir in dem elenden Häuschen gewohnt hat, sind eins. Dir zuliebe habe ich mich so verstellt. Und der Husar, der dir die Töpfe niedergeritten hat, bin ich auch gewesen. Das ist alles geschehen, um deinen stolzen Sinn zu beugen und dich für deinen Hochmut zu strafen, womit du mich verspottet hast.«

Da weinte sie bitterlich und sagte: »Ich habe großes Unrecht getan und bin nicht wert, deine Frau zu werden.«

Er aber sprach: »Tröste dich, die bösen Tage sind vorüber, jetzt wollen wir unsere Hochzeit feiern.«

Da kamen die Kammerfrauen und zogen ihr die prächtigsten Kleider an, und ihr Vater kam und der ganze Hof, und alle wünschten ihr Glück zu ihrer Vermählung mit dem König Drosselbart, und die rechte Freude fing jetzt erst an.

BRÜDERCHEN UND SCHWESTERCHEN

Brüderchen nahm sein Schwesterchen an der Hand und sprach: »Seit die Mutter tot ist, haben wir keine gute Stunde mehr; die Stiefmutter schlägt uns alle Tage, und wenn wir zu ihr kommen, stößt sie uns mit den Füßen fort. Die harten Brotkrusten, die übrigbleiben, sind unsere Speise, selbst dem Hündlein unter dem Tisch geht's besser: dem wirft sie doch manchmal einen guten Bissen zu. Daß Gott erbarm, wenn das unsere Mutter wüßte! Komm, wir wollen miteinander in die weite Welt gehen.«

Sie gingen den ganzen Tag über Wiesen, Felder und Steine, und wenn es regnete, sprach das Schwesterchen: »Gott und unsere Herzen, die weinen zusammen!« Abends kamen sie in einen großen Wald und waren so müde von Jammer, Hunger und dem langen Weg, daß sie sich in einen hohlen Baum setzten und einschliefen.

Am andern Morgen, als sie aufwachten, stand die Sonne schon hoch am Himmel und schien heiß in den Wald hinein. Da sprach das Brüderchen: »Schwesterchen, mich dürstet. Wenn ich ein Brünnlein wüßte, ich ging' und tränk' einmal; ich mein', ich hört' eins rauschen.«

Brüderchen stand auf, nahm Schwesterchen an der Hand, und sie wollten das Brünnlein suchen. Die böse Stiefmutter aber war eine Hexe und hatte genau gesehen, wie die beiden Kinder fortgegangen waren, war ihnen nachgeschlichen, heimlich, wie die Hexen schleichen, und hatte alle Brunnen im Wald verwünscht. Als sie nun ein Brünnlein fanden, das hell und klar über die Steine sprang, wollte das Brüderchen daraus trinken; aber das Schwesterchen hörte, wie das Bächlein im Rauschen sprach: »Wer aus mir trinkt, wird ein Tiger, wer aus mir trinkt, wird ein Tiger.«

126

Da rief das Schwesterchen: »Ich bitte dich, Brüderchen, trink nicht, sonst wirst du ein wildes Tier und zerreißt mich!«

Das Brüderchen trank nicht, obgleich es großen Durst hatte, und sprach: »Ich will warten bis zur nächsten Quelle.«

Als sie zum zweiten Brünnlein kamen, hörte das Schwesterchen, wie auch dieses sprach:»Wer aus mir trinkt, wird ein Wolf, wer aus mir trinkt, wird ein Wolf.«

Da rief das Schwesterchen: »Brüderchen, ich bitte dich, trink nicht, sonst wirst du ein Wolf und frißt mich.«

Das Brüderchen trank nicht und sprach: »Ich will warten, bis wir zur nächsten Quelle kommen, aber dann muß ich trinken, du magst sagen, was du willst. Mein Durst ist gar zu groß.«

Und als sie zum dritten Brünnlein kamen, hörte das Schwesterlein, wie es im Rauschen sprach: »Wer aus mir trinkt, wird ein Reh, wer aus mir trinkt, wird ein Reh.«

Das Schwesterchen sprach: »Ach Brüderchen, ich bitte dich, trink nicht, sonst wirst du ein Reh und läufst mir fort.« Aber das Brüderchen hatte sich gleich beim Brünnlein niedergekniet, hinabgebeugt und von dem Wasser getrunken, und wie die ersten Tropfen auf seine Lippen gekommen waren, lag es da als ein Rehkälbchen.

Nun weinte das Schwesterchen über das arme verwünschte Brüderchen, und das Rehlein weinte auch und saß traurig neben ihm. Da sprach das Mädchen: »Sei still, liebes Rehlein, ich will dich ja nimmermehr verlassen!« Dann band es sein goldenes Strumpfband ab und legte es dem Rehlein um den Hals, rupfte Binsen und flocht ein weiches Seil daraus. Daran band es das Tierchen und führte es weiter und ging immer tiefer in den Wald hinein.

Und als sie lange, lange gegangen waren, kamen sie endlich an ein kleines Haus. Das Mädchen schaute hinein, und weil es leer war, dachte es: Hier können wir bleiben und wohnen. Da suchte es dem Rehlein Laub und Moos zu einem weichen Lager, und jeden Morgen ging es aus und sammelte für sich Wurzeln, Beeren und Nüsse. Für das Rehlein brachte es zartes Gras mit, das fraß das Reh ihm aus der Hand, war vergnügt und spielte vor dem Mädchen. Abends, wenn Schwesterchen müde war und sein Gebet gesagt hatte, legte es seinen Kopf auf den Rücken des Rehkälbchens, das war sein Kissen, darauf es sanft einschlief. Und hätte das Brüderchen nur seine menschliche Gestalt gehabt, es wäre ein herrliches Leben gewesen.

So waren sie eine Zeitlang allein in der Wildnis. Einmal geschah es, daß der König des Landes eine große Jagd in dem Wald hielt. Da schallten das Hörnerblasen, Hundegebell und das lustige Rufen der Jäger durch die Bäume, und das Rehlein hörte es und wäre gar zu gerne dabeigewesen.

»Ach«, sprach es zum Schwesterlein, »laß mich hinaus auf die Jagd, ich kann's nicht länger mehr aushalten« und bat so lange, bis das Mädchen einwilligte. »Aber«, sprach es zu ihm, »komm mir ja abends wieder! Vor den wilden Jägern schließ' ich mein Türlein; und damit ich dich kenne, so klopf und sprich: Mein Schwesterlein, laß mich herein; und wenn du nicht so sprichst, so schließ' ich mein Türlein nicht auf.«

Nun sprang das Rehlein hinaus, und es war ihm so wohl, und es war so lustig in freier Luft. Der König und seine Jäger sahen das schöne Tier und setzten ihm nach, aber sie konnten es nicht einholen. Und wenn sie meinten, sie hätten es gewiß, da sprang es über das Gebüsch weg und war verschwunden. Als es dunkel wurde, lief es zu dem Häuschen, klopfte und sprach: »Mein Schwesterlein, laß mich herein!« Da wurde ihm die kleine Tür aufgetan, es sprang hinein und ruhte sich die ganze Nacht auf seinem weichen Lager aus. Am andern Morgen ging die Jagd von neuem an, und als das Rehlein wieder das Hifthorn hörte und das »Ho, ho!« der Jäger, da hatte es keine Ruhe und drängte: »Schwesterchen, mach mir auf, ich will hinaus!« Das Schwesterchen öffnete ihm die Tür und sprach: »Aber abends mußt du wieder da sein und dein Sprüchlein sagen.«

Als der König und seine Jäger das Rehlein mit dem goldenen Halsband wiedersahen, jagten sie ihm alle nach, aber es war ihnen zu schnell und behend. Die Jagd währte den ganzen Tag, endlich aber hatten es die Jäger

abends umzingelt, und einer verwundete es ein wenig am Fuß, so daß es hinken mußte und nur langsam fortlaufen konnte. Da schlich ihm ein Jäger nach bis zu dem Häuschen, und er hörte, wie es rief: »Mein Schwesterlein, laß mich herein!« Dabei sah er, daß ihm die Tür aufgetan und gleich wieder zugeschlossen wurde. Der Jäger merkte sich das gut, ging zum König und erzählte ihm, was er gesehen und gehört hatte. Da sprach der König: »Morgen soll noch einmal gejagt werden.«

Das Schwesterlein aber erschrak gewaltig, als es sah, daß sein Rehkälbchen verwundet war. Es wusch ihm das Blut ab, legte Kräuter auf und sprach: »Geh auf dein Lager, liebes Rehlein, daß du wieder gesund wirst.« Die Wunde aber war so gering, daß das Rehlein am Morgen nichts mehr davon spürte. Und als es die Jagdgesellschaft draußen wieder hörte, sprach es: »Ich kann's nicht aushalten, ich muß dabeisein; so bald soll mich keiner kriegen.«

Das Schwesterchen weinte und sprach: »Nun werden sie dich töten, und ich bin hier allein im Wald, verlassen von der Welt. Ich lass' dich nicht hinaus.«

»So sterbe ich hier vor Traurigkeit«, antwortete das Rehlein; »wenn ich das Jagdhorn höre, so mein' ich, ich müßt' aus den Schuhen springen!«

Da konnte das Schwesterchen nicht anders und schloß ihm mit schwerem

Herzen die Tür auf, und das Rehlein sprang gesund und fröhlich in den Wald. Als es der König erblickte, rief er zu seinen Jägern: »Nun jagt ihm nach den ganzen Tag, bis in die Nacht, aber daß ihm keiner etwas zuleide tut!«

Sobald die Sonne untergegangen war, sprach der König zu dem einen der Jäger: »Nun komm und zeige mir das Waldhäuschen.« Und als er vor dem Türlein stand, klopfte er an und rief: »Lieb Schwesterlein, laß mich herein!« Da ging die Tür auf, aber der König trat herein. Vor ihm stand ein Mädchen, das war so schön, wie er noch keins gesehen hatte. Das Mädchen erschrak, als es sah, daß nicht sein Rehlein, sondern ein Mann hereinkam, der eine goldene Krone auf dem Haupt hatte. Aber der König sah es freundlich an, reichte ihm die Hand und sprach: »Willst du mit mir gehen auf mein Schloß und meine liebe Frau werden?«

»Ach ja«, antwortete das Mädchen, »aber das Rehlein muß auch mit, das verlasse ich nicht.«

Da sprach der König: »Es soll bei dir bleiben, solange du lebst, und es soll ihm an nichts fehlen.« Da kam es auch schon hereingesprungen. Nun band es das Schwesterchen wieder an das Binsenseil, nahm dieses selbst in die Hand und ging mit dem Reh aus dem Waldhäuschen fort.

Der König nahm das schöne Mädchen auf sein Pferd und führte es in sein Schloß, wo die Hochzeit mit großer Pracht gefeiert wurde, und Schwesterchen war nun die Frau Königin, und sie lebten lange Zeit vergnügt zusammen. Das Rehlein wurde gehegt und gepflegt und sprang in dem Schloßgarten herum.

Die böse Stiefmutter aber, um derentwillen die Kinder in die Welt gezogen waren, meinte, das Schwesterchen wäre von den wilden Tieren im Wald zerrissen worden und das Brüderchen als ein Rehkalb von den Jägern totgeschossen worden. Als sie nun hörte, daß beide glücklich waren und es ihnen wohl ging, da wurden Neid und Mißgunst in ihrem Herzen rege und ließen

ihr keine Ruhe; sie hatte keinen anderen Gedanken, als wie sie die beiden doch noch ins Unglück bringen könnte. Ihre rechte Tochter, die häßlich war wie die Nacht und nur ein Auge hatte. die machte ihr Vorwürfe und sprach: »Eine Königin zu werden, das Glück hätte mir gebührt!«

»Sei nur still«, sagte die Alte und suchte sie zu beruhigen. »Wenn's Zeit ist, werde ich schon zur Stelle sein.«

Als die Königin ein schönes Knäblein bekam und der König gerade auf der Jagd war, nahm die alte Hexe die Gestalt der Kammerfrau an, trat in die Stube, wo die Königin lag, und sprach zu der Kranken: »Kommt, das Bad ist fertig, das wird Euch wohltun und frische Kräfte geben; geschwind, ehe es kalt wird.«

Ihre Tochter war auch zur Stelle. Beide trugen die geschwächte Königin in die Badestube und legten sie in die Wanne; dann schlossen sie die Tür ab und liefen davon. In der Badestube aber hatten sie ein rechtes Höllenfeuer angemacht, daß die schöne junge Königin bald ersticken mußte.

Als das vollbracht war, nahm die Alte ihre Tochter, setzte ihr eine Haube auf und legte sie ins Bett an der Königin Stelle. Sie gab ihr auch die Gestalt und das Aussehen der Königin, nur das verlorene Auge konnte sie ihr nicht wiedergeben. Damit es aber der König nicht merke, mußte sie sich auf jene Seite legen, wo sie kein Auge hatte. Als er am Abend heimkam und hörte, daß ihm ein Söhnlein geboren war, freute er sich herzlich und wollte ans Bett seiner lieben Frau gehen und sehen, wie es ihr gehe. Da rief die Alte geschwind: »Ach nein! Laßt die Vorhänge zu, die Königin darf noch nicht ins Licht sehen und muß Ruhe haben!« Der König ging zurück und wußte nicht, daß eine falsche Königin im Bett lag.

Als es aber Mitternacht war und alles schlief, da sah die Kinderfrau, die neben der Wiege saß und allein noch wachte, wie die Tür aufging und die rechte Königin hereintrat. Sie nahm das Kind aus der Wiege, legte es in ihren Arm und gab ihm zu trinken. Dann schüttelte sie ihm sein Kißchen, legte es wieder hinein und deckte es mit dem Tüchlein zu. Sie vergaß aber auch das Rehlein nicht, ging in die Ecke, wo es lag, und streichelte ihm über den Rücken. Darauf ging sie stillschweigend wieder zur Tür hinaus, und die Kinderfrau fragte am andern Morgen die Wächter, ob jemand während der Nacht ins Schloß gegangen sei. Diese antworteten: »Nein, wir haben niemand gesehen.« So kam sie viele Nächte und sprach niemals ein Wort dabei. Die Kinderfrau sah die Mutter immer, aber sie getraute sich nicht, jemand etwas davon zu sagen.

Als nun so eine Zeit verflossen war, da fing die Königin in der Nacht zu reden an und sprach:

> »Was macht mein Kind? Was macht mein Reh?
> Nun komm ich noch zweimal und dann nimmermehr.«

Die Kinderfrau antwortete ihr nicht, aber als sie wieder verschwunden war, ging sie zum König und erzählte ihm alles. Da sprach der König: »Ach Gott, was ist das? Ich will selbst in der nächsten Nacht bei dem Kind wachen.« Abends ging er in die Kinderstube, und um Mitternacht erschien die Königin wieder und sprach:

> »Was macht mein Kind? Was macht mein Reh?
> Nun komm ich noch einmal und dann nimmermehr.«

Dann nährte sie das Kind, wie sie es gewöhnlich tat, ehe sie verschwand.

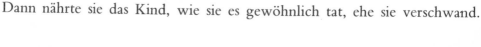

Der König getraute sich nicht, sie anzureden, aber er wachte auch in der folgenden Nacht. Sie sprach wieder:

>Was macht mein Kind? Was macht mein Reh?
Nun komm ich noch diesmal und dann nimmermehr.«

Da konnte sich der König nicht zurückhalten, sprang zu ihr und rief: »Du kannst niemand anders sein als meine liebe Frau.«

Da antwortete sie: »Ja, ich bin deine liebe Frau« und hatte in dem Augenblick durch Gottes Gnade das Leben wieder erhalten, war frisch, rot und gesund. Darauf erzählte sie dem König den Frevel, den die böse Hexe und ihre Tochter an ihr verübt hatten.

Der König ließ beide vor Gericht führen, und es wurde ihnen das Urteil gesprochen.

Die Tochter wurde in den Wald geführt, wo sie die wilden Tiere zerrissen, die Hexe aber wurde ins Feuer gelegt und mußte jammervoll verbrennen. Sobald sie aber zu Asche verbrannt war, verwandelte sich das Rehkälbchen und erhielt seine menschliche Gestalt wieder. Schwesterchen und Brüderchen aber lebten nun glücklich beisammen bis an ihr Ende.

DIE DREI MÄNNLEIN IM WALDE

Es war ein Mann, dem starb seine Frau, und eine Frau, der starb ihr Mann. Der Mann hatte eine Tochter, und die Frau hatte auch eine Tochter. Die Mädchen waren miteinander bekannt und gingen zusammen spazieren und kamen hernach zu der Frau ins Haus. Da sprach die Frau zu des Mannes Tochter: »Hör, sag deinem Vater, ich möchte ihn heiraten, dann darfst du dich jeden Morgen in Milch waschen und Wein trinken; meine Tochter aber muß sich in Wasser waschen und darf nur Wasser trinken.«

Das Mädchen ging nach Hause und erzählte seinem Vater, was die Frau gesagt hatte. Der Mann sprach: »Was soll ich tun? Heiraten ist eine Freude und ist auch eine Qual.«

Endlich, weil er nicht wußte, was er tun sollte, zog er seinen Stiefel aus und sagte: »Nimm diesen Stiefel, der hat in der Sohle ein Loch, geh damit auf den Boden, häng ihn an den großen Nagel und gieß dann Wasser hinein. Hält er das Wasser, so will ich wieder eine Frau nehmen; läuft's aber durch, so will ich nicht mehr heiraten.«

Das Mädchen tat, wie ihm geheißen war. Das Wasser zog das Loch zusammen, und der Stiefel wurde voll bis obenhin. Das Mädchen verkündete seinem Vater, wie's ausgefallen war. Da stieg er selbst hinauf, und als er sah, daß es wirklich wahr war, ging er zu der Witwe und freite sie, und die Hochzeit wurde gehalten.

Am andern Morgen, als die beiden Mädchen aufstanden, war für des Mannes Tochter Milch zum Waschen und Wein zum Trinken da und für der Frau Tochter gab es Wasser zum Waschen und Wasser zum Trinken. Am zweiten Morgen stand Wasser zum Waschen und Wasser zum Trinken für des Mannes Tochter und für der Frau Tochter bereit. Und am dritten Morgen gab es Wasser zum Waschen und Wasser zum Trinken für des Mannes Tochter und Milch zum Waschen und Wein zum Trinken für der Frau Tochter, und dabei blieb's.

Die Frau begann ihre Stieftochter zu hassen und wußte nicht, wie sie es ihr von einem Tag zum andern schlimmer machen sollte. Auch war sie neidisch, weil ihre Stieftochter schön und lieblich war, ihre rechte Tochter aber häßlich und widerlich.

Einmal im Winter, als es steinhart gefroren war und Berg und Tal in tiefem Schnee lagen, machte die Frau ein Kleid von Papier, rief das Mädchen und sprach: »Da, zieh das Kleid an, geh hinaus in den Wald und hol mir ein Körbchen voll Erdbeeren; ich habe Lust danach.«

»Du lieber Gott«, sagte das Mädchen, »im Winter wachsen ja keine Erdbeeren, die Erde ist gefroren, und der Schnee hat auch alles zugedeckt. Und warum soll ich in dem Papierkleid gehen? Es ist draußen so kalt, daß einem der Atem friert; da weht ja der Wind hindurch, und die Dornen reißen mir's vom Leib.«

»Willst du mir noch widersprechen?« sagte die Stiefmutter. »Mach, daß du fortkommst, und laß dich nicht eher wieder sehen, als bis du das Körbchen voll Erdbeeren hast.«

Dann gab sie ihm noch ein Stückchen hartes Brot und sprach: »Davon kannst du den Tag über essen«, und dachte: Draußen wird das Mädchen erfrieren und verhungern und mir nimmermehr vor die Augen kommen.

Nun gehorchte das Mädchen, zog das Papierkleid an und ging mit dem Körbchen hinaus. Da war nichts als Schnee weit und breit, und war kein grünes Hälmchen zu sehen. Als es in den Wald kam, sah es ein kleines Häuschen, daraus guckten drei kleine Männchen hervor. Es wünschte ihnen guten Tag und klopfte bescheiden an die Tür. Sie riefen »Herein!« Das Mädchen trat in die Stube und setzte sich auf die Bank beim Ofen, es wollte sich wärmen und sein Frühstück essen. Die Männchen sprachen: »Gib uns auch etwas davon.«

»Gerne«, sprach es, teilte sein Stückchen Brot entzwei und gab ihnen die Hälfte. Sie fragten: »Was willst du zur Winterszeit in deinem dünnen Kleidchen hier im Wald?«

»Ach«, antwortete es, »ich soll ein Körbchen Erdbeeren suchen und darf nicht eher nach Hause kommen, als bis ich es voll habe.«

Als es sein Brot gegessen hatte, gaben sie ihm einen Besen und sprachen: »Kehre damit an der Hintertür den Schnee weg.«

Wie das Kind draußen war, sprachen die drei Männchen untereinander: »Was sollen wir ihm schenken, weil es so artig und gut ist und sein Brot mit uns geteilt hat?«

Da sagte der erste: »Ich schenk' ihm, daß es jeden Tag schöner wird.«

Der zweite sprach: »Ich schenk' ihm, daß Goldstücke ihm aus dem Mund fallen, sooft es ein Wort spricht.«

Der dritte sprach: »Ich schenk' ihm, daß ein König kommt und es zu seiner Gemahlin nimmt.«

Das Mädchen aber tat, wie die Männchen gewünscht hatten, kehrte mit dem Besen den Schnee hinter dem kleinen Haus weg, und was glaubt ihr wohl, daß es gefunden hat? Lauter reife Erdbeeren, die ganz dunkelrot aus dem Schnee hervorkamen. Da raffte es in seiner Freude sein Körbchen voll, dankte den kleinen Männern, gab jedem die Hand und lief nach Hause und wollte der Stiefmutter das Verlangte bringen. Wie es eintrat und guten Abend sagte, fiel ihm gleich ein Goldstück aus dem Mund. Darauf erzählte es, wer ihm im Wald begegnet war, aber bei jedem Wort, das es sprach, fielen ihm die Goldstücke aus dem Mund, so daß bald die ganze Stube damit bedeckt war.

»Nun sehe einer den Übermut«, rief die Stiefschwester, »das Geld so wegzuwerfen.« Aber heimlich war sie neidisch darüber und wollte auch hinaus in den Wald und Erdbeeren suchen.

Die Mutter entgegnete: »Nein, mein Töchterchen, es ist zu kalt, du könntest erfrieren.«

Weil das Mädchen ihr aber keine Ruhe ließ, gab sie endlich nach, nähte ihm einen prächtigen Pelzrock, den es anziehen mußte, und gab ihm Butterbrot und Kuchen mit auf den Weg.

Das Mädchen ging in den Wald und gerade auf das kleine Häuschen zu. Die drei kleinen Männer guckten wieder zum Fenster heraus, aber das Mädchen grüßte sie nicht und, ohne sich nach ihnen umzusehen, stolperte es in die Stube, setzte sich an den Ofen und fing an, sein Butterbrot und seinen Kuchen zu essen. »Gib uns etwas davon!« riefen die Kleinen, aber es antwortete: »Es reicht mir selbst nicht, wie kann ich andern noch davon geben?«

Als es mit dem Essen fertig war, sprachen die kleinen Männer: »Da hast du einen Besen, kehr uns draußen vor der Haustür rein.«

»Ei, kehrt euch selber«, antwortete es, »ich bin nicht eure Magd.«

Wie das Mädchen sah, daß sie ihm nichts schenken wollten, ging es zur Tür hinaus. Da redeten die kleinen Männer untereinander: »Was sollen wir ihm schenken, weil es so unartig ist und ein böses, neidisches Herz hat, das niemand etwas gönnt?«

Der erste sprach: »Ich schenk' ihm, daß es jeden Tag häßlicher wird.«

Der zweite sagte: »Ich schenk' ihm, daß ihm bei jedem Wort, das es spricht, eine Kröte aus dem Mund springt.«

Der dritte sprach: »Ich schenk' ihm, daß es eines unglücklichen Todes stirbt.«

Das Mädchen suchte draußen nach Erdbeeren. Als es aber keine fand, ging es verdrießlich nach Hause. Und wie es den Mund auftat und seiner Mutter erzählen wollte, was ihm im Wald begegnet war, da sprang ihm bei jedem Wort eine Kröte aus dem Mund, so daß alle eine Abscheu vor dem Mädchen bekamen.

Nun ärgerte sich die Stiefmutter noch viel mehr und überlegte, wie sie der Tochter des Mannes Böses antun könnte, deren Schönheit alle Tage noch größer wurde. Endlich nahm sie einen Kessel, setzte ihn auf das Feuer und sott Garn darin. Als es gesotten war, hing sie es dem armen Mädchen auf die Schulter und gab ihm eine Axt dazu. Damit sollte es auf den gefrorenen Fluß gehen, ein Eisloch hauen und das Garn spülen. Das Mädchen war gehorsam und hackte ein Loch in das Eis. Als es mitten im Hacken war, kam ein prächtiger Wagen gefahren, worin der König saß. Der Wagen hielt an, und der König fragte: »Mein Kind, wer bist du und was machst du da?«

»Ich bin ein armes Mädchen und spüle Garn.«

Da fühlte der König Mitleid, und als er sah, wie schön es war, sprach er: »Willst du mit mir fahren?«

»Ach ja, von Herzen gern«, antwortete es; denn es war froh, daß es der Mutter und der Schwester aus den Augen kommen sollte.

So stieg das Mädchen in den Wagen und fuhr mit dem König fort, und als sie auf sein Schloß gekommen waren, wurde die Hochzeit mit großer Pracht gefeiert, wie es die kleinen Männlein dem Mädchen geschenkt hatten.

Nach einem Jahr bekam die junge Königin einen Sohn. Als die Stiefmutter von dem großen Glück gehört hatte, kam sie mit ihrer Tochter in das Schloß und tat, als wollte sie einen Besuch machen. Da aber der König ausgegangen und sonst niemand zugegen war, packte das böse Weib die Königin am Kopf, und ihre Tochter packte sie an den Füßen, dann hoben sie die Ärmste aus dem Bett und warfen sie zum Fenster hinaus in den vorbeifließenden Strom. Darauf legte sich ihre häßliche Tochter ins Bett, und die Alte deckte sie zu bis über den Kopf. Als der König wieder zurückkam und mit seiner Frau sprechen wollte, rief die Alte: »Still, still, jetzt geht das nicht, sie liegt in starkem Schweiß. Ihr müßt sie heute ruhen lassen.«

Der König dachte nichts Böses dabei und kam erst am andern Morgen wieder. Aber als er mit seiner Frau sprach und sie ihm Antwort gab, sprang bei jedem Wort eine Kröte aus dem Mund, während sonst ein Goldstück herausgefallen war. Da fragte er, was das wäre, aber die Alte erklärte, das hätte sie von dem starken Fieber bekommen, und es würde sich schon wieder verlieren.

In der Nacht aber sah der Küchenjunge, wie eine Ente durch die Gosse geschwommen kam, die sprach:

>»König, was machst du?
>Schläfst du oder wachst du?«

Und als er keine Antwort gab, sprach sie:

>»Was machen meine Gäste?«

Da antwortete der Küchenjunge:

>»Sie schlafen feste.«

Und die Ente fragte weiter:

>»Was macht mein Kindlein?«

Der Junge antwortete:

>»Es schläft in der Wiege fein.«

138

Da ging die Ente in der Königin Gestalt hinauf, gab dem Kind zu trinken, schüttelte ihm sein Bettchen, deckte es zu und schwamm als Ente wieder durch die Gosse fort. So kam sie zwei Nächte. In der dritten sprach sie zu dem Küchenjungen: »Geh und sag dem König, daß er sein Schwert nehmen und es auf der Schwelle dreimal über mir schwingen soll!«

Da lief der Küchenjunge und meldete es dem König; dieser kam mit seinem Schwert und schwang es dreimal über der Erscheinung, und beim drittenmal stand seine Gemahlin vor ihm, frisch, lebendig und gesund, wie sie vorher gewesen war.

Nun war der König in großer Freude. Er hielt aber die Königin in einer Kammer verborgen bis zum Sonntag, wo das Kind getauft werden sollte. Und als es getauft war, sprach er: »Was gehört einem Menschen, der den andern aus dem Bett hebt und ins Wasser wirft?«

»Nichts Besseres«, antwortete die Alte, »als daß man den Bösewicht in ein Faß steckt, das mit Nägeln ausgeschlagen ist, und den Berg hinab ins Wasser rollt.«

Da sagte der König: »Du hast dein Urteil selbst gesprochen.« Er ließ ein solches Faß holen und die Alte mit ihrer Tochter hineinstecken; dann wurde der Boden zugehämmert und das Faß bergab gekollert, bis es in den Fluß rollte und versank.

DIE WEISSE SCHLANGE

Es ist nun schon lange her, da lebte ein König, dessen Weisheit im ganzen Land berühmt war. Nichts blieb ihm unbekannt, und es war, als ob ihm Nachricht von den verborgensten Dingen durch die Luft zugetragen würde.

Er hatte aber eine seltsame Gewohnheit. Jeden Mittag, wenn von der Tafel alles abgetragen und niemand mehr zugegen war, mußte ein vertrauter Diener noch eine Schüssel bringen. Sie war aber zugedeckt, und der Diener wußte selbst nicht, was darin lag, und kein Mensch wußte es, denn der König deckte sie nicht eher auf und aß nicht davon, als bis er ganz allein war.

Das hatte schon lange Zeit gedauert; da überkam eines Tages den Diener, der die Schüssel wieder wegtrug, die Neugierde, so daß er nicht widerstehen konnte und die Schüssel in seine Kammer brachte. Als er die Tür sorgfältig verschlossen hatte, hob er den Deckel auf und sah, daß eine weiße Schlange darin lag. Bei ihrem Anblick konnte er die Lust nicht zurückhalten, sie zu kosten; er schnitt ein Stückchen davon ab und steckte es in den Mund.

Kaum aber hatte es seine Zunge berührt, so hörte er vor seinem Fenster ein seltsames Gewisper von feinen Stimmen. Er ging und horchte, da merkte er, daß es die Spatzen waren, die miteinander sprachen und sich allerlei erzählten, was sie im Felde und Walde gesehen hatten. Der Genuß der Schlange hatte ihm die Fähigkeit verliehen, die Sprache der Tiere zu verstehen.

Nun war gerade an diesem Tag der Königin ihr schönster Ring weggekommen, und auf den vertrauten Diener, der überall Zugang hatte, fiel der Verdacht, er habe ihn gestohlen. Der König ließ ihn zu sich kommen und drohte ihm unter heftigen Scheltworten, wenn er bis morgen den Täter nicht zu nennen wüßte, so solle er dafür büßen und gestraft werden. Es half nichts, daß er seine Unschuld beteuerte, er wurde mit keinem besseren Bescheid entlassen.

In seiner Angst ging er in den Hof hinab und überlegte, wie er sich aus seiner Not helfen könne. Da saßen die Enten an einem fließenden Wasser friedlich nebeneinander und ruhten. Sie putzten sich mit ihren Schnäbeln glatt und hielten ein vertrauliches Gespräch. Der Diener blieb stehen und hörte ihnen zu. Sie erzählten einander, wo sie heute morgen umhergewackelt wären und was für gutes Futter sie gefunden hätten. Da sagte die eine verdrießlich: »Mir liegt etwas schwer im Magen; ich habe einen Ring, der unter der Königin Fenster lag, in der Hast mit hinuntergeschluckt.«

Da packte sie der Diener gleich beim Kragen, trug sie in die Küche und sprach zum Koch: »Schlachte doch diese Ente ab, sie ist wohlgenährt.«

»Ja«, sagte der Koch und wog sie in der Hand, »die hat keine Mühe gescheut, sich zu mästen, und schon lange darauf gewartet gebraten zu werden.«

Er schnitt ihr den Hals ab, und als sie ausgenommen wurde, fand sich der Ring der Königin in ihrem Magen.

Der Diener konnte nun leicht vor dem König seine Unschuld beweisen, und da dieser sein Unrecht wieder gutmachen wollte, erlaubte er ihm, sich eine Gnade auszubitten, und versprach ihm die höchste Ehrenstelle, die er sich an seinem Hofe wünschte.

Der Diener schlug alles aus und bat nur um ein Pferd und Reisegeld, denn er hatte Lust, die Welt zu sehen und eine Weile umherzuziehen. Als seine Bitte erfüllt war, machte er sich auf den Weg und kam eines Tages an einem Teich vorbei, wo er drei Fische bemerkte, die sich im Rohr gefangen hatten und nach Wasser schnappten. Obgleich man sagt, die Fische seien stumm, so vernahm er doch ihre Klage, daß sie so elend umkommen müßten. Weil er ein mitleidiges Herz hatte, stieg er vom Pferd ab und setzte die drei Gefangenen wieder ins Wasser. Sie zappelten vor Freude, streckten die Köpfe heraus und riefen ihm zu: »Wir wollen an dich denken und dir's vergelten, daß du uns errettet hast!«

140

Der Mann ritt weiter, und nach einem Weilchen kam es ihm vor, als hörte er zu seinen Füßen in dem Sand eine Stimme. Er horchte und vernahm, wie ein Ameisenkönig klagte: »Wenn uns nur die Menschen mit den ungeschickten Tieren vom Leib blieben! Da tritt mir das dumme Pferd mit seinen schweren Hufen meine Leute ohne Barmherzigkeit nieder!«

Der Diener lenkte auf einen Seitenweg ein, und der Ameisenkönig rief ihm zu: »Wir wollen an dich denken und dir's vergelten!«

Der Weg führte ihn in einen Wald, und da sah er einen Rabenvater und eine Rabenmutter, die standen bei ihrem Nest und warfen ihre Jungen heraus. »Fort mit euch, ihr Galgenschwengel«, riefen sie, »wir können euch nicht mehr satt machen, ihr seid groß genug und könnt euch selbst ernähren.«

Die armen Jungen lagen auf der Erde, flatterten und schlugen mit ihren Fittichen und schrien: »Wir hilflosen Kinder, wir sollen uns selbst ernähren und können noch nicht fliegen! Was bleibt uns übrig, als hier Hungers zu sterben!«

Da stieg der gute Jüngling ab, tötete das Pferd mit seinem Degen und überließ es den jungen Raben zum Futter. Die kamen herbeigehüpft, sättigten sich und riefen: »Wir wollen an dich denken und dir's vergelten!«

Er mußte jetzt seine eigenen Beine gebrauchen, und als er lange gegangen war, kam er in eine große Stadt. Da war viel Lärm und Gedränge in den Straßen, und es kam einer zu Pferde und gab bekannt, die Königstochter suche einen Gemahl. Wer sich aber um sie bewerben wolle, der müsse eine schwere Aufgabe vollbringen, und könne er es nicht gut ausführen, so habe er sein Leben verwirkt. Viele hatten es schon versucht, aber vergeblich ihr Leben darangesetzt. Als der Jüngling die Königstochter sah, wurde er von ihrer großen Schönheit so verblendet, daß er alle Gefahr vergaß, vor den König trat und sich als Freier meldete.

Sogleich wurde er hinaus ans Meer geführt und vor seinen Augen ein goldener Ring hineingeworfen. Dann befahl ihm der König, diesen Ring vom Meeresgrund wieder heraufzuholen, und fügte hinzu:

141

»Wenn du ohne ihn wieder in die Höhe kommst, so wirst du immer aufs neue hinabgestoßen, bis du in den Wellen umkommst.« Alle bedauerten den schönen Jüngling und ließen ihn dann einsam am Meer zurück.

Der Jüngling stand am Ufer und überlegte, was er wohl tun sollte. Da sah er drei Fische daherschwimmen, und es waren die gleichen, denen er das Leben gerettet hatte. Der mittlere hielt eine Muschel im Mund, die er an den Strand zu den Füßen des Jünglings hinlegte. Als dieser sie aufhob und öffnete, lag der Goldring darin.

Voll Freude brachte er ihn dem König und erwartete, daß er ihm den verheißenen Lohn gewähren würde.

Die stolze Königstochter aber verschmähte ihn, als sie vernahm, daß er ihr nicht ebenbürtig war, und verlangte, er solle zuvor eine zweite Aufgabe lösen. Sie ging in den Garten hinab und streute selbst zehn Säcke voll Hirse ins Gras.

»Die muß er morgen, eh die Sonne hervorkommt, aufgelesen haben«, sprach sie, »und es darf kein Körnchen fehlen.«

Der Jüngling setzte sich in den Garten und dachte nach, wie es möglich wäre, die Aufgabe zu lösen. Aber er konnte nichts finden, so saß er ganz traurig da und erwartete, bei Anbruch des Morgens zum Tode geführt zu werden.

Als aber die ersten Sonnenstrahlen in den Garten fielen, sah er die zehn Säcke alle wohlgefüllt nebeneinanderstehen, und kein Körnchen fehlte darin. Der Ameisenkönig war mit seinen tausend und aber tausend Ameisen in der Nacht gekommen, und die dankbaren Tiere hatten die Hirse mit großer Emsigkeit aufgelesen und in die Säcke gesammelt.

Die Königstochter kam selbst in den Garten herab und sah mit Verwunderung, daß der Jüngling vollbracht hatte, was ihm aufgegeben war. Aber sie konnte ihr stolzes Herz noch nicht bezwingen und sprach: »Hat er auch die beiden Aufgaben gelöst, so soll er doch nicht eher mein Gemahl werden, als bis er mir einen Apfel vom Baum des Lebens gebracht hat.«

Der Jüngling wußte nicht, wo der Baum des Lebens stand. Er machte sich auf und wollte immerzu gehen, solange ihn seine Beine trügen, aber er hatte keine Hoffnung, ihn zu finden.

Als er schon durch drei Königreiche gewandert war und abends in einen Wald kam, setzte er sich unter einen Baum und wollte schlafen. Da hörte er in den Ästen ein Geräusch, und ein goldener Apfel fiel in seine Hand.

Zugleich flogen drei Raben zu ihm herab, setzten sich auf sein Knie und sagten: »Wir sind die drei jungen Raben, die du vom Hungertod errettet hast. Als wir groß geworden waren und hörten, daß du den goldenen Apfel suchst, sind wir über das Meer geflogen, bis ans Ende der Welt, wo der Baum des Lebens steht, und haben dir den Apfel geholt.«

143

Voll Freude machte sich der Jüngling auf den Heimweg und brachte der schönen Königstochter, der nun keine Ausrede mehr übrig blieb, den goldenen Apfel. Sie teilten den Apfel des Lebens und aßen ihn zusammen. Da wurde ihr Herz mit Liebe zu dem Jüngling erfüllt, und sie erreichten in ungestörtem Glück ein hohes Alter.

ROTKÄPPCHEN

Es war einmal eine kleine süße Dirne, die hatte jedermann lieb, der sie nur ansah, am allerliebsten aber ihre Großmutter. Die wußte gar nicht, was sie dem Kinde alles geben sollte. Einmal schenkte sie ihm ein Käppchen von rotem Samt, und weil ihm das so gut stand und es nichts anderes mehr tragen wollte, hieß es nur das Rotkäppchen.

Eines Tages sprach seine Mutter zu ihm: »Komm, Rotkäppchen, da hast du ein Stück Kuchen und eine Flasche Wein, bring das der Großmutter; sie ist krank und schwach und wird sich damit stärken. Mach dich auf, bevor es heiß wird, und wenn du hinauskommst, so geh hübsch sittsam und lauf nicht vom Weg ab, sonst fällst du und zerbrichst das Glas, und die Großmutter hat nichts. Und wenn du in ihre Stube kommst, so vergiß nicht, guten Morgen zu sagen, und guck nicht erst in allen Ecken herum.«

»Ich will schon alles gut machen«, sagte Rotkäppchen zur Mutter und gab ihr die Hand darauf. Die Großmutter aber wohnte draußen im Wald, eine halbe Stunde vom Dorf. Als nun Rotkäppchen in den Wald kam, begegnete ihm der Wolf. Rotkäppchen aber wußte nicht, was das für ein böses Tier war, und fürchtete sich nicht vor ihm.

»Guten Tag, Rotkäppchen«, sprach er.

»Schönen Dank, Wolf.«

»Wohin so früh, Rotkäppchen?«

»Zur Großmutter.«

»Was trägst du da unter der Schürze?«

»Kuchen und Wein. Gestern haben wir gebacken, da soll sich die kranke und schwache Großmutter den Kuchen gut schmecken lassen und sich mit dem Wein stärken.«

»Rotkäppchen, wo wohnt deine Großmutter?«

»Noch eine gute Viertelstunde weiter im Wald, unter den drei großen Eichbäumen, da steht ihr Haus; unten sind die Nußhecken, das wirst du ja wissen«, sagte Rotkäppchen.

Der Wolf dachte bei sich: Das junge, zarte Ding, das ist ein fetter Bissen,

der wird noch besser schmecken als die Alte. Du mußt es listig anfangen, damit du beide erschnappst.

Da ging er ein Weilchen neben Rotkäppchen her, dann sprach er: »Rotkäppchen, sieh einmal die schönen Blumen, die ringsumher stehen! Warum guckst du dich nicht um? Ich glaube, du hörst gar nicht, wie die Vöglein so lieblich singen? Du gehst ja für dich hin, als wenn du zur Schule gingst, und es ist doch so lustig draußen in dem Wald.«

Rotkäppchen schlug die Augen auf, und als es sah, wie die Sonnenstrahlen durch die Bäume hin und her tanzten und alles voll schöner Blumen stand, dachte es: Wenn ich der Großmutter einen frischen Strauß mitbringe, der wird ihr auch Freude machen; es ist so früh am Tag, daß ich doch zu rechter Zeit ankomme. Da lief es vom Wege ab in den Wald hinein und suchte Blumen. Und wenn es eine gepflückt hatte, meinte es, weiter hinaus stände eine schönere, und lief danach und geriet immer tiefer in den Wald hinein.

Der Wolf aber ging geradewegs nach dem Haus der Großmutter und klopfte an die Tür.

»Wer ist draußen?«

»Rotkäppchen, das bringt dir Kuchen und Wein, mach auf!«

»Drück nur auf die Klinke«, rief die Großmutter, »ich bin zu schwach und kann nicht aufstehen.«

Der Wolf drückte auf die Klinke, die Tür sprang auf, und er ging, ohne ein Wort zu sprechen, gerade zum Bett der Großmutter und verschluckte sie. Dann tat er ihre Kleider an, setzte ihre Haube auf, legte sich in ihr Bett und zog die Vorhänge vor.

Rotkäppchen aber war nach den Blumen herumgelaufen, und als es so viele beisammen hatte, daß es keine mehr tragen konnte, fiel ihm die Großmutter wieder ein, und es machte sich auf den Weg zu ihr. Es wunderte sich, daß die Tür offenstand, und wie es in die Stube trat, kam es ihm so seltsam darin

vor, daß es dachte: Ei, du mein Gott, wie ängstlich wird mir's heute zumute, und bin sonst so gerne bei der Großmutter!

Es rief: »Guten Morgen!«, bekam aber keine Antwort. Darauf ging es zum Bett und zog die Vorhänge zurück. Da lag die Großmutter, hatte die Haube tief ins Gesicht gesetzt und sah so wunderlich aus.

»Ei, Großmutter, was hast du für große Ohren!«

»Daß ich dich besser hören kann.«

»Ei, Großmutter, was hast du für große Augen!«

»Daß ich dich besser sehen kann.«

»Ei, Großmutter, was hast du für große Hände!«

»Daß ich dich besser packen kann.«

»Aber, Großmutter, was hast du für ein entsetzlich großes Maul!«

»Daß ich dich besser fressen kann.«

Kaum hatte der Wolf das gesagt, tat er einen Satz aus dem Bett und verschlang das arme Rotkäppchen.

Wie der Wolf sein Gelüsten gestillt hatte, legte er sich wieder ins Bett, schlief ein und fing an, überlaut zu schnarchen. Der Jäger ging eben an dem Haus vorbei und dachte: Wie die alte Frau heute schnarcht! Du mußt doch sehen, ob ihr etwas fehlt. Da trat er in die Stube, und wie er vor das Bett kam, sah er, daß der Wolf darin lag.

»Finde ich dich hier, du alter Sünder«, sagte er, »ich habe dich lange gesucht.« Nun wollte er seine Büchse anlegen, da fiel ihm ein, der Wolf könnte die Großmutter gefressen haben, und sie wäre noch zu retten; darum schoß er nicht, sondern nahm eine Schere und fing an, dem schlafenden Wolf den Bauch aufzuschneiden. Wie er ein paar Schnitte getan hatte, da sah er das rote Käppchen leuchten, und noch ein paar Schnitte, da sprang das Mädchen heraus und rief: »Ach, wie war ich erschrocken, wie war's so dunkel in dem Wolf seinem Leib!«

Und dann kam die alte Großmutter auch noch lebendig heraus und konnte kaum atmen. Rotkäppchen aber holte geschwind große Steine, damit füllte sie dem Wolf den Leib. Als er aufwachte, wollte er fortspringen, aber die Steine waren so schwer, daß er gleich niedersank und tot hinfiel.

Da waren alle drei vergnügt. Der Jäger zog dem Wolf den Pelz ab und ging damit heim, die Großmutter aß den Kuchen und trank den Wein, den Rotkäppchen gebracht hatte, und erholte sich wieder, Rotkäppchen aber dachte: Du willst dein Lebtag nicht wieder allein vom Weg ab in den Wald laufen, wenn dir's die Mutter verboten hat.

DER GOLDENE VOGEL

Es war vorzeiten ein König, der hatte einen schönen Lustgarten hinter seinem Schloß, darin stand ein Baum, der goldene Äpfel trug. Als die Äpfel reiften, wurden sie gezählt, aber gleich am nächsten Morgen fehlte einer. Das wurde dem König gemeldet, und er befahl, daß jede Nacht unter dem Baum Wache gehalten werden solle.

Der König hatte drei Söhne; den ältesten davon schickte er bei einbrechender Nacht in den Garten. Als es aber Mitternacht war, konnte er sich des Schlafes nicht erwehren, und am nächsten Morgen fehlte wieder ein Apfel. In der folgenden Nacht mußte der zweite Sohn wachen, aber dem erging es nicht besser. Als es zwölf Uhr geschlagen hatte, schlief er ein, und morgens fehlte ein Apfel. Jetzt kam die Reihe zu wachen an den dritten Sohn. Der war auch bereit, aber der König traute ihm nicht viel zu und meinte, er würde noch weniger ausrichten als seine Brüder; endlich aber gestattete er es doch.

Der Jüngling legte sich also unter den Baum, wachte und ließ den Schlaf nicht Herr werden. Als es zwölf schlug, rauschte etwas durch die Luft, und er sah im Mondschein einen Vogel daherfliegen, dessen Gefieder ganz von Gold glänzte. Der Vogel ließ sich auf dem Baum nieder und hatte eben einen Apfel abgepickt, als der Jüngling einen Pfeil nach ihm abschoß. Der Vogel entflog, aber der Pfeil hatte sein Gefieder getroffen, und eine seiner goldenen Federn fiel herab. Der Jüngling hob sie auf, brachte sie am andern Morgen dem König und erzählte ihm, was er in der Nacht gesehen hatte. Der König versammelte seinen Rat, und jedermann erklärte, eine Feder wie diese sei mehr wert als das gesamte Königreich. »Ist die Feder so kostbar«, erklärte der König, »so hilft mir auch die eine nichts, sondern ich will und muß den ganzen Vogel haben.«

Der älteste Sohn machte sich auf den Weg, verließ sich auf seine Klugheit und meinte, den goldenen Vogel schon zu finden. Als er eine Strecke gegangen war, sah er am Rand eines Waldes einen Fuchs sitzen, legte seine Flinte an und zielte auf ihn. Der Fuchs rief: »Schieß mich nicht, ich will dir dafür einen guten Rat geben. Du bist auf dem Weg nach dem goldenen Vogel und wirst heute abend in ein Dorf kommen, wo zwei Wirtshäuser einander gegenüberstehen. Eins ist hell erleuchtet, und es geht darin lustig zu. Da kehr aber nicht ein, sondern geh ins andere, wenn es dir auch schlechter scheint.«

Wie kann mir wohl so ein albernes Tier einen vernünftigen Rat erteilen! dachte der Königssohn und drückte los, aber er fehlte den Fuchs, der den Schwanz streckte und schnell in den Wald lief. Darauf setzte er seinen Weg fort und kam abends in das Dorf, wo die beiden Wirtshäuser standen. In dem einen wurde gesungen und getanzt, das andere hatte ein armseliges, elendes Aussehen.

Ich wäre wohl ein Narr, dachte er, wenn ich in das lumpige Wirtshaus ginge und das schöne liegen ließe. Also ging er in das lustige hinein, lebte da in Saus und Braus und vergaß den Vogel, seinen Vater und alle guten Lehren.

Als längere Zeit verstrichen war und der älteste Sohn noch immer nicht nach Hause gekommen war, machte sich der zweite auf den Weg und wollte den goldenen Vogel suchen. Wie dem ältesten begegnete ihm der Fuchs und gab ihm den guten Rat, den er nicht achtete. Er kam zu den beiden Wirtshäusern, wo sein Bruder am Fenster des einen stand, aus dem der Jubel erschallte, und ihn anrief. Er konnte nicht widerstehen, ging hinein und lebte nur seinem Vergnügen.

Wiederum verstrich die Zeit, da wollte der jüngste Königssohn ausziehen und sein Glück versuchen, der Vater aber wollte es nicht zulassen.

»Es ist vergeblich«, sprach er, »der wird den goldenen Vogel noch weniger finden als seine Brüder, und wenn ihm ein Unglück zustößt, so weiß er sich nicht zu helfen; es fehlt ihm an Entschlossenheit.« Doch endlich ließ er ihn ziehen.

Vor dem Wald saß wieder der Fuchs, bat um sein Leben und erteilte den guten Rat. Der Jüngling war gutmütig und sagte: »Sei ruhig, Füchslein, ich tue dir nichts zuleid.«

»Es soll dich nicht gereuen«, antwortete der Fuchs, »und damit du schneller fortkommst, so steig hinten auf meinen Schwanz.«

Und kaum hatte er sich aufgesetzt, so fing der Fuchs zu laufen an, und da ging's über Stock und Stein, daß die Haare im Winde pfiffen. Als sie zu dem Dorf kamen, stieg der Jüngling ab, befolgte den guten Rat und kehrte, ohne sich umzusehen, in das einfache Wirtshaus ein, wo er ruhig übernachtete.

Als er am andern Morgen auf das Feld kam, saß da schon der Fuchs und sagte: »Ich will dir weiter sagen, was du zu tun hast. Geh immer geradeaus, endlich wirst du an ein Schloß kommen, vor dem eine ganze Schar Soldaten liegt. Aber kümmere dich nicht darum, denn sie werden alle schlafen und schnarchen; geh mittendurch und geradewegs in das Schloß hinein und durch alle Stuben; zuletzt wirst du in eine Kammer kommen, wo ein goldener Vogel in einem hölzernen Käfig sitzt. Nebenan steht ein leerer Käfig aus purem Gold zum Prunk, aber hüte dich, daß du den Vogel nicht aus seinem einfachen Käfig herausnimmst und in den prächtigen tust, sonst könnte es dir schlimm ergehen.«

Nach diesen Worten streckte der Fuchs wieder seinen Schwanz aus, und der Königssohn setzte sich auf; da ging's über Stock und Stein, daß die Haare im Winde pfiffen.

Als er bei dem Schloß angelangt war, fand er alles so, wie der Fuchs gesagt hatte. Der Königssohn kam in die Kammer, wo der goldene Vogel in einem hölzernen Käfig saß, und ein goldener stand daneben; die drei goldenen Äpfel aber lagen in der Stube umher. Da dachte er, es wäre lächerlich, wenn er den schönen Vogel in dem häßlichen hölzernen Käfig lassen wollte, öffnete die Tür, packte ihn und setzte ihn in den goldenen. In dem Augenblick aber tat der Vogel einen durchdringenden Schrei. Die Soldaten erwachten, stürzten herein und führten ihn ins Gefängnis. Am andern Morgen wurde er vor ein Gericht gestellt und, da er alles gestand, zum Tode verurteilt. Doch sagte der König, er wolle ihm unter einer Bedingung das Leben schenken: Wenn er ihm das goldene Pferd bringe, das noch schneller laufe als der

Wind, und dann solle er obendrein zur Belohnung den goldenen Vogel erhalten.

Der Königssohn machte sich auf den Weg, seufzte aber und war traurig, denn wo sollte er das goldene Pferd finden? Da sah er auf einmal seinen alten Freund, den Fuchs, am Weg sitzen.

»Siehst du«, sprach der Fuchs, »so ist es gekommen, weil du nicht auf mich gehört hast! Doch sei guten Mutes, ich will mich deiner annehmen und dir sagen, wie du zu dem goldenen Pferd gelangst. Du mußt geradewegs fortgehen, dann wirst du zu einem Schloß kommen, wo das Pferd im Stall steht. Vor dem Stall werden die Stallknechte liegen, aber sie werden schlafen und schnarchen, und du kannst ruhig das goldene Pferd herausführen. Aber eins mußt du beachten: Lege ihm den alten Sattel von Holz und Leder auf und ja nicht den goldenen, der daneben hängt, sonst wird es dir schlimm ergehen.«

Dann streckte der Fuchs seinen Schwanz aus, der Königssohn setzte sich auf, und es ging fort über Stock und Stein, daß die Haare im Winde pfiffen.

Alles traf so ein, wie der Fuchs gesagt hatte. Er kam in den Stall, wo das goldene Pferd stand; als er ihm aber den alten Sattel auflegen wollte, dachte er: Ein so schönes Tier wird verunstaltet, wenn ich ihm nicht den neuen Sattel auflege, der ihm gebührt. Kaum aber berührte der goldene Sattel das Pferd, so fing es an, laut zu wiehern. Die Stallknechte erwachten, ergriffen den Jüngling und warfen ihn ins Gefängnis. Am andern Morgen wurde er vom Gericht zum Tode verurteilt, doch versprach der König, ihm das Leben zu schenken und dazu das goldene Pferd, wenn er die schöne Königstochter vom goldenen Schloß herbeischaffen könnte.

Mit schwerem Herzen machte sich der Jüngling auf den Weg, doch zu seinem Glück fand er bald den treuen Fuchs.

»Ich sollte dich deinem Unglück überlassen«, sagte der Fuchs, »aber ich habe Mitleid mit dir und will dir noch einmal aus deiner Not helfen. Dein Weg führt dich gerade zu dem goldenen Schloß. Abends wirst du dort anlangen, und nachts, wenn alles still ist, geht die schöne Königstochter ins Badehaus, um zu baden. Wenn sie vorbeigeht, so spring auf sie zu und gib ihr einen Kuß, dann folgt sie dir, und du kannst sie mit dir fortführen. Nur dulde nicht, daß sie vorher von ihren Eltern Abschied nimmt, sonst kann es dir schlimm ergehen.«

Dann streckte der Fuchs seinen Schwanz, der Königssohn setzte sich auf, und so ging es über Stock und Stein, daß die Haare im Winde pfiffen.

Als er beim goldenen Schloß ankam, war es so, wie der Fuchs gesagt hatte. Er wartete bis um Mitternacht. Als alles in tiefem Schlaf lag und die schöne Jungfrau ins Badehaus ging, da sprang er hervor und gab ihr einen Kuß. Sie sagte, sie wolle gerne mit ihm gehen, bat ihn aber flehentlich und

mit Tränen, er möge ihr erlauben, vorher von ihren Eltern Abschied zu nehmen. Er widerstand anfänglich ihren Bitten, als sie aber immer mehr weinte und ihm zu Füßen fiel, gab er endlich nach. Kaum aber war die Jungfrau zu dem Bett ihres Vaters getreten, so wachten er und alle anderen, die im Schloß waren, auf, und der Jüngling wurde festgehalten und ins Gefängnis gesetzt.

Am andern Morgen sprach der König zu ihm: »Dein Leben ist verwirkt, und du kannst bloß Gnade finden, wenn du den Berg abträgst, der vor meinen Fenstern liegt und über den ich nicht hinaussehen kann. Und das mußt du binnen acht Tagen zustande bringen. Gelingt dir das, so sollst du meine Tochter zur Belohnung haben.«

Der Königssohn fing an, grub und schaufelte ohne Unterlaß. Als er aber nach sieben Tagen sah, wie wenig er ausgerichtet hatte und daß seine ganze Arbeit so gut wie umsonst war, verfiel er in große Traurigkeit und gab alle Hoffnung auf.

Am Abend des siebenten Tages aber erschien der Fuchs und sagte: »Du verdienst nicht, daß ich mich deiner annehme, aber geh nur hin und leg dich schlafen, ich will die Arbeit für dich tun.«

Als er am andern Morgen erwachte und zum Fenster hinaussah, war der Berg verschwunden. Der Jüngling eilte voll Freude zum König und meldete ihm, daß die Bedingung erfüllt sei, und der König mochte wollen oder nicht, er mußte Wort halten und ihm seine Tochter geben.

Nun zogen die beiden zusammen fort, und es währte nicht lange, so kam der treue Fuchs zu ihnen.

»Das Beste hast du zwar«, sagte er, »aber zu der Jungfrau aus dem goldenen Schloß gehört auch das goldene Pferd.«

»Wie soll ich das bekommen?« fragte der Jüngling.

»Das will ich dir sagen«, antwortete der Fuchs. »Zuerst bring dem König, der dich nach dem goldenen Schloß geschickt hat, die schöne Jungfrau. Da wird unerhörte Freude sein, sie werden dir das goldene Pferd gern geben und werden dir's vorführen. Setz dich gleich auf und reiche allen zum Abschied die Hand, zuletzt der schönen Jungfrau, und wenn du sie gefaßt hast, so zieh sie mit einem Schwung zu dir hinauf und jage davon. Und niemand ist imstande, dich einzuholen, denn das Pferd läuft schneller als der Wind.«

Alles wurde glücklich vollbracht, und der Königssohn führte die schöne Jungfrau auf dem goldenen Pferde fort. Der Fuchs blieb nicht zurück und sprach zu dem Jüngling: »Jetzt will ich dir auch zu dem goldenen Vogel verhelfen. Wenn du nahe bei dem Schloß bist, wo sich der Vogel befindet, so laß die Jungfrau absitzen, ich will sie in meine Obhut nehmen. Dann reite mit dem goldenen Pferd in den Schloßhof; bei dem Anblick wird große Freude sein, und sie werden dir den goldenen Vogel herausbringen.

Sobald du den Käfig in der Hand hast, jage zu uns zurück und hole dir die
Jungfrau wieder ab!« Als der Anschlag geglückt war und der Königssohn
mit seinen Schätzen heimreiten wollte, sagte der Fuchs: »Nun sollst du mich
für meinen Beistand belohnen.«

»Was verlangst du dafür?« fragte der Jüngling.

»Wenn wir dort in den Wald kommen, so schieß mich tot und hau mir
Kopf und Pfoten ab.«

»Das wäre eine schöne Dankbarkeit«, sagte der Königssohn, »das kann ich
dir unmöglich gewähren.«

Da sprach der Fuchs: »Wenn du es nicht tun willst, muß ich dich verlassen;
ehe ich aber fortgehe, will ich dir noch einen guten Rat geben. Vor zwei
Dingen hüte dich: Kauf kein Galgenfleisch und setze dich an keinen Brunnenrand.« Damit lief er in den Wald.

Der Jüngling dachte: Das ist ein wunderliches Tier, das seltsame Grillen hat. Wer wird Galgenfleisch kaufen! Und die Lust, mich an einen Brunnenrand zu setzen, ist mir noch niemals gekommen.

Er ritt mit der schönen Jungfrau weiter, und sein Weg führte ihn wieder durch das Dorf, in dem seine beiden Brüder geblieben waren. Da war großer Auflauf und Lärm, und als er fragte, was da los wäre, hieß es, es sollten zwei Leute aufgehängt werden. Als er näher hinzukam, sah er, daß es seine Brüder waren, die allerhand schlimme Streiche verübt und all ihr Gut vertan hatten. Er fragte, ob sie nicht freigelassen werden könnten.

»Wenn Ihr für sie bezahlen wollt«, antworteten die Leute; »aber was wollt Ihr an die schlechten Menschen Euer Geld hängen und sie loskaufen?« Er besann sich aber nicht, zahlte für sie, und als sie freigegeben waren, setzten sie die Reise gemeinsam fort.

Sie kamen in den Wald, wo ihnen der Fuchs zuerst begegnet war, und da es darin kühl und lieblich war und die Sonne heiß brannte, sagten die beiden Brüder: »Laßt uns hier an dem Brunnen ein wenig ausruhen, essen und trinken.« Er willigte ein, und während des Gesprächs vergaß er die Warnung des Fuchses und setzte sich an den Brunnenrand, ohne an etwas Arges zu denken. Aber die beiden Brüder warfen ihn rückwärts in den Brunnen, nahmen die Jungfrau, das Pferd und den Vogel und zogen heim zu ihrem Vater. »Da bringen wir nicht bloß den goldenen Vogel«, sagten sie,

»wir haben auch das goldene Pferd und die Jungfrau von dem goldenen Schloß erbeutet.« Da war große Freude. Aber das Pferd fraß nicht, der Vogel pfiff nicht und die Jungfrau, die saß und weinte.

Der jüngste Bruder war aber nicht umgekommen. Der Brunnen war zum Glück trocken, und er fiel auf weiches Moos, ohne Schaden zu nehmen, konnte aber nicht wieder heraus. Auch in dieser Not verließ ihn der treue Fuchs nicht, kam zu ihm herabgesprungen und schalt ihn, daß er seinen Rat vergessen habe.

»Ich kann's aber doch nicht lassen«, sagte er, »ich will dir wieder an das Tageslicht helfen.« Er hieß ihn seinen Schwanz

anpacken und sich daran fest-
halten, und so zog er ihn dann
in die Höhe.

»Noch bist du nicht aus
aller Gefahr«, sagte der Fuchs.
»Deine Brüder wußten nicht
recht, ob du wirklich tot
seiest, und haben den Wald
mit Wächtern umstellt, die
sollen dich töten, wenn du
dich sehen ließest.«

Da saß ein armer Mann
am Weg, mit dem vertauschte der Jüngling die Kleider
und gelangte auf diese Weise
an des Königs Hof. Niemand
erkannte ihn, aber der Vogel
fing an zu pfeifen, das Pferd
fing an zu fressen und die
schöne Jungfrau hörte zu weinen auf.

Der König fragte verwun-
dert: »Was hat das zu bedeuten?« Da sprach die Jungfrau: »Ich weiß es
nicht, aber ich war so traurig, und nun bin ich so fröhlich. Es ist mir, als
wäre mein rechter Bräutigam gekommen.« Sie erzählte dem König alles,
was geschehen war, obgleich die andern Brüder ihr den Tod angedroht
hatten, wenn sie etwas verraten würde. Der König hieß alle Leute zu sich
rufen, die in seinem Schloß waren. Da kam auch der Jüngling als ein armer
Mann in seinen Lumpenkleidern, aber die Jungfrau erkannte ihn gleich und
fiel ihm um den Hals. Die gottlosen Brüder wurden ergriffen und bestraft,
er aber wurde mit der schönen Jungfrau vermählt und zum Erben des Königs
bestimmt.

Aber wie ist es dem armen Fuchs ergangen? Lange danach ging der
Königssohn einmal wieder in den Wald, da begegnete ihm der Fuchs und
sagte: »Du hast nun alles, was du dir wünschen kannst, aber mit meinem
Unglück will es kein Ende nehmen, und es steht doch in deiner Macht,
mich zu erlösen.« Und abermals bat er flehentlich, er möge ihn totschießen
und ihm Kopf und Pfoten abhauen. Also tat er's, und kaum war es geschehen,
so verwandelte sich der Fuchs in einen Menschen und war niemand anders
als der Bruder der schönen Königstochter, der endlich von dem Zauber,
der auf ihm lag, erlöst war. Und nun fehlte nichts mehr zu ihrem Glück,
solange sie lebten.

DIE DREI SPINNERINNEN

Es war einmal ein faules Mädchen, das wollte nicht spinnen. Die Mutter mochte sagen, was sie wollte, sie konnte es nicht dazu bringen. Endlich überkam die Mutter einmal Zorn und Ungeduld, daß sie ihm Schläge gab, worüber es laut zu weinen anfing. Nun fuhr gerade die Königin vorbei, und als sie das Weinen hörte, ließ sie anhalten, trat in das Haus und fragte die Mutter, warum sie ihre Tochter schlüge, daß man draußen auf der Straße das Schreien hörte. Da schämte sich die Frau, daß sie die Faulheit ihrer Tochter eingestehen sollte, und sprach: »Ich kann sie nicht vom Spinnen abbringen, sie will immer spinnen, und ich bin arm und kann den Flachs nicht herbeischaffen.«

Da antwortete die Königin: »Ich höre nichts lieber als spinnen und bin nie vergnügter, als wenn die Räder schnurren. Gebt mir Eure Tochter mit ins Schloß, ich habe Flachs genug, da soll sie spinnen, soviel sie Lust hat.« Die Mutter war von Herzen damit einverstanden, und die Königin nahm das Mädchen mit.

Als sie ins Schloß gekommen waren, führte sie das Mädchen hinauf zu drei Kammern, die waren von unten bis oben voll vom schönsten Flachs.

»Nun spinn mir diesen Flachs«, sprach sie, »und wenn du es fertigbringst,
so sollst du meinen ältesten Sohn zum Gemahl haben. Wenn du auch arm
bist, so acht' ich nicht darauf; dein unverdrossener Fleiß ist Ausstattung
genug.«

Das Mädchen erschrak innerlich, denn es konnte den Flachs nicht spinnen,
und wäre es dreihundert Jahre alt geworden und jeden Tag vom Morgen
bis zum Abend dabeigesessen. Als es nun allein war, fing es an zu weinen und
saß so drei Tage, ohne die Hand zu rühren. Am dritten Tage kam die Königin,
und als sie sah, daß noch nichts gesponnen war, wunderte sie sich. Aber das
Mädchen entschuldigte sich damit, daß es aus großer Trauer über die Ent-
fernung aus seiner Mutter Haus noch nicht hätte anfangen können. Dies ließ
die Königin gelten, sagte aber beim Weggehen: »Morgen mußt du zu arbeiten
anfangen!«

Als das Mädchen wieder allein war, wußte es sich nicht zu helfen und
trat in seiner Angst vor das Fenster. Da sah es drei Weiber kommen, davon
hatte die erste einen breiten Platschfuß, die zweite hatte eine so große
Unterlippe, daß sie über das Kinn herunterhing, und die dritte hatte einen
breiten Daumen. Sie blieben vor dem Fenster stehen, schauten hinauf und
fragten das Mädchen, was ihm fehle. Es klagte ihnen seine Not. Da trugen
sie ihm ihre Hilfe an und sprachen: »Willst du uns zur Hochzeit einladen,

dich unser nicht schämen und uns deine Basen heißen, auch an deinen Tisch setzen, so wollen wir dir den Flachs wegspinnen, und zwar in kurzer Zeit.«

»Von Herzen gern«, antwortete das Mädchen, »kommt nur herein und fangt gleich die Arbeit an!«

Da ließ es die drei seltsamen Weiber herein und machte in der ersten Kammer Platz, wo sie sich hinsetzten und zu spinnen begannen. Die eine zog den Faden und trat das Rad, die andere netzte den Faden, die dritte drehte ihn und schlug mit dem Finger auf den Tisch, und sooft sie schlug, fiel eine Rolle Garn zur Erde, das war aufs feinste gesponnen. Vor der Königin verbarg das Mädchen die drei Spinnerinnen und zeigte ihr, sooft sie kam, die Menge des gesponnenen Garns, daß diese des Lobes voll war. Als die erste Kammer leer war, ging's an die zweite, endlich an die dritte, und die war auch bald aufgeräumt. Nun nahmen die drei Weiber Abschied und sagten zu dem Mädchen: »Vergiß nicht, was du uns versprochen hast, es wird dein Glück sein!«

Als das Mädchen der Königin die leeren Kammern und den großen Haufen Garn zeigte, richtete sie alles zur Hochzeit her, und der Bräutigam freute sich, daß er eine so geschickte und fleißige Frau bekäme, und lobte sie gewaltig.

»Ich habe drei Basen«, sprach das Mädchen, »und da sie mir viel Gutes getan haben, so wollte ich sie nicht gern in meinem Glück vergessen; erlaubt mir doch, daß ich sie zu der Hochzeit einlade und daß sie mit an dem Tisch sitzen.«

Die Königin und der Bräutigam sprachen: »Warum sollen wir das nicht erlauben?«

Als nun das Fest begann, traten die drei Jungfern in wunderlicher Tracht herein, und die Braut sprach: »Seid willkommen, liebe Basen!«

»Ach«, sagte der Bräutigam, »wie kommst du zu diesen garstigen Verwandten?« Darauf ging er zu der mit dem breiten Platschfuß und fragte: »Wovon habt Ihr einen solchen breiten Fuß?«

»Vom Treten«, antwortete sie, »vom Treten!« Da ging der Bräutigam zur zweiten und fragte: »Wovon habt Ihr nur die herunterhängende Lippe?«

»Vom Lecken«, antwortete sie, »vom Lecken!«

Da fragte er die dritte: »Wovon habt Ihr den breiten Daumen?«

»Vom Fadendrehen«, antwortete sie, »vom Fadendrehen!«

Da erschrak der Königssohn und sprach: »Von nun an soll mir meine schöne Braut nimmermehr ein Spinnrad anrühren.«

Damit war die junge Braut das böse Flachsspinnen los.

DIE DREI FEDERN

Es war einmal ein König, der hatte drei Söhne. Davon waren zwei klug und gescheit, aber der dritte sprach nicht viel, war einfältig und hieß nur der Dummling. Als der König alt und schwach geworden war und an sein Ende dachte, wußte er nicht, welcher von seinen Söhnen nach ihm das Reich erben sollte. Da sprach er zu ihnen: »Zieht aus, und wer mir den feinsten Teppich bringt, der soll nach meinem Tod König sein.« Und damit es keinen Streit unter ihnen gab, führte er sie vor sein Schloß, blies drei Federn in die Luft und sprach: »Wie die fliegen, so sollt ihr ziehen.« Die eine Feder flog nach Osten, die andere nach Westen, die dritte flog aber geradeaus und gar nicht weit, sondern fiel bald zur Erde. Nun ging der eine Bruder rechts, der andere ging links, und sie lachten den Dummling aus, der bei der dritten Feder, da, wo sie niedergefallen war, bleiben mußte.

Der Dummling setzte sich nieder und war traurig. Da bemerkte er auf einmal, daß neben der Feder eine Falltür lag. Er hob sie in die Höhe, fand eine Treppe und stieg hinab. Da kam er vor eine andere Tür, klopfte an und hörte, wie es inwendig rief:

> »Jungfer grün und klein,
> Hutzelbein,
> Hutzelbeins Hündchen,
> hutzel hin und her,
> laß geschwind sehen,
> wer draußen wär'.«

Die Tür tat sich auf, und er sah eine große, dicke Kröte sitzen und rings um sie eine Menge kleiner Kröten. Die dicke Kröte fragte, was er wolle. Er antwortete: »Ich hätte gerne den schönsten und feinsten Teppich.«

Da rief sie eine junge und sprach:

> »Jungfer grün und klein,
> Hutzelbein,
> Hutzelbeins Hündchen,
> hutzel hin und her,
> bring mir die große Schachtel her.«

Die junge Kröte holte die Schachtel, und die dicke Kröte machte sie auf und gab dem Dummling einen Teppich daraus, so schön und so fein, wie oben auf der Erde keiner gewebt werden konnte. Da dankte er und stieg wieder hinauf.

Die beiden andern hatten aber ihren jüngsten Bruder für so albern gehalten, daß sie glaubten, er würde gar nichts finden und bringen. »Was sollen wir uns mit dem Suchen große Mühe geben«, sprachen sie, nahmen dem erstbesten Schäferweib, das ihnen begegnete, die groben Tücher vom Leib und trugen sie dem König heim.

Zu derselben Zeit kam auch der Dummling zurück und brachte seinen schönen Teppich. Als der König den sah, staunte er und sprach: »Wenn es dem Recht nach gehen soll, so gehört dem Jüngsten das Königreich.« Aber die zwei andern ließen dem Vater keine Ruhe und sagten, unmöglich könne der Dummling, dem es vor allen Dingen an Verstand fehle, König werden, und baten ihn, er möge eine neue Bedingung stellen. Da sagte der Vater: »Der soll das Reich erben, der mir den schönsten Ring bringt!« Und er führte die drei Brüder hinaus und blies drei Federn in die Luft, denen sie nachgehen sollten.

Die zwei ältesten zogen wieder nach Osten und Westen, und für den Dummling flog die Feder geradeaus und fiel neben der Falltür nieder. Da stieg er wieder hinab zu der dicken Kröte und sagte ihr, daß er den schönsten Ring brauche. Sie ließ sich gleich ihre große Schachtel holen und gab ihm daraus einen Ring, der glänzte von Edelsteinen und war so schön, wie ihn kein Goldschmied auf der Erde hätte machen können.

Die zwei ältesten lachten über den Dummling, der einen goldenen Ring suchen wollte, gaben sich gar keine Mühe, sondern schlugen einem alten Wagenring die Nägel aus und brachten ihn dem König. Als aber der Dummling seinen goldenen Ring vorzeigte, sprach der Vater abermals: »Ihm gehört das Reich.« Die zwei ältesten ließen nicht ab, den König zu quälen, bis er noch eine dritte Bedingung stellte und den Ausspruch tat, der solle das Reich haben, der die schönste Frau heimbringe. Die drei Federn blies er nochmals in die Luft, und sie flogen wie die vorigen Male.

Da ging der Dummling wieder hinab zu der dicken Kröte und sprach: »Ich soll die schönste Frau heimbringen.«

»Ei«, antwortete die Kröte, »die schönste Frau? Die ist nicht gleich zur Hand, aber du sollst sie doch haben.«

Sie gab ihm eine ausgehöhlte gelbe Rübe, mit sechs Mäuslein bespannt. Da sprach der Dummling ganz traurig: »Was soll ich damit anfangen?« Die Kröte antwortete: »Setze nur eine von meinen kleinen Kröten hinein.« Da griff er aufs Geratewohl eine aus dem Kreis und setzte sie in die gelbe Kutsche, aber kaum saß sie darin, so ward sie zu einem wunderschönen Fräulein, die Rübe zur Kutsche und die sechs Mäuslein zu Pferden. Da

162

küßte er das Mädchen, jagte mit den Pferden davon und brachte es zu dem König.

Seine Brüder kamen nach, die hatten sich gar keine Mühe gegeben, eine schöne Frau zu suchen, sondern die erstbesten Weiber mitgenommen. Als der König sie erblickte, sprach er: »Dem jüngsten gehört das Reich nach meinem Tod.« Aber die zwei ältesten betäubten die Ohren des Königs aufs neue mit ihrem Geschrei: »Wir können's nicht zugeben, daß der Dummling König wird!« Und sie verlangten, der solle den Vorzug haben, dessen Frau durch einen Ring springen könnte, der da mitten in dem Saal hing. Sie dachten: Die Bauernweiber können das gewiß, die sind stark genug, aber das zarte Fräulein springt sich tot.

Der alte König gab auch das noch zu. Da sprangen die zwei Weiber durch den Ring, waren aber so plump, daß sie fielen und ihre groben Arme und Beine entzweibrachen. Darauf sprang das schöne Fräulein, das der Dummling mitgebracht hatte, und es sprang so leicht hindurch wie ein Reh, und aller Widerspruch mußte aufhören. So erhielt der Dummling die Krone, und er hat lange in Weisheit geherrscht.

JORINDE UND JORINGEL

Es war einmal ein altes Schloß mitten in einem großen, dichten Wald. Darinnen wohnte eine alte Frau ganz allein, die war eine Erzzauberin. Am Tage machte sie sich zur Katze oder zur Nachteule, des Abends aber sah sie wieder wie ein Mensch aus. Sie konnte das Wild und die Vögel herbeilocken, und dann schlachtete sie's, kochte und briet es. Wenn jemand auf hundert Schritte dem Schloß nahe kam, mußte er stillestehen und konnte sich nicht von der Stelle bewegen, bis sie ihn lossprach. Wenn aber eine Jungfrau in diesen Kreis kam, so verwandelte sie diese in einen Vogel und sperrte sie dann in einen Korb ein und trug den Korb in eine Kammer des Schlosses. Sie hatte wohl siebentausend solcher Körbe mit diesen seltenen Vögeln im Schloß.

Nun war einmal eine Jungfrau, die hieß Jorinde. Sie war schöner als alle andern Mädchen. Diese und dann ein gar schöner Jüngling, namens Joringel, hatten sich zusammen versprochen. Sie waren in den Brauttagen, und sie hatten ihr größtes Vergnügen eins am andern. Damit sie nun einmal vertraut zusammen reden könnten, gingen sie in den Wald spazieren.

»Hüte dich«, sagte Joringel, »daß du nicht zu nahe ans Schloß kommst!« Es war ein schöner Abend, die Sonne schien zwischen den Stämmen der Bäume hell ins dunkle Grün des Waldes, und die Turteltaube sang kläglich auf den alten Maibuchen.

Jorinde weinte zuweilen, setzte sich hin im Sonnenschein und klagte; Joringel klagte auch. Sie waren so bestürzt, als hätten sie sterben sollen; denn sie hatten sich verirrt und wußten nicht, wie sie nach Hause gehen sollten. Halb stand die Sonne noch über dem Berg, und halb war sie untergegangen. Joringel spähte durchs Gebüsch und sah die alte Mauer des Schlosses nahe vor sich; er erschrak, und ihm wurde todbang. Jorinde sang:

> »Mein Vöglein mit dem Ringlein rot
> singt Leide, Leide, Leide;
> es singt dem Täublein seinen Tod,
> singt Leide, Lei — zicküt, zicküt, zicküt.«

Joringel sah nach Jorinde. Jorinde war in eine Nachtigall verwandelt, die sang: »Zicküt, zicküt.« Eine Nachteule mit glühenden Augen flog dreimal um sie herum und schrie dreimal: »Schu, hu, hu, hu.« Joringel konnte sich nicht bewegen; er stand da wie ein Stein, konnte nicht weinen, nicht reden, nicht Hand noch Fuß regen.

Nun war die Sonne untergegangen; die Eule flog in einen Strauch, und gleich darauf kam eine alte, krumme Frau aus diesem hervor, gelb und mager, mit großen, roten Augen und krummer Nase, die mit der Spitze ans Kinn reichte. Sie murmelte, fing die Nachtigall und trug sie auf der Hand fort.

Joringel konnte nichts sagen, auch nicht von der Stelle kommen; die Nachtigall war fort. Endlich kam das Weib wieder und sagte mit dumpfer Stimme: »Grüß dich, Zachiel. Wenn's Möndel ins Körbel scheint, bind los, Zachiel, zu guter Stund'!« Da wurde Joringel los. Er fiel vor dem Weib auf die Knie und bat, es möge ihm seine Jorinde wiedergeben; aber sie sagte,

er sollte sie nie wiederhaben, und ging fort. Er rief, er weinte, er jammerte, aber alles umsonst.

Joringel ging fort und kam endlich in ein fremdes Dorf. Da hütete er lange Zeit die Schafe. Oft ging er rund um das Schloß herum, aber nicht zu nahe heran. Endlich träumte er einmal des Nachts, er fände eine blutrote Blume, in deren Mitte eine schöne, große Perle war. Die Blume brach er ab und ging damit zum Schloß; alles, was er mit der Blume berührte, ward von

der Zauberei frei; auch träumte er, er hätte seine Jorinde dadurch wieder-
bekommen.

Des Morgens, als er erwachte, fing er an, durch Berg und Tal zu suchen,
ob er eine solche Blume fände; er suchte bis zum neunten Tag, da fand er
die blutrote Blume am Morgen früh. In der Mitte war ein großer Tautropfen,
so groß wie die schönste Perle. Diese Blume trug er Tag und Nacht bis zum
Schloß.

Als er auf hundert Schritte ans Schloß herangekommen war, wurde er
nicht festgebannt, sondern ging fort bis ans Tor. Joringel freute sich sehr,
berührte die Pforte mit der Blume, und sie sprang auf. Er ging hinein,
durch den Hof, horchte, wo er die vielen Vogelstimmen vernähme;
endlich hörte er sie. Er ging und fand den Saal; darin war die Zauberin und
fütterte die Vögel in den siebentausend Körben. Als sie den Joringel erblickte, wurde sie bös, sehr bös, schalt, spie Gift und Galle gegen ihn aus,
aber sie konnte nicht näher als auf zwei Schritte an ihn herankommen. Er
kehrte sich nicht an sie, ging und besah die Körbe mit den Vögeln. Da waren

166

aber viele hundert Nachtigallen, wie sollte er nun seine Jorinde wiederfinden?

Während er so herumsah, merkte er, daß die Alte heimlich ein Körbchen mit einem Vogel wegnahm und damit nach der Tür lief. Flugs sprang er hinzu, berührte das Körbchen mit der Blume und auch das alte Weib. Nun konnte sie nicht mehr zaubern, und Jorinde stand da und hatte ihn um den Hals gefaßt, so schön, wie sie ehemals war. Da machte er auch alle die anderen Vögel wieder zu Jungfrauen, und dann ging er mit seiner Jorinde nach Hause, und sie lebten lange vergnügt zusammen.

DIE ZWÖLF BRÜDER

Es war einmal ein König und eine Königin, die lebten in Frieden miteinander und hatten zwölf Kinder, das waren aber lauter Buben. Nun sprach der König zu seiner Frau: »Wenn das dreizehnte Kind ein Mädchen ist, so sollen die zwölf Knaben sterben, damit der Reichtum des Mädchens groß wird und das Königreich ihm allein zufällt.« Er ließ auch zwölf Särge machen, die waren schon mit Hobelspänen gefüllt, und in jedem lag das Totenkißchen. Dann ließ er sie in eine verschlossene Stube bringen. Hernach gab er der Königin den Schlüssel und gebot ihr, niemand etwas davon zu sagen.

Die Mutter aber saß nun den ganzen Tag und trauerte, so daß der kleinste Sohn, der immer bei ihr war, und den sie nach der Bibel Benjamin nannte, zu ihr sprach: »Liebe Mutter, warum bist du so traurig?«

»Liebstes Kind«, antwortete sie, »ich darf es dir nicht sagen.«

Er ließ ihr aber keine Ruhe, bis sie die Stube aufschloß und ihm die zwölf mit Hobelspänen schon gefüllten Totentrühlein zeigte. Darauf sprach sie: »Mein liebster Benjamin, diese Särge hat dein Vater für dich und deine elf Brüder machen lassen; denn wenn ein Mädchen kommt, so sollt ihr allesamt getötet und darin begraben werden.«

Da sie weinte, während sie das sprach, tröstete sie der Sohn und sagte: »Weine nicht, liebe Mutter, wir wollen uns schon helfen und werden einfach fortgehen.«

Sie aber sprach: »Geh mit deinen elf Brüdern hinaus in den Wald und einer setze sich immer auf den höchsten Baum und halte Wacht und schaue nach dem Turm hier im Schloß. Ist es ein Söhnlein, so will ich eine weiße Fahne aufstecken lassen, dann dürft ihr wiederkommen. Ist es ein Töchterlein, so soll es eine rote Fahne sein, dann flieht fort, so schnell ihr könnt, und der

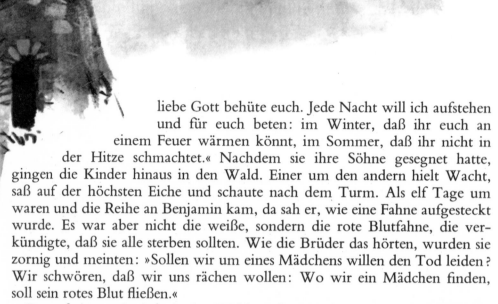

liebe Gott behüte euch. Jede Nacht will ich aufstehen und für euch beten: im Winter, daß ihr euch an einem Feuer wärmen könnt, im Sommer, daß ihr nicht in der Hitze schmachtet.« Nachdem sie ihre Söhne gesegnet hatte, gingen die Kinder hinaus in den Wald. Einer um den andern hielt Wacht, saß auf der höchsten Eiche und schaute nach dem Turm. Als elf Tage um waren und die Reihe an Benjamin kam, da sah er, wie eine Fahne aufgesteckt wurde. Es war aber nicht die weiße, sondern die rote Blutfahne, die verkündigte, daß sie alle sterben sollten. Wie die Brüder das hörten, wurden sie zornig und meinten: »Sollen wir um eines Mädchens willen den Tod leiden? Wir schwören, daß wir uns rächen wollen: Wo wir ein Mädchen finden, soll sein rotes Blut fließen.«

Darauf gingen sie tiefer in den Wald, und mittendrin, wo er am dunkelsten war, fanden sie ein kleines, verwunschenes Häuschen, das leer stand. Da sprachen sie: »Hier wollen wir wohnen, und du, Benjamin, du bist der jüngste und schwächste, du sollst daheim bleiben und den Haushalt führen. Wir andern wollen ausgehen und Essen holen.« Nun zogen sie in den Wald und schossen Hasen, Rehe, Vögel und Täubchen und was sie an jagdbarem Wild fanden. Das brachten sie dem Benjamin, der mußte es ihnen zurechtmachen, damit alle ihren Hunger stillen konnten. In dem Häuschen lebten sie zehn Jahre zusammen, und die Zeit ward ihnen nicht lang.

Das Töchterchen, das ihre Mutter, die Königin, geboren hatte, war nun herangewachsen, war gut von Herzen und schön von Angesicht und hatte einen goldenen Stern auf der Stirne. Einmal, als große Wäsche war, sah es darunter zwölf Mannshemden und fragte die Mutter: »Wem gehören diese zwölf Hemden, für den Vater sind sie doch viel zu klein?«

Da antwortete die Mutter mit schwerem Herzen: »Liebes Kind, die gehören deinen zwölf Brüdern.«

Sprach das Mädchen: »Wo sind meine zwölf Brüder? Ich habe noch niemals von ihnen gehört.«

168

Die Mutter antwortete: »Das weiß Gott, wo sie sind; sie irren in der Welt umher.«

Dann nahm sie das Mädchen, schloß ihm das Zimmer auf und zeigte ihm die zwölf Särge mit den Hobelspänen und den Totenkißchen.

»Diese Särge«, erzählte sie, »waren für deine Brüder bestimmt. Aber sie sind heimlich fortgegangen, eh du geboren warst.« Und sie berichtete ihm, wie sich alles zugetragen hatte.

Da sagte das Mädchen: »Liebe Mutter, weine nicht, ich will gehen und meine Brüder suchen.«

Nun nahm das Mädchen die zwölf Hemden und ging fort, geradewegs in den großen Wald hinein. Es ging den ganzen Tag, und am Abend kam es zu dem verwunschenen Häuschen. Da trat es ein und fand einen jungen Knaben, der fragte: »Wo kommst du her und wo willst du hin?« Er staunte, daß sie so schön war, königliche Kleider trug und einen Stern auf der Stirn hatte.

Da antwortete sie: »Ich bin eine Königstochter und suche meine zwölf Brüder, ich will gehen, so weit der Himmel blau ist, bis ich sie finde.« Sie zeigte ihm auch die zwölf Hemden, die ihnen gehörten.

Da sah Benjamin, daß es seine Schwester war, und sprach: »Ich bin Benjamin, dein jüngster Bruder.« Und sie fing an zu weinen vor Freude, und Benjamin auch, und sie küßten und herzten einander vor großer Liebe. Hernach sprach er: »Liebe Schwester, eines kann ich dir aber nicht verheimlichen: Wir hatten verabredet, daß jedes Mädchen, das uns begegnet, sterben sollte, weil wir um eines Mädchens wegen unser Königreich verlassen mußten.«

Da sagte sie: »Ich will gerne sterben, wenn ich damit meine zwölf Brüder erlösen kann.«

»Nein«, antwortete er, »du sollst nicht sterben. Setze dich unter diese Bütte, bis die elf Brüder kommen, dann will ich schon mit ihnen einig werden.« Das tat sie denn auch.

Als es Nacht wurde, kamen die andern von der Jagd, und die Mahlzeit war bereit. Während sie am Tische saßen und aßen, fragten sie: »Was gibt's Neues?« Da sprach Benjamin: »Wißt ihr nichts?«

»Nein«, antworteten sie. Und er

sprach weiter: »Ihr seid im Walde gewesen, und ich bin daheim geblieben und weiß doch mehr als ihr.«

»So erzähle uns«, riefen sie. Er antwortete: »Versprecht ihr mir auch, daß das erste Mädchen, das uns begegnet, nicht getötet werden soll?«

»Ja«, riefen sie alle, »das soll Gnade haben, erzähle uns nur.«

Da rief er: »Unsere Schwester ist da«, und hob die Bütte auf. Die Königstochter kam hervor in ihren königlichen Kleidern, mit dem goldenen Stern auf der Stirne und war so schön, zart und fein. Da freuten sie sich alle, fielen ihr um den Hals und küßten sie und hatten sie von Herzen lieb.

Nun blieb sie bei Benjamin zu Hause und half ihm bei der Arbeit. Die elf zogen in den Wald, fingen Wild, Rehe, Vögel und Täubchen, damit sie zu essen hätten, und die Schwester und Benjamin sorgten, daß es zubereitet wurde. Sie suchte Holz zum Kochen und Kräuter zum Gemüse und stellte Töpfe auf das Feuer, so daß die Mahlzeit immer fertig war, wenn die elf kamen. Sie hielt auch sonst Ordnung im Häuschen und deckte die Bettlein hübsch weiß und rein. Die Brüder waren immer zufrieden und lebten in großer Einigkeit mit ihr.

Einmal hatten die beiden daheim wieder eine gute Mahlzeit bereitet. Und wie sie nun alle beisammen waren, setzten sie sich, aßen und tranken und waren voller Freude. Es gab ein kleines Gärtchen an dem verwunschenen Häuschen, darin standen zwölf prächtige, seltsame Lilien; nun wollte sie ihren Brüdern ein Vergnügen machen; sie brach die zwölf Blumen ab und dachte, jedem eine nach dem Essen zu schenken. Wie sie aber die Blumen abgebrochen hatte, in demselben Augenblick waren die zwölf Brüder in zwölf Raben verwandelt und flogen über den Wald hin

fort, und das Haus mit dem Garten war auch verschwunden. Da war nun das arme Mädchen allein in dem wilden Wald, und als es sich umsah, stand eine alte Frau neben ihm, die sprach: »Mein Kind, was hast du angestellt? Warum hast du die zwölf weißen Lilien nicht stehenlassen? Das waren deine Brüder, die sind nun auf immer in Raben verwandelt.«

Das Mädchen sprach weinend: »Gibt es denn kein Mittel, sie zu erlösen?«

»Nein«, sagte die Alte, »es ist keins auf der ganzen Welt, außer eins, das ist aber so schwer, daß du sie damit nicht befreien wirst. Denn du mußt sieben Jahre stumm sein, darfst nicht sprechen und nicht lachen! Sprichst du ein einziges Wort oder fehlt nur eine Stunde auf die sieben Jahre, so ist alles umsonst gewesen, und deine Brüder werden von dem einen Wort getötet.«

Da sprach das Mädchen in seinem Herzen: »Ich weiß gewiß, daß ich meine Brüder erlösen werde!« Sie ging und suchte einen hohen Baum, setzte sich darauf und spann und sprach nicht und lachte nicht.

Nun geschah es einmal, daß ein König in dem Wald jagte. Der hatte einen großen Windhund, der lief zu dem Baum, wo das Mädchen saß, sprang herum, knurrte und bellte hinauf. Da kam der König herbei und sah die schöne Königstochter mit dem goldenen Stern auf der Stirne; er war so entzückt über ihre Schönheit, daß er ihr zurief, ob sie seine Gemahlin werden wolle. Sie gab keine Antwort, nickte aber ein wenig mit dem Kopf. Da stieg er selbst auf den Baum, hob sie herab, setzte sie auf sein Pferd und führte sie heim. Bald wurde die Hochzeit mit großer Pracht und Freude gefeiert; aber die Braut sprach nicht und lachte nicht.

Als sie ein paar Jahre miteinander glücklich gelebt hatten, fing die Mutter des Königs, die eine böse Frau war, an, die junge Königin zu verleumden, und sprach zum König: »Es ist ein gemeines Bettelmädchen, das du dir mitgebracht hast; wer weiß, was für gottlose Streiche sie heimlich treibt. Wenn sie stumm ist und nicht sprechen kann, so könnte sie doch einmal lachen. Aber wer nicht lacht, der hat ein böses Gewissen.«

Der König wollte zuerst nicht daran glauben, aber die Alte trieb es so lange und beschuldigte die junge Frau so vieler böser Dinge, daß der König sich endlich überreden ließ und sie zum Tod verurteilte.

Nun wurde im Hof ein großes Feuer angezündet, dort sollte sie verbrannt werden. Der König stand am Fenster und sah mit weinenden Augen zu, weil er sie noch immer lieb hatte. Als sie schon an den Pfahl festgebunden war und das Feuer mit roten Zungen an ihren Kleidern leckte, da war gerade der letzte Augenblick von den sieben Jahren verflossen. Da ließ sich in der Luft ein Geschwirr hören, zwölf Raben kamen hergezogen und senkten sich nieder. Und wie sie die Erde berührten, waren es ihre zwölf Brüder, die sie erlöst hatte. Sie rissen das Feuer auseinander, löschten die Flammen, machten ihre liebe Schwester frei und küßten und herzten sie.

Nun aber, da sie ihren Mund auftun und reden durfte, erzählte sie dem König, warum sie stumm gewesen sei und niemals gelacht habe. Der König freute sich, als er hörte, daß sie unschuldig war, und sie lebten nun alle zusammen in Einigkeit bis an ihren Tod. Die böse Stiefmutter aber wurde vor Gericht gestellt und in ein Faß gesteckt, das mit siedendem Öl und giftigen Schlangen angefüllt war, und starb eines elenden Todes.

DER BAUER UND DER TEUFEL

Ein Bauer hatte eines Tages seinen Acker bestellt und rüstete sich zur Heimfahrt, als die Dämmerung schon eingetreten war. Da erblickte er mitten auf seinem Acker einen Haufen feuriger Kohlen, und als er voll Verwunderung hinzuging, saß oben auf der Glut ein kleiner schwarzer Teufel.

»Du sitzest wohl auf einem Schatz?« fragte das Bäuerlein.

»Jawohl«, antwortete der Teufel, »auf einem Schatz, der mehr Gold und Silber enthält, als du dein Lebtag gesehen hast.«

»Der Schatz liegt auf meinem Feld und gehört daher mir«, sprach das Bäuerlein.

»Er ist dein«, antwortete der Teufel, »wenn du mir zwei Jahre lang die Hälfte von dem gibst, was dein Acker hervorbringt. Geld habe ich genug, aber ich trage Verlangen nach den Früchten der Erde.«

Das Bäuerlein ging auf den Handel ein. »Damit aber kein Streit bei der Teilung entsteht«, sprach es, »soll dir gehören, was über der Erde ist, und mir, was unter der Erde ist.« Dem Teufel gefiel der Vorschlag; aber das listige Bäuerlein hatte Rüben gesät.

Als nun die Zeit der Ernte kam, erschien der Teufel und wollte seine Frucht holen. Aber er fand nichts als die gelben, welken Blätter; und das Bäuerlein, ganz vergnügt, grub seine Rüben aus.

»Einmal hast du den Vorteil gehabt«, sprach der Teufel, »aber für das nächste Mal soll das nicht gelten.

Dein ist, was über der Erde wächst, und mein, was darunter ist.«

»Mir auch recht«, antwortete das Bäuerlein.

Als aber die Zeit zur Aussaat kam, säte das Bäuerlein nicht wieder Rüben, sondern Weizen.

Die Frucht wurde reif; das Bäuerlein ging auf den Acker und schnitt die vollen Halme bis zur Erde ab. Als der Teufel kam, fand er nichts als die Stoppeln und fuhr wütend in eine Felsenschlucht hinab.

»So muß man die Füchse prellen«, lachte das Bäuerlein, ging hin und holte sich den Schatz.

DER GEVATTER TOD

Es hatte ein armer Mann zwölf Kinder, und er mußte Tag und Nacht arbeiten, damit er ihnen nur Brot geben konnte. Als nun das dreizehnte zur Welt kam, wußte er sich in seiner Not nicht zu helfen, lief hinaus auf die große Landstraße und wollte den ersten, der ihm begegnete, zu Gevatter bitten.

Der erste, der ihm begegnete, das war der liebe Gott; der wußte schon, was der Mann auf dem Herzen hatte, und sprach zu ihm: »Armer Mann, du dauerst mich; ich will dein Kind aus der Taufe heben, will für es sorgen und es glücklich machen auf Erden.«

Der Mann sprach: »Wer bist du?«

»Ich bin der liebe Gott.«

»So begehr' ich dich nicht zu Gevatter«, sagte der Mann; »du gibst dem Reichen und lässest den Armen hungern.« Das antwortete der Mann, weil er nicht wußte, wie weise Gott Reichtum und Armut verteilt. Also wendete er sich von dem Herrn und ging weiter.

Da trat der Teufel zu ihm und sprach: »Was suchst du? Willst du mich zum Paten deines Kindes nehmen, so will ich ihm Gold in Hülle und Fülle und alle Lust der Welt dazugeben.«

Der Mann fragte: »Wer bist du?«

»Ich bin der Teufel.«

»So begehr' ich dich nicht zu Gevatter«, sprach der Mann; »du betrügst und verführst die Menschen.«

Er ging weiter. Da kam der dürrbeinige Tod auf ihn zugeschritten und sprach: »Nimm mich zu Gevatter!«

Der Mann fragte: »Wer bist du?«

»Ich bin der Tod, der alle gleichmacht.«

Da sprach der Mann: »Du bist der Rechte, du holst den Reichen wie den Armen ohne Unterschied, du sollst mein Gevattersmann sein.«

174

Der Tod antwortete: »Ich will dein Kind reich und berühmt machen, denn wer mich zum Freunde hat, dem kann's nicht fehlen.«

Der Mann sprach: »Künftigen Sonntag ist die Taufe, da stelle dich zur rechten Zeit ein.«

Der Tod erschien, wie er versprochen hatte, und stand ganz ordentlich Gevatter.

Als der Knabe älter geworden war, trat einmal der Pate ins Haus ein und hieß ihn mitgehen. Er führte ihn hinaus in den Wald, zeigte ihm ein Kraut, das da wuchs, und sprach: »Jetzt sollst du dein Patengeschenk empfangen. Ich mache dich zu einem berühmten Arzt. Wenn du zu einem Kranken gerufen wirst, so will ich dir jedesmal erscheinen: Steh ich zu Häupten des Kranken, so kannst du versprechen, du wirst ihn wieder gesund machen, und gibst du ihm dann von jenem Kraut ein, so wird er genesen; steh ich aber zu Füßen des Kranken, so ist er mein, und du mußt sagen, alle Hilfe sei umsonst und kein Arzt in der Welt könne ihn retten. Aber hüte dich, daß du das Kraut nicht gegen meinen Willen gebrauchst, es könnte dir schlimm ergehen!«

Es dauerte nicht lange, so war der Jüngling der berühmteste Arzt der ganzen Welt. »Er braucht nur den Kranken anzusehen, so weiß er schon, wie es steht, ob er wieder gesund wird oder ob er sterben muß!«, so hieß es von ihm. Und von weit und breit kamen die Leute herbei, holten ihn zu den Kranken und gaben ihm soviel Geld, daß er bald ein reicher Mann war.

Nun geschah es, daß der König erkrankte. Der Arzt wurde gerufen und sollte sagen, ob Genesung möglich wäre. Als er aber zu dem Bette trat, stand der Tod zu den Füßen des Kranken, und da war für ihn kein Kraut mehr gewachsen.

Wenn ich doch einmal den Tod überlisten könnte! dachte der Arzt. Er wird's freilich übelnehmen, aber da ich sein Patenkind bin, so drückt er vielleicht ein Auge zu; ich will's wagen. Er faßte den Kranken und legte ihn verkehrt, so daß der Tod zu dessen Häupten zu stehen kam. Dann gab er ihm von dem Kraut ein, und der König erholte sich und wurde wieder gesund.

Der Tod aber kam zu dem Arzt, machte ein böses und finsteres Gesicht, drohte mit dem Finger und sagte: »Du hast mich hinter das Licht geführt; diesmal will ich dir's nachsehen, weil du mein Patenkind bist, aber wagst du's noch einmal, so geht's dir an den Kragen, und ich nehme dich selbst mit fort!«

Bald danach verfiel die Tochter des Königs in eine schwere Krankheit. Sie war sein einziges Kind, er weinte Tag und Nacht, daß ihm die Augen erblindeten. Da ließ er bekanntmachen, wer sie vom Tode errette, der solle ihr Gemahl werden und die Krone erben. Als der Arzt zu dem Bett der Kranken kam, erblickte er den Tod zu ihren Füßen. Er hätte sich der Warnung

seines Paten erinnern sollen; aber die große Schönheit der Königstochter und das Glück, ihr Gemahl zu werden, betörten ihn so, daß er alle Gedanken in den Wind schlug. Er sah nicht, daß der Tod ihm zornige Blicke zuwarf, die Hand in die Höhe hob und mit der dürren Faust drohte. Er hob die Kranke auf und legte ihr Haupt dahin, wo die Füße gelegen waren. Dann gab er ihr das Kraut ein, und bald röteten sich die Wangen, und das Leben regte sich von neuem.

Als der Tod sich zum zweitenmal um sein Eigentum betrogen sah, ging er mit langen Schritten auf den Arzt zu und sprach: »Es ist aus mit dir, und die Reihe kommt nun an dich!«, packte ihn mit der eiskalten Hand so hart, daß er nicht widerstehen konnte, und führte ihn in eine unterirdische Höhle.

Da sah er nun, wie tausend und aber tausend Lichter in unübersehbaren Reihen brannten; einige groß, andere halbgroß, andere klein. Jeden Augenblick verloschen einige, und andere brannten wieder auf, so daß die Flämmchen in beständigem Wechsel hin und her zu hüpfen schienen.

»Siehst du«, sprach der Tod, »das sind die Lebenslichter der Menschen. Die großen gehören Kindern, die halbgroßen Eheleuten in ihren besten Jahren, die kleinen gehören Greisen. Doch auch Kinder und junge Leute haben oft nur ein kleines Lichtchen.«

»Zeig mir mein Lebenslicht!« sagte der Arzt und meinte, es wäre noch recht groß.

Der Tod deutete auf ein kleines Endchen, das eben auszugehen drohte, und sagte: »Siehst du, da ist es.«

»Ach, lieber Pate«, jammerte der erschrockene Arzt, »zündet mir ein neues an, tut mir's zuliebe, damit ich mein Leben genießen kann, König werde und Gemahl der schönen Königstochter!«

»Ich kann nicht«, antwortete der Tod, »erst muß eins verlöschen, ehe ein neues anbrennt.«

»So setzt das alte auf ein neues, das gleich weiterbrennt, wenn jenes zu Ende ist!« bat der Arzt.

Der Tod stellte sich, als ob er seinen Wunsch erfüllen wolle, und langte ein frisches, großes Licht herbei; aber weil er sich rächen wollte, gab er beim

Umstecken absichtlich nicht acht, und das Stückchen fiel um und verlosch. Im selben Augenblick sank der Arzt zu Boden und war nun selbst in die Hand des Todes geraten.

STROHHALM, KOHLE UND BOHNE

In einem Dorfe wohnte eine arme alte Frau, die hatte ein Gericht Bohnen zusammengebracht und wollte sie kochen. Sie machte also auf ihrem Herd ein Feuer zurecht, und damit es schneller brennen sollte, zündete sie es mit einer Handvoll Stroh an. Als sie die Bohnen in den Topf schüttete, entfiel ihr unbemerkt eine, die auf den Boden neben einen Strohhalm zu liegen kam; bald danach sprang auch eine glühende Kohle vom Herd zu den beiden herab.

Da begann der Strohhalm zu sprechen: »Liebe Freunde, von wo kommt ihr her?« Die Kohle antwortete: »Ich bin zum Glück dem Feuer entsprungen, und hätte ich das nicht mit Gewalt durchgesetzt, so war mir der Tod gewiß: Ich wäre zu Asche verbrannt.« Die Bohne sagte: »Ich bin auch noch mit heiler Haut davongekommen, aber hätte mich die Alte in den Topf gebracht, ich wäre ohne Barmherzigkeit zu Brei gekocht worden wie meine Kameraden.«

»Wäre mir ein besseres Schicksal zuteil geworden?« sprach das Stroh, »alle meine Brüder hat die Alte in Feuer und Rauch aufgehen lassen, sechzig hat sie auf einmal gepackt und ums Leben gebracht. Glücklicherweise bin ich ihr zwischen den Fingern durchgeschlüpft.«

»Was sollen wir aber nun anfangen?« sprach die Kohle.

»Ich meine«, antwortete die Bohne, »weil wir so glücklich dem Tode entronnen sind, so wollen wir als gute Gesellen zusammenhalten, und damit

uns hier nicht wieder ein neues Unglück ereilt, gemeinschaftlich auswandern und in ein fremdes Land ziehen.«

Der Vorschlag gefiel den beiden andern, und sie machten sich miteinander auf den Weg. Bald aber kamen sie an einen kleinen Bach, und da keine Brücke oder Steg da war, so wußten sie nicht, wie sie hinüberkommen sollten. Der Strohhalm fand guten Rat und sprach: »Ich will mich querüber legen, so könnt ihr auf mir wie auf einer Brücke hinübergehen.« Der Strohhalm streckte sich also von einem Ufer zum andern, und die Kohle, die von hitziger Natur war, trippelte auch ganz keck auf die neugebaute Brücke. Als sie aber in die Mitte gekommen war und unter sich das Wasser rauschen hörte, bekam sie doch Angst. Sie blieb stehen und getraute sich nicht weiter. Der Strohhalm aber fing an zu brennen, zerbrach in zwei Teile und fiel in den Bach. Die Kohle rutschte nach, zischte, wie sie ins Wasser kam, und gab den Geist auf. Die Bohne, die vorsichtigerweise noch auf dem Ufer zurückgeblieben war, mußte über die Geschichte lachen, konnte nicht aufhören und lachte so gewaltig, daß sie zerplatzte.

Nun wäre es ebenfalls um sie geschehen gewesen, wenn nicht zu gutem Glück ein Schneider, der auf der Wanderschaft war, sich an dem Bach ausgeruht hätte. Weil er ein mitleidiges Herz hatte, holte er Nadel und Zwirn heraus und nähte sie zusammen. Die Bohne bedankte sich bei ihm aufs schönste, aber da er schwarzen Zwirn gebraucht hatte, haben seither alle Bohnen eine schwarze Naht.

DIE STERNTALER

Es war einmal ein kleines Mädchen, dem waren Vater und Mutter gestorben. Es war so arm, daß es kein Kämmerchen mehr hatte, darin zu wohnen, und kein Bettchen mehr, darin zu schlafen, und endlich gar nichts mehr als die Kleider auf dem Leib und ein Stückchen Brot in der Hand, das ihm ein mitleidiges Herz geschenkt hatte. Es war aber gut und fromm. Und weil es so von aller Welt verlassen war, ging es im Vertrauen auf den lieben Gott hinaus ins Feld.

Da begegnete ihm ein armer Mann, der sprach: »Ach, gib mir etwas zu essen, ich bin so hungrig.« Das Mädchen reichte ihm das ganze Stückchen Brot und sagte: »Gott segne dir's!« und ging weiter. Dann kam ein Kind, das jammerte und sprach: »Es friert mich so an meinem Kopf, schenk mir etwas, womit ich ihn bedecken kann.« Da nahm es seine Mütze ab und gab sie dem Kind. Und als es noch eine Weile gegangen war, kam wieder

ein Kind, das hatte kein Leibchen an und
fror. Da gab es ihm seins. Und noch
weiter, da bat eins um ein Röcklein, das
gab es auch her.

Endlich gelangte es in einen Wald,
und es war schon dunkel geworden.
Da kam noch ein Kind und bat um
ein Hemdlein, und das fromme Mädchen dachte: Es ist dunkle Nacht, da
sieht dich niemand, du kannst wohl
dein Hemd weggeben, und zog das
Hemd aus und gab es auch noch her.

Und wie es so stand und gar nichts
mehr hatte, fielen auf einmal die Sterne
vom Himmel und waren lauter blanke
Taler; und obgleich es sein Hemdlein
weggegeben, so hatte es plötzlich
ein neues an, und das war vom
allerfeinsten Linnen. Da
sammelte es die Taler
hinein und war reich
für sein Lebtag.

DAUMERLINGS
WANDERSCHAFT

Ein Schneider hatte einen Sohn, der war klein geraten und nicht größer als ein Daumen, darum hieß er auch der Daumerling. Er hatte aber Mut im Leibe und sagte zu seinem Vater: »Vater, ich soll und muß in die Welt hinaus.«

»Recht, mein Sohn«, sprach der Alte, nahm eine lange Stopfnadel und machte am Licht einen Knoten von Siegellack daran, »da hast du auch einen Degen mit auf den Weg.«

Nun wollte das Schneiderlein noch einmal mitessen und hüpfte in die Küche, um zu sehen, was die Frau Mutter zu guter Letzt gekocht habe. Es war aber eben angerichtet, und die Schüssel stand auf dem Herd. Da sprach das Bürschlein: »Frau Mutter, was gibt's heute zu essen?«

»Schau selbst nach«, sagte die Mutter.

Da sprang Daumerling auf den Herd und guckte in die Schüssel; weil er aber den Hals zu weit hineinstreckte, faßte ihn der Dampf von der Speise und trieb ihn zum Schornstein hinaus. Eine Weile ritt er auf dem Dampf in der Luft herum, bis er endlich wieder auf die Erde herabsank. Nun war das Schneiderlein draußen in der weiten Welt, zog umher, ging auch bei einem Meister in die Arbeit, aber das Essen war ihm nicht gut genug.

»Frau Meisterin, wenn Sie uns kein besseres Essen gibt«, sagte Daumerling, »so gehe ich fort und schreibe morgen früh mit Kreide an ihre Haustür:

Kartoffel zu viel, Fleisch zu wenig,
adies, Herr Kartoffelkönig.«

»Was willst du wohl, Grashüpfer?« fragte die Meisterin, wurde bös, ergriff einen Lappen und wollte nach ihm schlagen. Aber das Schneiderlein kroch flink unter den Fingerhut, guckte unten hervor und streckte der Frau Meisterin die Zunge heraus. Sie hob den Fingerhut auf und wollte ihn packen, aber der kleine Daumerling hüpfte in die Lappen, und als die Meisterin die Lappen auseinanderwarf und ihn suchte, machte er sich in den Tischritz.

»He, he, Frau Meisterin!« rief er und steckte den Kopf in die Höhe, und wenn sie zuschlagen wollte, sprang er in die Schublade hinunter. Endlich aber erwischte sie ihn doch und jagte ihn zum Haus hinaus.

Das Schneiderlein wanderte und kam in einen großen Wald. Da begegnete ihm ein Haufen Räuber, die hatten vor, des Königs Schatz zu stehlen. Als sie das Schneiderlein sahen, dachten sie: So ein kleiner Kerl kann durch ein Schlüsselloch kriechen und uns als Dietrich dienen.

»Heda!« rief einer, »du Riese Goliath, willst du mit zur Schatzkammer gehen? Du kannst dich leicht hineinschleichen und das Geld herauswerfen.«

Der Daumerling besann sich, endlich sagte er ja und ging mit zu der Schatzkammer. Da besah er die Tür oben und unten, ob kein Ritz darin wäre. Bald entdeckte er einen, der breit genug war, ihn einzulassen. Er wollte auch gleich hindurch, aber eine von den beiden Schildwachen, die vor der Tür standen, bemerkte ihn und sprach zu der andern: »Was kriecht da für eine häßliche Spinne? Ich will sie tottreten.«

»Laß das arme Tier gehen«, sagte die andere, »es hat dir ja nichts getan.«

Nun kam der Daumerling durch den Ritz glücklich in die Schatzkammer, öffnete das Fenster, unter dem die Räuber standen, und warf ihnen einen Taler nach dem andern hinaus. Als das Schneiderlein in der besten Arbeit war, hörte es den König kommen, der seine Schatzkammer besehen wollte, und verkroch sich eilig. Der König merkte, daß viele harte Taler fehlten, konnte aber nicht begreifen, wer sie gestohlen haben sollte, da Schlösser und Riegel in gutem Zustand waren und alles wohlverwahrt schien. Da ging er wieder fort und sprach zu den zwei Wachen: »Gebt acht, es ist einer hinter dem Geld.«

Als der Daumerling nun seine Arbeit von neuem anfing, hörten sie das Geld drinnen sich regen und klingen, klipp, klapp, klipp, klapp! Sie sprangen geschwind hinein und wollten den Dieb ergreifen. Aber das Schneiderlein, das sie kommen hörte, war noch geschwinder, sprang in eine Ecke und deckte einen Taler über sich, so daß nichts von ihm zu sehen war; dabei neckte es noch die Wachen und rief: »Hier bin ich!«

Die Wachen liefen dahin; als sie aber ankamen, war der Schneider schon in eine andere Ecke unter einen Taler gehüpft und rief: »He, hier bin ich!« Die Wachen sprangen eilends herbei, Daumerling war aber längst in einer dritten Ecke und rief: »He, hier bin ich!«

Und so hielt er sie zum Narren und trieb sie so lange in der Schatzkammer herum, bis sie müde waren und davongingen. Nun warf das Schneiderlein die Taler nach und nach alle hinaus; den letzten schnellte es mit aller Macht empor, hüpfte dann hurtig selber noch darauf und flog mit ihm durchs Fenster hinab.

Die Räuber machten ihm große Lobsprüche: »Du bist ein gewaltiger Held«, sagten sie, »willst du unser Hauptmann werden?« Daumerling bedankte sich aber und sagte, er wolle erst die Welt sehen. Sie teilten nun die Beute, das Schneiderlein aber verlangte nur einen Kreuzer, weil es nicht mehr tragen konnte.

Darauf schnallte der Daumerling seinen Degen wieder um den Leib, sagte den Räubern guten Tag und ging seines Weges. Er nahm bei einigen Meistern Arbeit, aber sie wollte ihm nicht schmecken. Endlich verdingte er sich als Hausknecht in einem Gasthof. Die Mägde aber konnten ihn nicht leiden. Denn ohne daß sie ihn sehen konnten, sah er alles, was sie heimlich taten, und gab bei der Herrschaft an, was sie sich von Tellern genommen und aus dem Keller für sich weggeholt hatten.

Da sprachen sie: »Wart, wir wollen dir's zeigen!« und verabredeten untereinander, ihm einen Schabernack anzutun. Als die eine Magd bald hernach im Garten mähte und den Daumerling da herumspringen und an den Kräutern auf und ab kriechen sah, mähte sie ihn mit dem Gras schnell zusammen, band alles in ein großes Tuch und warf es heimlich den Kühen vor. Nun war eine große, schwarze darunter, die schluckte ihn mit hinab, ohne ihm weh zu tun.

Unten gefiel's ihm aber schlecht, denn es war da ganz finster und brannte auch kein Licht. Als die Kuh gemelkt wurde, rief er:

»Strip, strap, stroll,
ist der Eimer bald voll?«

Doch bei dem Geräusch des Melkens wurde er nicht verstanden. Hernach trat der Hausherr in den Stall und sprach: »Morgen soll die Kuh geschlachtet werden.«

183

Da wurde dem Daumerling angst, daß er mit heller Stimme rief: »Laßt mich erst heraus, ich sitze ja drin!«

Der Herr hörte das wohl, wußte aber nicht, wo die Stimme herkam. »Wo bist du?« fragte er.

»In der schwarzen«, antwortete er, aber der Herr verstand nicht, was das heißen sollte, und ging fort.

Am andern Morgen wurde die Kuh geschlachtet. Glücklicherweise traf bei dem Zerlegen den Daumerling kein Hieb, aber er geriet unter das Wurstfleisch. Als nun der Metzger herbeitrat und seine Arbeit anfing, schrie er aus Leibeskräften: »Hackt nicht zu tief, hackt nicht zu tief, ich stecke ja drunter!« Bei dem Lärm der Hackmesser hörte das kein Mensch.

Nun hatte der arme Daumerling seine Not, aber die Not macht Beine, und da sprang er so geschickt zwischen den Hackmessern durch, daß ihn keins anrührte und er mit heiler Haut davonkam. Aber entspringen konnte

er auch nicht. Es gab keinen andern Ausweg, er mußte sich mit den Speck-
brocken in eine Blutwurst hineinstopfen lassen.

Da war das Quartier etwas eng, und dazu wurde er noch in den Schornstein zum Räuchern aufgehängt, wo ihm die Zeit gewaltig lang wurde.
Endlich im Winter wurde er heruntergeholt, weil die Wurst einem Gast
vorgesetzt werden sollte. Als nun die Frau Wirtin die Wurst in Scheiben
schnitt, nahm er sich in acht, daß er den Kopf nicht zu weit vorstreckte, damit
ihm nicht etwa der Hals abgeschnitten würde. Endlich erkannte er seinen
Vorteil, machte sich Luft und sprang heraus.

In dem Hause aber, wo es ihm so übel ergangen war, wollte das Schneiderlein nicht länger mehr bleiben, sondern begab sich gleich wieder auf die
Wanderschaft. Doch seine Freiheit dauerte nicht lange. Auf dem offenen
Feld kam der Kleine einem Fuchs in den Weg, der schnappte ihn in Gedanken auf.

»Ei, Herr Fuchs«, rief das Schneiderlein, »ich bin's ja, der in Eurem Halse steckt, laßt mich wieder frei!«

»Du hast recht«, antwortete der Fuchs, »an dir habe ich soviel wie nichts; versprichst du mir die Hühner in deines Vaters Hof, so will ich dich loslassen.«

»Von Herzen gern«, antwortete der Daumerling, »die Hühner sollst du alle haben, das gelobe ich dir.«

Da ließ ihn der Fuchs wieder los und trug ihn selber heim. Als der Vater sein liebes Söhnlein wiedersah, gab er dem Fuchs gern alle die Hühner, die er hatte.

»Dafür bring ich dir auch ein schönes Stück Geld mit«, sprach der Daumerling und reichte ihm den Kreuzer, den er auf seiner Wanderschaft erworben hatte.

»Warum hat aber der Fuchs die armen Piephühner zu fressen gekriegt?«

»Ei, du Narr, deinem Vater wird wohl sein Kind lieber sein als die Hühner auf dem Hof!«

DER TEUFEL MIT DEN DREI
GOLDENEN HAAREN

Es war einmal eine arme Frau, die bekam ein Söhnlein, und weil es eine Glückshaut umhatte, als es zur Welt kam, so wurde ihm geweissagt, es werde im vierzehnten Jahr die Tochter des Königs zur Frau haben.

Bald darauf kam der König ins Dorf, und niemand wußte, daß es der König war. Als er die Leute fragte, was es Neues gäbe, antworteten sie:

»Es ist in diesen Tagen ein Kind mit einer Glückshaut geboren worden. Was so ein Kind unternimmt, das schlägt ihm zum Glück aus. Es ist ihm auch vorausgesagt worden, es solle in seinem vierzehnten Jahr die Tochter des Königs zur Frau haben.«

Der König, der ein böses Herz hatte und sich über die Weissagung ärgerte, ging zu den Eltern, tat ganz freundlich und sagte: »Ihr armen Leute, überlaßt mir euer Kind, ich will für es sorgen.«

Anfangs weigerten sie sich. Da aber der fremde Mann schweres Gold dafür bot und sie dachten: Es ist ein Glückskind, es muß doch zu seinem Besten sein, so willigten sie endlich ein und gaben ihm das Kind.

Der König legte es in eine Schachtel und ritt damit weiter, bis er zu einem tiefen Wasser kam. Da warf er die Schachtel hinein und dachte: Den un-

erwarteten Freier wäre meine Tochter los! Die Schachtel aber ging nicht
unter, sondern schwamm wie ein Schifflein, und es drang auch kein Tröpfchen
Wasser hinein. So schwamm sie bis zwei Meilen vor des Königs Hauptstadt,
wo eine Mühle war, an deren Wehr sie hängenblieb. Ein Müllerbursche, der
glücklicherweise dastand und sie bemerkte, zog sie mit einem Haken heran
und meinte, große Schätze zu finden. Als er die Schachtel aufmachte, lag ein
schöner Knabe darin, der ganz frisch und munter war. Er brachte ihn zu den
Müllersleuten, und weil diese keine Kinder hatten, freuten sie sich und sprachen:
»Gott hat ihn uns beschert.« Sie pflegten den Findling gut, und er wuchs in
allen Tugenden heran.

Es geschah, daß der König einmal bei einem Gewitter in die Mühle trat und
die Müllersleute fragte, ob der große Junge ihr Sohn sei.

»Nein«, antworteten sie, »er ist ein Findling. Er ist vor vierzehn Jahren in
einer Schachtel ans Wehr geschwommen, und der Müllerbursche hat ihn aus
dem Wasser gezogen.«

Da merkte der König, daß es niemand anders als das Glückskind war, das
er ins Wasser geworfen hatte, und sprach: »Ihr guten Leute, könnte der Junge
nicht einen Brief an die Frau Königin bringen, ich will ihm zwei Goldstücke
zum Lohn geben.«

»Wie der Herr König gebietet«, antworteten die Leute und hießen den
Jungen sich bereithalten.

Da schrieb der König einen Brief an die Königin, worin stand: »Sobald der
Knabe mit diesem Schreiben angelangt ist, soll er getötet und begraben werden,
und das alles soll geschehen sein, ehe ich zurückkomme.«

Der Knabe machte sich mit diesem Brief auf den Weg, verirrte sich aber
und kam abends in einen großen Wald. In der Dunkelheit sah er ein kleines

Licht, ging darauf zu und gelangte zu einem Häuschen. Als er eintrat, saß eine alte Frau beim Feuer ganz allein. Sie erschrak, als sie den Knaben erblickte, und sprach: »Wo kommst du her und wo willst du hin?«

»Ich komme von der Mühle«, antwortete er, »und will zur Frau Königin, der ich einen Brief bringen soll. Weil ich mich aber in dem Walde verirrt habe, so wollte ich hier gern übernachten.«

»Du armer Junge«, sprach die Frau, »du bist in ein Räuberhaus geraten, und wenn die Räuber heimkommen, so bringen sie dich um.«

»Mag kommen, wer will«, sagte der Junge, »ich fürchte mich nicht. Ich bin aber so müde, daß ich nicht weiterkann«, streckte sich auf eine Bank und schlief ein. Bald hernach kamen die Räuber und fragten zornig, was da für ein fremder Knabe liege.

»Ach«, sagte die Alte, »er ist ein unschuldiges Kind. Er hat sich im Walde verirrt, und ich habe ihn aus Barmherzigkeit aufgenommen; er soll einen Brief an die Frau Königin bringen.«

Die Räuber erbrachen den Brief und lasen ihn; und es stand darin, daß der Knabe sogleich, wie er ankäme, ums Leben gebracht werden sollte. Da empfanden die hartherzigen Räuber Mitleid, und der Anführer zerriß den Brief und schrieb einen anderen; und es stand darin, sowie der Knabe ankäme, sollte er sogleich mit der Königstochter vermählt werden. Sie ließen ihn dann ruhig bis zum andern Morgen auf der Bank liegen, und als er aufgewacht war, gaben sie ihm den Brief und zeigten ihm den rechten Weg.

Als die Königin aber den Brief empfangen und gelesen hatte, tat sie, wie darin stand, ließ ein prächtiges Hochzeitsfest vorbereiten, und die Königstochter wurde mit dem Glückskind vermählt. Da der Jüngling schön und freundlich war, lebte sie vergnügt und zufrieden mit ihm.

Nach einiger Zeit kam der König wieder in sein Schloß und sah, daß die Weissagung erfüllt und das Glückskind mit seiner Tochter vermählt war. »Wie ist das zugegangen?« sprach er. »Ich habe in meinem Brief einen ganz anderen Befehl erteilt.«

Da reichte ihm die Königin den Brief und sagte, er möge selbst lesen, was darin stehe. Der König las den Brief und merkte gleich, daß er mit einem andern vertauscht worden war. Er fragte den Jüngling, wie es mit dem ihm anvertrauten Briefe zugegangen sei, warum er einen andern dafür gebracht habe.

»Ich weiß von nichts«, antwortete er, »er muß mir in der Nacht vertauscht worden sein, als ich im Walde geschlafen habe.«

Voll Zorn sprach der König: »So leicht soll es dir nicht werden. Wer meine Tochter haben will, der muß mir aus der Hölle drei goldene Haare von dem Haupte des Teufels holen. Bringst du mir, was ich verlange, so darfst du meine Tochter behalten.« Damit hoffte der König ihn auf immer loszuwerden.

Das Glückskind aber antwortete: »Die goldenen Haare will ich gern holen, ich fürchte mich vor dem Teufel nicht.« Darauf nahm er Abschied und begann seine Wanderschaft.

Der Weg führte ihn zu einer großen Stadt, wo ihn der Wächter an dem Tor ausfragte, was für ein Gewerbe er verstehe und was er wisse. »Ich weiß alles«, antwortete das Glückskind. »So kannst du uns einen Gefallen tun«, sagte der Wächter, »wenn du uns erklärst, warum unser Marktbrunnen, aus dem sonst Wein quoll, trocken geworden ist und nicht einmal mehr Wasser gibt.«

»Das sollt ihr erfahren«, antwortete er, »wartet nur, bis ich wiederkomme.« Dann ging er weiter und kam in eine andere Stadt. Da fragte der Torwächter wiederum, was für ein Gewerbe er verstehe und was er wisse. »Ich weiß alles«, antwortete er. »So kannst du uns einen Gefallen tun und uns erklären, warum ein Baum in unserer Stadt, der sonst goldene Äpfel trug, jetzt nicht einmal Blätter hervortreibt.«

»Das sollt ihr erfahren«, antwortete er, »wartet nur, bis ich wiederkomme.« Dann ging er weiter und kam an ein großes Wasser, über das er hinüber mußte. Der Fährmann fragte ihn, was er für ein Gewerbe verstehe und was er wisse. »Ich weiß alles«, antwortete er. »So kannst du mir einen Gefallen tun«, sprach der Fährmann, »und mir erklären, warum ich immer hin- und herfahren muß und niemals abgelöst werde.«

»Das sollst du erfahren«, antwortete er, »warte nur, bis ich wiederkomme.«

Als er über das Wasser gefahren war, fand er den Eingang zur Hölle. Es war schwarz und rußig darin, und der Teufel war nicht zu Haus, aber seine Großmutter saß da in einem breiten Sorgenstuhl. »Was willst du?« sprach sie zu ihm, sah aber gar nicht so böse aus.

»Ich wollte gerne drei goldene Haare von des Teufels Kopf«, antwortete er, »sonst kann ich meine Frau nicht behalten.«

»Das ist viel verlangt«, sagte sie. »Wenn der Teufel heimkommt und findet dich, so geht's dir an den Kragen; aber du dauerst mich, ich will sehen, ob ich dir helfen kann.« Sie verwandelte ihn in eine Ameise und sprach: »Kriech in meine Rockfalten, da bist du sicher.«

»Ja«, antwortete er, »das ist schon gut, aber drei Dinge möchte ich noch gerne wissen: Warum ein Brunnen, aus dem sonst Wein quoll, trocken geworden ist und jetzt nicht einmal mehr Wasser gibt; warum ein Baum, der sonst goldene Äpfel trug, nicht einmal mehr Laub treibt; und warum ein Fährmann herüber und hinüber fahren muß und nicht abgelöst wird.«

»Das sind schwere Fragen«, antwortete sie, »aber halte dich nur still und ruhig und gib acht, was der Teufel spricht, wenn ich ihm die drei goldenen Haare ausreiße!«

Als der Abend anbrach, kam der Teufel nach Haus. Kaum war er eingetreten, merkte er, daß die Luft nicht rein war. »Ich rieche, rieche Menschenfleisch«, sagte er, »es ist hier nicht richtig.« Dann guckte er in alle Ecken und suchte, konnte aber nichts finden.

Die Großmutter schalt ihn aus: »Eben erst ist gekehrt und alles in Ordnung gebracht worden, nun wirfst du mir's wieder durcheinander; immer hast du Menschenfleisch in der Nase! Setz dich nieder und iß dein Abendbrot!«

Als er gegessen und getrunken hatte, war er müde, legte der Großmutter seinen Kopf in den Schoß und sagte, sie solle ihn ein wenig lausen. Es dauerte nicht lange, so schlummerte er ein, blies und schnarchte. Da faßte die Alte ein goldenes Haar, riß es aus und legte es neben sich.

»Autsch!« schrie der Teufel, »was tust du?«

»Ich habe einen schweren Traum gehabt«, antwortete die Großmutter, »da habe ich dir in die Haare gefaßt.«

»Was hat dir denn geträumt?« fragte der Teufel.

»Mir hat geträumt, ein Marktbrunnen, aus dem sonst Wein quoll, sei versiegt, und es habe nicht einmal mehr Wasser daraus quellen wollen; was ist wohl schuld daran?«

»He, wenn sie's wüßten!« antwortete der Teufel. »Es sitzt eine Kröte unter einem Stein im Brunnen, wenn sie die töten, so wird der Wein schon wieder fließen.«

191

Die Großmutter lauste ihn weiter, bis er einschlief und schnarchte, daß die Fenster zitterten. Da riß sie ihm das zweite Haar aus.

»Hu! was machst du?« schrie der Teufel zornig.

»Nimm's nicht übel«, antwortete sie, »ich habe es im Traum getan.«

»Was hat dir wieder geträumt?« fragte er.

»Mir hat geträumt, in einem Königreich stände ein Obstbaum, der hätte sonst goldene Äpfel getragen und wollte jetzt nicht einmal Laub treiben. Was ist wohl die Ursache davon?«

»He, wenn sie's wüßten!« antwortete der Teufel. »An der Wurzel nagt eine Maus, wenn sie die töten, so wird er wieder goldene Äpfel tragen, nagt sie aber noch länger, so verdorrt der Baum gänzlich. Aber laß mich mit deinen Träumen in Ruhe! Wenn du mich noch einmal im Schlafe störst, so kriegst du eine Ohrfeige.«

Die Großmutter sprach ihm gut zu und lauste ihn wieder, bis er eingeschlafen war und schnarchte. Da faßte sie das dritte goldene Haar und riß es ihm aus. Der Teufel fuhr in die Höhe, schrie und wollte übel mit ihr schelten, aber sie besänftigte ihn nochmals und sprach: »Wer kann für böse Träume!«

»Was hat dir denn geträumt?« fragte er und war doch neugierig.

»Mir hat von einem Fährmann geträumt, der sich beklagte, daß er immer hin- und herfahren müßte und nicht abgelöst würde. Was ist wohl schuld?«

»He, der Dummkopf!« antwortete der Teufel. »Wenn einer kommt und will überfahren, so muß er ihm das Ruder in die Hand geben, dann muß der andere arbeiten, und er ist frei.«

Da die Großmutter ihm die drei goldenen Haare ausgerissen hatte und die drei Fragen beantwortet waren, so ließ sie den alten Drachen in Ruhe, und er schlief, bis der Tag anbrach.

Als der Teufel wieder fortgezogen war, holte die Alte die Ameise aus der Rockfalte und gab dem Glückskind die menschliche Gestalt zurück.

»Da hast du die drei goldenen Haare«, sprach sie. »Was der Teufel zu deinen drei Fragen gesagt hat, wirst du wohl gehört haben.«

»Ja«, antwortete er, »ich habe es gehört und will's gut behalten.«

»So ist dir geholfen«, sagte sie, »und nun kannst du deiner Wege ziehen.«

Er bedankte sich bei der Alten für die Hilfe in der Not, verließ die Hölle und war vergnügt, daß ihm alles so gut geglückt war. Als er zu dem Fährmann kam, sollte er ihm die versprochene Antwort geben.

»Fahr mich erst hinüber«, sprach das Glückskind, »so will ich dir sagen, wie du erlöst wirst.« Und als er auf dem jenseitigen Ufer angelangt war, gab er ihm des Teufels Rat: »Wenn wieder einer kommt und will übergefahren sein, so gib ihm nur das Ruder in die Hand.«

Er ging weiter und kam zu der Stadt, worin der unfruchtbare Baum stand und wo der Wächter auch Antwort haben wollte. Da sagte er ihm,

wie er vom Teufel gehört hatte: »Tötet die Maus, die an seiner Wurzel nagt, so wird er wieder goldene Äpfel tragen.« Da dankte ihm der Wächter und gab ihm zur Belohnung zwei mit Gold beladene Esel, die mußten ihm nachfolgen.

Zuletzt kam er zu der Stadt, deren Brunnen versiegt war. Da sprach er zu dem Wächter, wie der Teufel gesprochen hatte: »Es sitzt eine Kröte im Brunnen unter einem Stein, die müßt ihr fangen und töten, so wird er wieder reichlich Wein geben.« Der Wächter dankte und gab ihm ebenfalls zwei mit Gold beladene Esel.

Endlich langte das Glückskind daheim bei seiner Frau an, die sich herzlich freute, als sie ihn wiedersah und hörte, wie gut ihm alles gelungen war. Dem König brachte er, was er verlangt hatte: die drei goldenen Haare des Teufels. Und als dieser die vier Esel mit dem vielen Gold sah, wurde er ganz vergnügt und sprach: »Nun sind alle Bedingungen erfüllt, und du kannst meine Tochter behalten. Aber, lieber Schwiegersohn, sage mir doch, woher ist das viele Gold? Das sind ja gewaltige Schätze!«

»Ich bin über einen Fluß gefahren«, antwortete er, »und da habe ich es mitgenommen, es liegt dort statt des Sandes am Ufer.«

»Kann ich mir auch davon holen?« sprach der König und war ganz begierig.

»Soviel Ihr nur wollt«, antwortete er; »es ist ein Fährmann auf dem Fluß, von dem laßt Euch überfahren, dann könnt Ihr drüben Eure Säcke füllen.«

Der habsüchtige König machte sich in aller Eile auf den Weg, und als er zu dem Fluß kam, winkte er dem Fährmann, der sollte ihn übersetzen. Der Fährmann kam und hieß ihn einsteigen, und als sie an das jenseitige Ufer kamen, gab er ihm die Ruderstange in die Hand und sprang davon. Der König aber mußte von nun an zur Strafe fahren für seine Sünden.

DIE KLUGE ELSE

Es war ein Mann, der hatte eine Tochter, die hieß die kluge Else. Als sie nun erwachsen war, sprach der Vater: »Wir wollen sie verheiraten.«

»Ja«, sagte die Mutter, »wenn nur einer käme, der sie haben wollte!«

Endlich kam einer von weit her, der hieß Hans, und hielt um sie an. Er machte aber die Bedingung, daß die kluge Else auch recht gescheit wäre.

»Oh«, sprach der Vater, »die hat Zwirn im Kopf«, und die Mutter sagte: »Ach, die sieht den Wind auf der Gasse laufen und hört die Fliegen husten.«

»Ja«, sprach der Hans, »wenn sie nicht recht gescheit ist, so nehm' ich sie nicht.«

Als sie nun bei Tische saßen und gegessen hatten, sprach die Mutter: »Else, geh in den Keller und hol Bier.« Da nahm die kluge Else den Krug von der Wand, ging in den Keller und klappte unterwegs brav mit dem Deckel, damit ihr die Zeit ja nicht lang würde. Als sie unten war, holte sie ein Stühlchen und stellte es vors Faß, damit sie sich nicht zu bücken brauchte und ihrem Rücken nicht etwa wehe täte und unverhofften Schaden nähme. Dann stellte sie die Kanne vor sich hin und drehte den Hahn auf. Während der Zeit, da das Bier hineinlief, wollte sie aber ihre Augen nicht müßig lassen, sah oben an die Wand hinauf und erblickte nach vielem Hin- und Herschauen eine Kreuzhacke gerade über sich, die die Maurer da aus Versehen hatten stecken lassen.

Da fing die kluge Else an zu weinen und sprach: »Wenn ich den Hans kriege und wir bekommen ein Kind und das ist groß und wir schicken das Kind in den Keller, daß es hier Bier zapfen soll, so fällt ihm die Kreuzhacke auf den Kopf und schlägt's tot.« Da saß sie und weinte und schrie aus Leibeskräften über das bevorstehende Unglück. Die oben warteten auf den Trunk, aber die kluge Else kam noch immer nicht.

Da sprach die Frau zur Magd: »Geh doch hinunter in den Keller und sieh, wo die Else bleibt.« Die Magd ging und fand sie vor dem Fasse sitzen und laut weinen.

»Else, was weinst du?« fragte die Magd.

»Ach«, antwortete sie, »soll ich nicht weinen? Wenn ich den Hans kriege, und wir bekommen ein Kind, und das ist groß und soll hier Bier abzapfen, so fällt ihm vielleicht die Kreuzhacke auf den Kopf und schlägt es tot.«

Da sprach die Magd: »Was haben wir für eine kluge Else!«, setzte sich zu ihr und fing auch an, über das Unglück zu weinen.

Als die Magd nicht wiederkam und die droben durstig auf den Trunk warteten, sprach der Mann zum Knecht: »Geh doch hinunter in den Keller und sieh, wo die Else und die Magd bleiben.« Der Knecht ging hinab; da saßen die kluge Else und die Magd und weinten beide zusammen. Da fragte er: »Was weint ihr denn?«

»Ach«, sprach die Else, »soll ich nicht weinen? Wenn ich den Hans kriege, und wir bekommen ein Kind, und das ist groß und soll hier Bier abzapfen, so fällt ihm die Kreuzhacke auf den Kopf und schlägt es tot.«

Da sprach der Knecht: »Was haben wir für eine kluge Else!«, setzte sich zu ihr und fing auch an, laut zu heulen.

Oben warteten sie auf den Knecht; als er aber nicht kam, sprach der Mann zur Frau: »Geh doch hinunter in den Keller und sieh, wo die Else bleibt.« Die Frau ging hinab und fand alle drei in Wehklagen und fragte nach der Ursache. Da erzählte ihr die Else auch, daß ihr zukünftiges Kind wohl von der Kreuzhacke totgeschlagen werden würde, wenn es erst groß wäre und Bier zapfen sollte, und wenn dabei die Kreuzhacke herabfiele.

Da sprach die Mutter gleichfalls: »Ach, was haben wir für eine kluge Else!«, setzte sich hin und weinte mit.

Der Mann oben wartete noch ein Weilchen. Als aber seine Frau nicht wiederkam und sein Durst immer stärker wurde, sprach er: »Ich muß nun selbst in den Keller gehen und sehen, wo die Else bleibt.« Als er aber in den Keller kam und alle da beieinandersaßen und weinten, und er die Ursache hörte, daß das Kind der Else schuld wäre, das sie vielleicht einmal zur Welt brächte und von der Kreuzhacke könnte totgeschlagen werden, wenn es gerade in dem Augenblick, wo sie herabfiele, darunter säße, Bier zu zapfen, da rief er: »Was für eine kluge Else!«, setzte sich und weinte auch mit.

Der Bräutigam blieb lange oben allein; da niemand wiederkommen wollte, dachte er: Sie werden unten auf dich warten, du mußt auch hingehen und sehen, was sie vorhaben. Als er hinabkam, saßen da fünf Personen und schrien und jammerten ganz erbärmlich, einer immer lauter als der andere. »Was für ein Unglück ist denn geschehen?« fragte er.

»Ach, lieber Hans«, sprach die Else, »wenn wir einander heiraten und haben ein Kind, und es ist groß, und wir schicken's vielleicht hierher, Bier zu zapfen, da kann ihm ja die Kreuzhacke, die da oben steckengeblieben ist,

wenn sie herabfallen sollte, den Kopf zerschlagen, daß es liegenbleibt; sollen wir da nicht weinen?«

»Nun«, sprach Hans, »mehr Verstand ist für meinen Haushalt nicht nötig. Weil du so eine kluge Else bist, will ich dich zur Frau haben«, packte sie bei der Hand und nahm sie mit hinauf und hielt Hochzeit mit ihr.

Als sie den Hans eine Weile als Mann hatte, sprach er: »Frau, ich will auf Arbeit ausgehen und Geld verdienen, geh du ins Feld und schneide das Korn, daß wir Brot haben.«

»Ja, mein lieber Hans, das will ich tun.«

Nachdem der Hans fort war, kochte sie sich einen guten Brei und nahm ihn mit ins Feld. Als sie zum Acker kam, sprach sie zu sich selbst: »Was tu' ich? Schneid' ich eher, oder ess' ich eher? Hei, ich will erst essen!« Nun aß sie ihren Topf mit Brei aus, und als sie satt und voll war, sprach sie wieder:

196

»Was tu' ich? Schneid' ich eher, oder schlaf' ich eher? Hei, ich will erst schlafen!«
Da legte sie sich ins Korn und schlief ein.

Der Hans war längst zu Haus, aber die Else wollte nicht kommen. Da
sprach er: »Was hab' ich für eine kluge Else; die ist so fleißig, daß sie nicht
einmal nach Haus kommt und ißt!« Als sie aber noch immer ausblieb und
es Abend wurde, ging der Hans hinaus und wollte sehen, was sie geschnitten
hätte. Aber es war nichts geschnitten worden, sondern sie lag im Korn und
schlief.

Da eilte Hans geschwind heim, holte ein Vogelgarn mit kleinen Schellen
und hängte es um sie herum; und sie schlief noch immerfort. Dann lief er
heim, schloß die Haustür zu und setzte sich auf seinen Stuhl und arbeitete.

Endlich, als es schon ganz dunkel war, erwachte die kluge Else, und als
sie aufstand, rappelte es um sie herum, und die Schellen klingelten bei jedem
Schritt, den sie tat. Da erschrak sie, wußte nicht, ob sie auch wirklich die
kluge Else sei, und sprach: »Bin ich's, oder bin ich's nicht?«

Sie wußte aber nicht, was sie darauf antworten sollte, und stand eine Zeitlang
zweifelnd da. Endlich dachte sie: Ich will nach Haus gehen und fragen, ob
ich's bin, oder ob ich's nicht bin, die werden's ja wissen.

Sie lief zu ihrer Haustür, aber die war verschlossen. Da klopfte sie ans
Fenster und rief: »Hans, ist die Else drinnen?«

»Ja«, antwortete Hans, »sie ist drinnen.«

Da erschrak sie und sprach: »Ach Gott, dann bin ich's nicht!« und ging
vor eine andere Tür. Als aber die Leute das Klingeln der Schellen hörten,
wollten sie nicht aufmachen, und sie konnte nirgends unterkommen. Da
lief sie fort zum Dorf hinaus, und niemand hat sie wiedergesehen.

DAUMESDICK

E s war ein armer Bauersmann, der saß abends beim Herd und schürte das
Feuer, und die Frau saß und spann. Da sprach er: »Wie ist's so traurig,
daß wir keine Kinder haben! Es ist so still bei uns, und in den andern Häusern
ist's so laut und lustig.«

»Ja«, antwortete die Frau und seufzte, »wenn's nur ein einziges wäre und
wenn's auch ganz klein wäre, nur daumengroß, so wollt' ich schon zufrieden
sein; wir hätten's doch von Herzen lieb.«

Nun geschah es, daß die Frau kränklich wurde und nach sieben Monaten
ein Kind bekam, das zwar an allen Gliedern vollkommen, aber nicht größer
als ein Daumen war. Da sprachen sie: »Es ist, wie wir es gewünscht haben,

und es soll unser liebes Kind sein«, und nannten es nach seiner Gestalt Daumesdick. Sie ließen's nicht an Nahrung fehlen, aber das Kind wurde nicht größer,
sondern blieb, wie es in der ersten Stunde gewesen war; doch schaute es
verständig aus den Augen und zeigte sich bald als ein kluges und flinkes Ding,
dem alles glückte, was es anfing.

Der Bauer machte sich eines Tages fertig, in den Wald zu gehen und Holz
zu fällen. Da sprach er so vor sich hin: »Nun wollt' ich, daß einer da wäre,
der mir den Wagen nachbrächte!«

»O Vater«, rief Daumesdick, »den Wagen will ich schon bringen, verlaßt
Euch darauf, er soll zur bestimmten Zeit im Wald sein!«

Da lachte der Mann und sprach: »Wie sollte das zugehen? Du bist viel zu
klein, um das Pferd mit den Zügeln zu leiten.«

»Das tut nichts, Vater, wenn nur die Mutter einspannen will; ich setze mich
dem Pferd ins Ohr und rufe ihm zu, wie es gehen soll.«

»Nun«, antwortete der Vater, »einmal wollen wir's versuchen.«

Als die Stunde kam, spannte die Mutter ein und setzte Daumesdick ins
Ohr des Pferdes, und dann rief der Kleine, wie das Pferd gehen sollte: »Jüh
und jo! Hott und har!« Da ging das Roß ganz ordentlich, und der Wagen
fuhr den rechten Weg nach dem Wald.

Als der Wagen eben um die
Ecke bog und der Kleine »Har,
har!« rief, kamen zwei fremde
Männer daher.

»Nein«, sprach der eine, »was
ist das? Da fährt ein Wagen, und
ein Fuhrmann ruft dem Pferde
zu und ist doch nicht zu sehen.«

»Das geht nicht mit rechten
Dingen zu«, sagte der andere;
»wir wollen dem Karren folgen
und sehen, wo er anhält.«

Der Wagen aber fuhr in den
Wald hinein und richtig zu dem
Platz, wo das Holz gefällt wurde.
Als Daumesdick seinen Vater
erblickte, rief er ihm zu: »Seht,
Vater, da bin ich mit dem
Wagen, nun holt mich herunter!«
Der Vater faßte das Pferd mit
der Linken und holte mit der
Rechten aus dem Ohr sein Söhn-

lein, das sich ganz lustig auf einen Strohhalm niedersetzte. Als die beiden fremden
Männer Daumesdick erblickten, wußten sie
nicht, was sie vor Verwunderung sagen sollten. Da nahm
der eine den andern beiseite und sprach: »Hör, der kleine
Kerl könnte unser Glück machen, wenn wir ihn in einer großen Stadt
für Geld auftreten ließen; wir wollen ihn kaufen.« Sie gingen zu dem
Bauer und sprachen: »Verkauft uns den kleinen Mann, er soll's gut bei uns
haben.«

»Nein«, antwortete der Vater, »er ist mein Herzblatt und ist mir für alles
Gold in der Welt nicht feil.«

Als aber Daumesdick von dem Handel gehört hatte, war er an den Rockfalten seines Vaters hinaufgekrochen, stellte sich ihm auf die Schulter und
wisperte ihm ins Ohr: »Vater, gebt mich nur hin, ich will schon wieder
zurückkommen.« Da übergab ihn der Vater für ein schönes Stück Geld
den Männern.

»Wo willst du sitzen?« sprachen sie zu ihm.

»Ach, setzt mich nur auf den Rand von Eurem Hut, da kann ich auf und
ab spazieren und die Gegend betrachten und falle doch nicht herunter.«

Sie taten ihm den Gefallen, und als Daumesdick Abschied von seinem
Vater genommen hatte, machten sie sich mit ihm fort. So gingen sie, bis
es dämmrig wurde. Da sprach der Kleine: »Hebt mich einmal herunter, es
ist nötig!«

»Bleib nur droben«, sprach der Mann, auf dessen Kopf er saß, »ich will mir
nichts draus machen, die Vögel lassen auch manchmal was drauffallen.«

»Nein«, sprach Daumesdick, »ich weiß auch, was sich schickt! Hebt mich
nur geschwind herab.«

Der Mann nahm den Hut ab und setzte den Kleinen auf einen Acker am

Weg. Da sprang er ein wenig zwischen den Schollen hin und her; dann schlüpfte er plötzlich in ein Mausloch, das er sich ausgesucht hatte.

»Guten Abend, ihr Herren, geht nur ohne mich heim!« rief er ihnen zu und lachte sie aus. Sie liefen herbei und stachen mit Stöcken in das Mausloch, aber das war vergebliche Mühe. Daumesdick kroch immer weiter zurück, und da es bald ganz dunkel wurde, mußten sie mit Ärger und mit leerem Beutel wieder heimwandern.

Als Daumesdick merkte, daß sie fort waren, kroch er aus dem unterirdischen Gang wieder hervor. »Es ist auf dem Acker in der Finsternis so gefährlich zu gehen«, sprach er. »Wie leicht bricht einer Hals und Bein!« Zum Glück stieß er an ein leeres Schneckenhaus. »Gottlob«, sagte er, »da kann ich die Nacht sicher zubringen«, und begab sich hinein.

Bald darauf, als er eben einschlafen wollte, hörte er zwei Männer vorübergehen, von denen der eine sprach: »Wie wir's nur anfangen sollen, um dem reichen Pfarrer sein Geld und sein Silber zu stehlen?«

»Das könnt ich dir sagen«, rief Daumesdick dazwischen.

»Was war das?« sprach der Dieb erschrocken, »ich hörte jemand sprechen.«

Sie blieben stehen und horchten, da sprach Daumesdick wieder: »Nehmt mich mit, so will ich euch helfen.«

»Wo bist du denn?«

»Sucht nur auf der Erde und gebt acht, wo die Stimme herkommt!« antwortete er. Da fanden ihn endlich die Diebe und hoben ihn in die Höhe.

»Du kleiner Wicht, was willst du uns helfen!« sprachen sie.

»Seht«, antwortete er, »ich krieche zwischen den Eisenstäben in die Kammer des Pfarrers und reiche euch heraus, was ihr haben wollt.«

»Nun gut«, sagten sie, »wir wollen sehen, was du kannst.«

Als sie bei dem Pfarrhaus ankamen, kroch Daumesdick in die Kammer, schrie aber gleich aus Leibeskräften: »Wollt ihr alles haben, was hier ist?«

Die Diebe erschraken und wisperten: »So sprich doch leise, damit niemand aufwacht!« Aber Daumesdick tat, als hätte er sie nicht verstanden, und schrie von neuem: »Was wollt ihr? Wollt ihr alles haben, was hier ist?«

Das hörte die Köchin, die in der Stube daneben schlief, richtete sich im Bett auf und horchte. Die Diebe aber waren vor Schrecken ein Stück Weges zurückgelaufen. Endlich faßten sie wieder Mut und dachten: Der kleine

Kerl will uns necken. Sie kamen zurück und flüsterten ihm zu: »Nun mach Ernst und reich uns etwas heraus!«

Da schrie Daumesdick noch einmal, so laut er konnte: »Ich will euch ja alles geben, reicht nur die Hände herein!« Das hörte die horchende Magd ganz deutlich, sprang aus dem Bett und stolperte zur Tür herein. Die Diebe liefen fort und rannten, als wäre der wilde Jäger hinter ihnen; die Magd aber ging ein Licht anzünden, als sie nichts bemerken konnte. Als sie damit herbeikam, machte sich Daumesdick, ohne daß er gesehen wurde, in die Scheune hinaus. Die Magd aber, nachdem sie alle Winkel durchsucht und nichts gefunden hatte, legte sich endlich wieder zu Bett und glaubte, sie hätte mit offenen Augen und Ohren geträumt.

Daumesdick war in den Heuhälmchen herumgeklettert und hatte einen schönen Platz zum Schlafen gefunden. Da wollte er sich ausruhen, bis es Tag wäre, und dann wieder zu seinen Eltern heimgehen. Aber er mußte andere Dinge erfahren!

Die Magd stieg, als der Tag graute, schon aus dem Bett, um das Vieh zu füttern. Ihr erster Weg war in die Scheune, wo sie einen Armvoll Heu packte, und zwar gerade das, worin der arme Daumesdick lag und schlief. Er schlief aber so fest, daß er nichts sah und hörte und nicht eher aufwachte, als bis er in dem Maul der Kuh war, die ihn mit dem Heu aufgerafft hatte.

»Ach Gott!« rief er, »wie bin ich in diese Walkmühle geraten?« merkte aber bald, wo er war. Da hieß es aufpassen, daß er nicht zwischen die Zähne kam und zermalmt wurde; aber hernach mußte er doch mit in den Magen hinabrutschen.

»In dem Stübchen sind die Fenster vergessen worden«, sprach er, »und scheint keine Sonne hinein; ein Licht wird auch nicht gebracht.« Überhaupt gefiel ihm das Quartier schlecht, und, was das Schlimmste war, es kam immer mehr neues Heu zur Tür herein, und der Platz wurde immer enger.

Da rief er endlich in der Angst, so laut er konnte: »Bringt mir kein frisch' Futter mehr, bringt mir kein frisch' Futter mehr!« Die Magd melkte gerade die Kuh, und als sie sprechen hörte, ohne jemand zu sehen, und es dieselbe Stimme war, die sie auch in der Nacht gehört hatte, erschrak sie so, daß sie von ihrem Stühlchen herabrutschte und die Milch verschüttete. Sie lief in der größten Hast zu ihrem Herrn und rief: »Ach Gott, Herr Pfarrer, die Kuh hat geredet!«

»Du bist verrückt«, antwortete der Pfarrer, ging aber doch selbst in den Stall und wollte nachsehen, was es da gäbe. Kaum aber hatte er den Fuß hineingesetzt, rief Daumesdick aufs neue: »Bringt mir kein frisch' Futter mehr, bringt mir kein frisch' Futter mehr!«

Da erschrak der Pfarrer selbst, meinte, es wäre ein böser Geist in die Kuh gefahren, und hieß sie töten. Sie wurde geschlachtet, der Magen aber, worin Daumesdick steckte, auf den Mist geworfen. Daumesdick hatte große Mühe,

sich hindurchzuarbeiten, doch brachte er's so weit, daß er Platz bekam. Aber als er eben sein Haupt herausstrecken wollte, kam ein neues Unglück. Ein hungriger Wolf lief herbei und verschlang den ganzen Magen mit einem Schluck.

Daumesdick verlor den Mut nicht. Vielleicht, dachte er, läßt der Wolf mit sich reden, und rief ihm aus dem Wanst zu: »Lieber Wolf, ich weiß dir einen herrlichen Fraß.«

»Wo ist der zu holen?« sprach der Wolf.

»In dem und dem Haus, da mußt du durch die Gosse hineinkriechen und wirst Kuchen, Speck und Wurst finden, soviel du essen willst«, und er beschrieb ihm genau seines Vaters Haus.

Der Wolf ließ sich das nicht zweimal sagen, drängte sich in der Nacht zur Gosse hinein und fraß in der Vorratskammer nach Herzenslust. Als er sich gesättigt hatte, wollte er wieder fort; aber er war so dick geworden, daß er denselben Weg nicht wieder hinauskonnte. Darauf hatte Daumesdick gerechnet und fing nun an, in dem Leib des Wolfs einen gewaltigen Lärm zu machen, tobte und schrie, was er nur konnte.

»Willst du stille sein«, sprach der Wolf, »du weckst die Leute auf!«

»Ei was«, antwortete der Kleine, »du hast dich satt gefressen, ich will auch lustig sein«, und fing von neuem an, aus allen Kräften zu schreien. Davon erwachten endlich sein Vater und seine Mutter, liefen zur Kammer und schauten durch die Spalte hinein.

Als sie sahen, daß ein Wolf darin hauste, liefen sie davon, und der Mann holte die Axt und die Frau die Sense.

»Bleib dahinten«, sprach der Mann, als sie in die Kammer traten. »Wenn ich ihm einen Schlag gegeben habe und er noch nicht tot ist, so mußt du auf ihn einhauen und ihm den Leib aufschneiden.«

Da hörte Daumesdick die Stimme seines Vaters und rief: »Lieber Vater, ich bin hier, ich stecke im Leib des Wolfes.«

Da sprach der Vater voll Freuden: »Gottlob, unser liebes Kind hat sich wiedergefunden!« und hieß die Frau die Sense wegtun, damit Daumesdick nicht verletzt würde. Danach holte er aus und versetzte dem Wolf einen Schlag auf den Kopf, daß er tot niederstürzte; dann suchten sie Messer und Schere, schnitten ihm den Leib auf und zogen den Kleinen wieder hervor.

»Ach«, sprach der Vater, »was haben wir für Sorge um dich ausgestanden!«

»Ja, Vater, ich bin viel in der Welt herumgekommen; gottlob, daß ich wieder frische Luft schöpfe!«

»Wo bist du denn überall gewesen?«

»Ach, Vater, ich war in einem Mauseloch, in einer Kuh Bauch und in eines Wolfes Wanst. Nun aber bleibe ich bei euch.«

»Und wir verkaufen dich um alle Reichtümer der Welt nicht wieder«, sprachen die Eltern und herzten und küßten ihren lieben Daumesdick. Sie gaben ihm zu essen und trinken und ließen ihm neue Kleider machen, denn die seinen waren auf der Reise verdorben.

FUNDEVOGEL

Es war einmal ein Förster, der ging in den Wald auf die Jagd, und wie er in den Wald kam, hörte er schreien, als ob es ein kleines Kind wäre. Er ging dem Schreien nach und kam endlich zu einem hohen Baum, und oben saß ein kleines Kind. Es war nämlich die Mutter mit dem Kind unter dem Baum eingeschlafen, und ein Raubvogel hatte das Kind in ihrem Schoß gesehen. Da war er hinzugeflogen, hatte es mit seinem Schnabel weggenommen und auf den hohen Baum gesetzt.

Der Förster stieg hinauf, holte das Kind herunter und dachte: Du willst das Kind mit nach Hause nehmen und mit deinem Lenchen zusammen aufziehen. Er brachte es also heim, und die zwei Kinder wuchsen miteinander auf. Das Kind aber, das auf dem Baum gefunden worden war, wurde Fundevogel genannt, weil es ein Vogel weggetragen hatte. Fundevogel und Len-

chen hatten sich so lieb,
daß jedes traurig wurde,
wenn eins das andere nicht sah.
Der Förster aber hatte eine alte
Köchin, die nahm eines Abends zwei
Eimer und fing an, Wasser zu schleppen, und
ging nicht einmal, sondern vielmals hinaus an den
Brunnen. Lenchen sah es und sprach: »Hör einmal,
alte Sanne, was trägst du denn so viel Wasser
herbei?«

»Wenn du's keinem Menschen wiedererzählen
willst, so will ich dir's wohl sagen.«

Da versprach Lenchen, sie wolle es keinem Menschen verraten, und die Köchin sprach: »Morgen
früh, wenn der Förster auf der Jagd ist, da koche
ich das Wasser, und wenn's im Kessel siedet, werfe
ich den Fundevogel hinein und will ihn darin
kochen.«

Des andern Morgens in aller Frühe stand der Förster
auf und ging auf die Jagd, und als er weg war, lagen

die Kinder noch im Bett. Da sprach Lenchen zu Fundevogel: »Verläßt du mich nicht, so verlass' ich dich auch nicht.«

Fundevogel antwortete: »Nun und nimmermehr.«

Da sprach Lenchen: »Ich will es dir nur sagen: Die alte Sanne schleppte gestern abend so viele Eimer Wasser ins Haus; da fragte ich sie, warum sie das tue, und sie antwortete, wenn ich's keinem Menschen erzählte, so wollte sie es mir sagen. Ich erklärte, ich werde es gewiß keinem Menschen erzählen. Da sagte sie, morgen früh, wenn der Vater auf der Jagd sei, wolle sie den Kessel voll Wasser sieden, dich hineinwerfen und kochen. Wir wollen deshalb geschwind aufstehen, uns anziehen und zusammen fortgehen.«

Also standen die beiden Kinder auf, zogen sich geschwind an und gingen fort. Wie nun das Wasser im Kessel kochte, ging die Köchin in die Schlafkammer, wollte den Fundevogel holen und ihn hineinwerfen. Aber als sie zu den Betten trat, waren die Kinder alle beide fort. Da wurde ihr grausam angst, und sie sprach vor sich hin: »Was soll ich nun sagen, wenn der Förster heimkommt und sieht, daß die Kinder weg sind? Geschwind hintennach, daß wir sie wieder kriegen!«

Da schickte die Köchin drei Knechte nach, die sollten laufen und die Kinder einholen. Die Kinder aber saßen vor dem Wald, und als sie die drei Knechte von weitem laufen sahen, sprach Lenchen zu Fundevogel: »Verläßt du mich nicht, so verlass' ich dich auch nicht.«

Fundevogel antwortete: »Nun und nimmermehr.«

Da sagte Lenchen: »Werde du zum Rosenstöckchen und ich zum Rös'chen darauf.«

Wie nun die drei Knechte vor den Wald kamen, war nichts da als ein Rosenstrauch und ein Rös'chen obendrauf, die Kinder aber waren nirgends zu sehen. Da sprachen sie: »Hier ist nichts zu machen«, und gingen heim und sagten der Köchin, sie hatten nichts gesehen als nur ein Rosenstöckchen und ein Rös'chen obendrauf.

Da schalt die alte Köchin: »Ihr Einfaltspinsel, ihr hättet das Rosenstöck-chen entzweischneiden sollen und das Röschen abbrechen und mit nach Haus bringen! Geschwind fort und tut's.«

Die Knechte mußten also zum zweitenmal hinaus und suchen. Die Kinder sahen sie aber von weitem kommen. Da sprach Lenchen: »Fundevogel, ver-läßt du mich nicht, so verlass' ich dich auch nicht.«

Fundevogel sagte: »Nun und nimmermehr.«

Sprach Lenchen: »So werde du eine Kirche und ich die Krone darin.«

Wie nun die drei Knechte dahin kamen, war nichts da als eine Kirche und eine Krone darin. Sie sprachen zueinander: »Was sollen wir hier machen? Laßt uns nach Hause gehen.«

Wie sie nach Hause kamen, fragte die Köchin, ob sie nichts gefunden hätten. Sie sagten, sie hätten nichts gesehen als eine Kirche, da sei eine Krone darin gewesen.

»Ihr Narren«, schalt die Köchin, »warum habt ihr nicht die Kirche abge-brochen und die Krone mit heimgebracht?«

Nun machte sich die alte Köchin selbst auf die Beine und ging mit den drei Knechten den Kindern nach. Die Kinder sahen aber die drei Knechte von weitem kommen, und die Köchin wackelte hintennach. Da sprach Lenchen: »Fundevogel, verläßt du mich nicht, so verlass' ich dich auch nicht.«

Da antwortete Fundevogel: »Nun und nimmermehr.«

Sprach Lenchen: »Werde zum Teich und ich die Ente darauf.«

Die Köchin aber kam hinzu, und als sie den Teich sah, legte sie sich ans Ufer und wollte ihn aussaufen. Aber die Ente kam schnell geschwommen, faßte sie mit ihrem Schnabel beim Kopf und zog sie ins Wasser; da mußte die alte Hexe ertrinken.

Jetzt gingen die Kinder zusammen nach Haus und waren herzlich froh. Und wenn sie nicht gestorben sind, leben sie noch.

DIE GOLDENE GANS

Es war ein Mann, der hatte drei Söhne, davon hieß der jüngste der Dumm-ling; er wurde verachtet, verspottet und bei jeder Gelegenheit zurück-gesetzt. Es geschah einmal, daß der älteste in den Wald gehen sollte, Holz hauen, und ehe er ging, gab ihm noch seine Mutter einen schönen, feinen Eierkuchen und eine Flasche Wein mit, damit er nicht Hunger und Durst leide. Als er in den Wald kam, begegnete ihm ein altes, graues Männlein, das wünschte ihm einen guten Tag und sprach: »Gib mir doch ein Stück Kuchen aus deiner Tasche, und laß mich einen Schluck von deinem Wein trinken, ich bin so hungrig und durstig.«

Der kluge Sohn aber antwortete: »Gebe ich dir meinen Kuchen und meinen Wein, so hab' ich selber nichts, pack dich deiner Wege!«, ließ das Männlein stehen und ging fort. Als er nun anfing, einen Baum zu fällen, dauerte es nicht lange, so hieb er fehl, und die Axt fuhr ihm in den Arm, daß er heimgehen und sich verbinden lassen mußte. Der Fehlschlag war aber von dem grauen Männchen gekommen.

Darauf ging der zweite Sohn in den Wald, und die Mutter gab ihm, wie dem ältesten, einen Eierkuchen und eine Flasche Wein. Dem begegnete gleichfalls das alte, graue Männchen und bat um ein Stück Kuchen und einen Trunk Wein. Auch der zweite Sohn sprach ganz verständig: »Was ich dir gebe, das geht mir selber ab; pack dich deiner Wege!«, ließ das Männlein stehen und ging fort. Die Strafe blieb nicht aus: Als er ein paar Hiebe am Baum getan hatte, hieb er sich ins Bein, daß er nach Hause getragen werden mußte.

Da sagte der Dummling: »Vater, laß mich Holz hauen«, und der Vater antwortete: »Deine Brüder haben sich dabei wehgetan, laß es bleiben, du verstehst nichts davon.«

Der Dummling aber bat so lange, bis der Vater endlich sagte: »Geh nur hin, durch Schaden wirst du klug werden.«

Die Mutter gab ihm einen Kuchen, der war mit Wasser in der Asche gebacken, und dazu eine Flasche saures Bier. Als er in den Wald kam, begegnete ihm gleichfalls das alte, graue Männlein, grüßte ihn und sprach: »Gib mir ein Stück von deinem Kuchen und einen Trunk aus deiner Flasche, ich bin so hungrig und durstig.«

Da antwortete der Dummling: »Ich habe aber nur Aschenkuchen und saures Bier. Wenn dir das recht ist, so wollen wir uns setzen und essen.«

Da setzten sie sich, und als der Dummling seinen Aschenkuchen herausholte, war's ein feiner Eierkuchen, und das saure Bier war ein guter Wein. Nun aßen und tranken sie, und danach sprach das Männlein: »Weil du ein gutes Herz hast und mir von dem Deinen gerne gabst, so will ich dir Glück bescheren. Dort steht ein alter Baum, den hau ab, du wirst in den Wurzeln etwas finden.« Darauf nahm das Männlein Abschied.

Der Dummling ging hin und hieb den Baum um, und wie er fiel, saß in den Wurzeln eine Gans, die hatte Federn von reinem Gold. Er hob sie heraus, nahm sie mit sich und ging in ein Wirtshaus, da wollte er übernachten. Der Wirt hatte aber drei Töchter, die sahen die Gans, waren neugierig, was das für ein wunderlicher Vogel sei, und hätten gar gern eine von seinen goldenen Federn gehabt.

Die älteste dachte: Es wird sich schon eine Gelegenheit finden, wo ich mir eine Feder ausziehen kann, und als der Dummling einmal hinausgegangen war, faßte sie die Gans beim Flügel. Aber Finger und Hand blieben fest daran hängen. Bald danach kam die zweite und hatte keinen anderen Gedanken, als sich eine goldene Feder zu holen; kaum aber hatte sie ihre Schwester angerührt, so blieb sie fest hängen. Endlich kam auch die dritte in gleicher Absicht. Da schrien die andern: »Bleib weg, um Himmels willen,

bleib weg!« Aber sie begriff nicht, warum sie wegbleiben sollte, dachte: Sind die dabei, so kann ich auch dabei sein, und sprang herzu. Und wie sie ihre Schwester angerührt hatte, blieb sie an ihr hängen. So mußten sie die Nacht bei der Gans zubringen.

Am andern Morgen nahm der Dummling die Gans in den Arm, ging fort und kümmerte sich nicht um die drei Mädchen, die daran hingen. Sie mußten immer hinter ihm dreinlaufen, links und rechts, wie's ihm in die Beine kam. Mitten auf dem Feld begegnete ihnen der Pfarrer, und als er den Aufzug sah, sprach er: »Schämt euch, ihr garstigen Mädchen, was lauft ihr dem jungen Burschen durchs Feld nach, schickt sich das?« Damit faßte er die jüngste an der Hand und wollte sie zurückziehen. Wie er sie aber anrührte, blieb er gleichfalls hängen und mußte selber hinterdreinlaufen.

Nicht lange darauf kam der Küster daher und sah den Herrn Pfarrer, der drei Mädchen auf dem Fuß folgte. Da wunderte er sich und rief: »Ei, Herr Pfarrer, wo hinaus so geschwind? Vergeßt nicht, daß wir heute noch eine Kindstaufe haben«, lief auf ihn zu und faßte ihn am Ärmel, blieb aber ebenfalls hängen.

Wie die fünf so hintereinander hertrabten, kamen zwei Bauern mit ihren Hacken vom Feld. Da rief der Pfarrer sie an und bat, sie möchten ihn und

den Küster losmachen. Kaum aber hatten sie den Küster angerührt, blieben sie hängen, und es waren ihrer nun sieben, die dem Dummling mit der Gans nachliefen.

Der Dummling kam darauf in eine Stadt, da herrschte ein König, der hatte eine Tochter, die war so ernst, daß sie niemand zum Lachen bringen konnte. Darum hatte der König ein Gesetz erlassen, wer sie zum Lachen bringen könnte, der solle sie heiraten. Als der Dummling das hörte, ging er mit seiner Gans und ihrem Anhang zur Königstochter, und als diese die sieben Menschen hintereinander herlaufen sah, fing sie überlaut an zu lachen und wollte gar nicht wieder aufhören.

Da verlangte sie der Dummling zur Braut, aber dem König gefiel der Schwiegersohn nicht. Er machte allerlei Einwendungen und sagte, er müsse ihm erst einen Mann bringen, der einen Keller voll Wein austrinken könnte. Der Dummling dachte an das graue Männchen, das ihm wohl helfen könnte, ging hinaus in den Wald, und auf der Stelle, wo er den Baum abgehauen hatte, sah er einen Mann sitzen, der machte ein ganz betrübtes Gesicht. Der Dummling fragte, was er sich so zu Herzen nehme. Da antwortete er: »Ich habe so großen Durst, und kann ihn nicht löschen. Das kalte Wasser vertrage ich nicht; ein Faß Wein habe ich zwar ausgeleert, aber was ist ein Tropfen auf einen heißen Stein?«

»Da kann ich dir helfen«, sagte der Dummling, »komm nur mit mir, du sollst genug haben.« Er führte ihn darauf in des Königs Keller, und der Mann machte sich über die großen Fässer, trank und trank, daß ihm die Hüften weh taten, und ehe ein Tag herum war, hatte er den ganzen Keller ausgetrunken.

Der Dummling verlangte wieder seine Braut; der König aber ärgerte sich, daß ein Bursch, den jedermann einen Dummling nannte, seine Tochter kriegen sollte, und machte neue Bedingungen: er müsse ihm erst einen Mann herbeischaffen, der einen Berg voll Brot aufessen könne.

Der Dummling besann sich nicht lange, sondern ging gleich in den Wald hinaus. Da saß auf demselben Platz ein Mann, der schnürte sich den Leib mit einem Riemen zusammen, machte ein grämliches Gesicht und sagte: »Ich habe einen ganzen Backofen voll Brot gegessen; aber was hilft das, wenn man so großen Hunger hat wie ich? Mein Magen blieb leer, und ich muß meinen Riemen zuschnüren, wenn ich nicht Hungers sterben soll.«

Der Dummling war froh darüber und sprach: »Mach dich auf und geh mit mir, du sollst dich satt essen.« Er führte ihn an den Hof des Königs, der hatte alles Mehl aus dem ganzen Reich zusammenfahren und einen ungeheuren Berg Brot davon backen lassen. Der Mann aus dem Wald aber stellte sich davor, fing an zu essen, und in einem Tag war der ganze Berg verschwunden.

Der Dummling forderte zum drittenmal seine Braut. Der König aber

suchte noch einmal Ausflucht und verlangte ein Schiff, das zu Land und zu Wasser fahren könnte.

»Sobald du damit angesegelt kommst«, sagte er, »so sollst du gleich meine Tochter zur Gemahlin haben.«

Der Dummling ging geradewegs in den Wald. Da saß das alte, graue Männchen, dem er seinen Kuchen gegeben hatte, und sagte: »Ich habe für dich getrunken und gegessen, ich will dir auch das Schiff geben; das alles tue ich, weil du barmherzig gegen mich gewesen bist.«

Da gab er ihm das Schiff, das zu Land und zu Wasser fuhr, und als der König das sah, konnte er ihm seine Tochter nicht länger vorenthalten. Die Hochzeit wurde gefeiert, nach des Königs Tod erbte der Dummling das Reich und lebte lange Zeit vergnügt mit seiner Gemahlin.

SECHSE KOMMEN
DURCH DIE GANZE WELT

Es war einmal ein Mann, der verstand allerlei Künste. Er diente im Krieg als Soldat und hielt sich brav und tapfer. Aber als der Krieg zu Ende war, bekam er den Abschied und drei Heller Zehrgeld auf den Weg.

»Wart«, sprach er, »das lasse ich mir nicht gefallen! Finde ich die rechten Leute, so soll mir der König noch die Schätze des ganzen Landes herausgeben.«

Da ging er voll Zorn in den Wald und sah einen Mann darin stehen, der hatte sechs Bäume ausgerissen, als wären es Kornhalme. Sprach er zu ihm: »Willst du mein Diener sein und mit mir ziehen?«

»Ja«, antwortete der andere, »aber erst will ich meiner Mutter das bißchen Holz heimbringen«, und nahm einen von den Bäumen, wickelte ihn um die fünf andern, hob die Stämme auf die Schulter und trug sie fort. Dann kam er wieder und ging mit seinem Herrn. Der sprach: »Wir zwei sollten wohl durch die ganze Welt kommen.«

Als sie ein Weilchen gegangen waren, fanden sie einen Jäger, der lag auf den Knien, hatte die Büchse angelegt und zielte. Sprach der Herr zu ihm: »Jäger, was willst du schießen?« Er antwortete: »Zwei Meilen von hier sitzt eine Fliege auf dem Ast eines Eichbaumes, der will ich das linke Auge ausschießen.«

»Oh, geh mit mir«, sprach der Mann, »wenn wir drei zusammen sind, sollten wir wohl durch die ganze Welt kommen.« Der Jäger war bereit und ging mit. Sie kamen zu sieben Windmühlen, deren Flügel drehten sich ganz hastig herum, und doch ging kein Wind und bewegte sich kein Blättchen.

Da sprach der Mann: »Ich weiß nicht, was die Windmühlen treibt, es regt sich ja kein Lüftchen«, und ging mit seinen Dienern weiter. Als sie zwei Meilen gegangen waren, sahen sie einen Mann auf einem Baum sitzen, der hielt das eine Nasenloch zu und blies aus dem andern.

»Was treibst du da oben?« fragte der Mann. Jener antwortete: »Zwei Meilen von hier stehen sieben Windmühlen, seht, die blase ich an, daß sie laufen.«

214

»Oh, geh mit mir«, sprach der Mann, »wenn wir vier zusammen sind, sollten wir wohl durch die ganze Welt kommen.« Da stieg der Bläser herab und ging mit. Nach einiger Zeit sahen sie einen, der stand da auf einem Bein und hatte das andere abgeschnallt und neben sich gelegt. Da sprach der Herr: »Du hast dir's ja bequem gemacht zum Ausruhen.«

»Ich bin ein Läufer«, antwortete er, »und damit ich nicht gar zu schnell springe, habe ich mir das eine Bein abgeschnallt; wenn ich mit zwei Beinen laufe, so geht's geschwinder, als ein Vogel fliegt.«

»Oh, geh mit mir, wenn wir fünf zusammen sind, sollten wir wohl durch die ganze Welt kommen.« Da ging er mit, und gar nicht lang, so begegneten sie einem, der hatte ein Hütchen auf, hatte es aber ganz auf einem Ohr sitzen. Da sprach der Herr zu ihm: »Manierlich, manierlich! Häng deinen Hut doch nicht auf ein Ohr, du siehst ja aus wie der Hans Narr.«

»Ich darf's nicht tun«, sprach der andere; »denn setze ich meinen Hut gerade, so kommt ein gewaltiger Frost, und die Vögel unter dem Himmel erfrieren und fallen tot zur Erde.«

»Oh, geh mit mir«, sprach der Herr, »wenn wir sechs zusammen sind, sollten wir wohl durch die ganze Welt kommen.«

Nun gingen die sechse in eine Stadt, wo der König hatte bekanntmachen lassen, wer mit seiner Tochter um die Wette laufen wolle und den Sieg

davontrage, der solle ihr Gemahl werden; wer aber verliere, müsse auch seinen Kopf hergeben. Da meldete sich der Mann und sprach: »Ich will meinen Diener für mich laufen lassen.«

Der König antwortete: »Dann mußt du auch noch dessen Leben zum Pfand setzen, so daß sein und dein Kopf für den Sieg haften.«

Als das verabredet war, schnallte der Mann dem Läufer das andere Bein an und sprach zu ihm: »Nun sei hurtig und hilf, daß wir siegen.«

Es war vereinbart worden, daß Sieger sein solle, wer als erster Wasser aus einem weit abgelegenen Brunnen bringe. Nun bekam der Läufer einen Krug und die Königstochter auch einen, und sie fingen zu gleicher Zeit zu laufen an. Aber in einem Augenblick, als die Königstochter erst eine kleine Strecke fort war, konnte den Läufer schon kein Zuschauer mehr sehen, und es war nicht anders, als wäre der Wind vorbeigesaust. In kurzer Zeit langte er bei dem Brunnen an, schöpfte den Krug voll Wasser und kehrte wieder um. Mitten auf dem Heimweg aber überkam ihn eine Müdigkeit; da setzte er den Krug hin, legte sich nieder und schlief ein. Er hatte aber einen Pferdeschädel, der da auf der Erde lag, zum Kopfkissen gewählt, damit er hart liege und bald wieder erwache.

Indessen war die Königstochter, die auch gut laufen konnte, so gut es ein gewöhnlicher Mensch vermag, bei dem Brunnen angelangt und eilte mit ihrem Krug voll Wasser zurück. Als sie den Läufer da liegen und schlafen sah, war sie froh und sprach: »Der Feind ist in meine Hände gegeben«, leerte seinen Krug aus und sprang weiter.

Nun wäre alles verloren gewesen, wenn nicht zum Glück der Jäger mit seinen scharfen Augen oben auf dem Schloß gestanden und alles mit angesehen hätte. Da sprach er: »Die Königstochter soll doch gegen uns nicht aufkommen«, lud seine Büchse und schoß so geschickt, daß er dem Läufer den Pferdeschädel unter dem Kopf wegschoß, ohne ihm weh zu tun. Da erwachte der Läufer, sprang in die Höhe und sah, daß sein Krug leer und die Königstochter schon weit voraus war. Aber er verlor den Mut nicht, lief mit dem Krug wieder zum Brunnen zurück, schöpfte aufs neue Wasser und war noch zehn Minuten eher als die Königstochter daheim. »Seht ihr«, sprach er, »jetzt habe ich erst die Beine aufgehoben, vorher war's gar kein Laufen zu nennen.«

Den König aber kränkte es und seine Tochter noch mehr, daß so ein gewöhnlicher abgedankter Soldat sie als Preis davontragen sollte. Sie berieten miteinander, wie sie ihn samt seinen Begleitern loswürden. Da sprach der König zu ihr: »Ich habe ein Mittel gefunden; laß dir nicht bang sein, sie sollen nicht wieder heimkommen!«

Dann sprach er zu ihnen: »Ihr sollt euch nun zusammen einen lustigen Tag machen, essen und trinken«, und führte sie zu einer Stube, die hatte einen Boden von Eisen, und die Tür war auch von Eisen, und die Fenster

waren mit eisernen Stäben versehen. In der Stube war eine Tafel, mit köstlichen Speisen besetzt. Da sprach der König zu ihnen: »Geht hinein und
laßt's euch wohl sein!«

Als sie aber drinnen waren, ließ er die Tür verschließen und verriegeln.
Dann ließ er den Koch kommen und befahl ihm, so lang Feuer unter die
Stube zu machen, bis das Eisen glühend würde. Das tat der Koch, und es
wurde den sechsen in der Stube, während sie an der Tafel saßen, ganz warm,
und sie meinten, das komme vom Essen. Als aber die Hitze immer größer
wurde und sie hinauswollten, Tür und Fenster aber verschlossen fanden,
da merkten sie, daß der König Böses im Sinne gehabt hatte und sie töten
wollte.

»Es soll ihm aber nicht gelingen«, sprach der mit dem Hütchen; »ich will
einen Frost kommen lassen, vor dem sich das Feuer schämen und ver-
kriechen soll.« Da setzte er sein Hütchen gerade, und auf der Stelle fiel ein
Frost, daß alle Hitze verschwand und die Speisen auf den Schüsseln zu
frieren anfingen.

Als nun ein paar Stunden herum waren und der König glaubte, alle seien
in der Hitze verschmachtet, ließ er die Tür öffnen und wollte selbst nach
ihnen sehen. Aber wie die Tür aufging, standen sie alle sechse da, frisch

und gesund, und sagten, es sei ihnen lieb, daß sie hinauskönnten, sich zu wärmen; denn bei der großen Kälte in der Stube frören die Speisen an den Schüsseln fest.

Da ging der König voll Zorn hinab zu dem Koch, schalt ihn und fragte, warum er nicht getan habe, was ihm befohlen worden sei. Der Koch aber antwortete: »Es ist Glut genug da, seht nur selbst.« Da sah der König, daß ein gewaltiges Feuer unter der Eisenstube brannte, und merkte, daß er den sechsen auf diese Weise nichts anhaben könne.

Nun überlegte der König aufs neue, wie er die bösen Gäste loswürde, ließ den Meister kommen und sprach: »Willst du Gold nehmen und dein Recht auf meine Tochter aufgeben, so sollst du Gold haben, soviel du willst.«

»O ja, mein König«, antwortete er, »gebt mir so viel, wie mein Diener tragen kann, dann verlange ich Eure Tochter nicht.« Damit war der König zufrieden, und jener sprach weiter: »So will ich in vierzehn Tagen kommen und es holen.«

Darauf rief er alle Schneider aus dem ganzen Reich herbei, die mußten vierzehn Tage lang sitzen und einen Sack nähen. Und als er fertig war, mußte der Starke, der Bäume ausrupfen konnte, den Sack auf die Schulter nehmen und mit ihm zu dem König gehen. Da sprach der König: »Was ist das für ein gewaltiger Kerl, der den hausgroßen Ballen Leinwand auf der Schulter trägt?« Er erschrak und dachte: Was wird der für Gold weg- schleppen! Da hieß er eine Tonne Gold herbringen, die mußten sechzehn der stärksten Männer tragen. Aber der Starke packte sie mit einer Hand, steckte sie in den Sack und sprach: »Warum bringt ihr nicht gleich mehr? Das deckt ja kaum den Boden!« Da ließ der König nach und nach seinen ganzen Schatz herbeitragen, den schob der Starke in den Sack hinein, und der Sack wurde davon noch nicht zur Hälfte voll. »Schafft mehr herbei«, rief er, »die paar Brocken füllen nicht.«

Da mußten noch siebentausend Wagen mit Gold in dem ganzen Reich zusammengefahren werden; die schob der Starke samt den vorgespannten Ochsen in seinen Sack. »Ich will's nicht lange besehen«, sprach er, »und nehmen, was kommt, damit der Sack nur voll wird.« Als alles darinstak, ging doch noch viel hinein; da sprach er: »Ich will dem Ding nun ein Ende machen; man bindet auch einmal einen Sack zu, wenn er noch nicht voll ist.« Dann schwang er den Sack auf den Rücken und ging mit seinen Ge- fährten fort.

Als der König nun sah, wie der einzige Mann des ganzen Landes Reich- tum forttrug, wurde er zornig und ließ seine Reiterei aufsitzen, die sollte den sechsen nachjagen und hatte den Befehl, dem Starken den Sack wieder abzunehmen. Zwei Regimenter holten die sechs Männer bald ein und riefen ihnen zu: »Ihr seid Gefangene, legt den Sack mit dem Golde nieder, oder ihr werdet niedergehauen!«

»Was sagt ihr?« sprach der Bläser. »Wir wären Gefangene? Eher sollt ihr sämtlich in der Luft umhertanzen!« Und er hielt sich das eine Nasenloch zu und blies mit dem andern die beiden Regimenter an. Da fuhren sie auseinander und in die blaue Luft über alle Berge weg, der eine hierhin, der andere dorthin. Ein Feldwebel rief um Gnade, er habe neun Wunden und sei ein braver Kerl, der den Schimpf nicht verdiene. Da ließ der Bläser ein wenig nach, so daß der Feldwebel ohne Schaden wieder herabkam, und sprach zu ihm: »Nun geh heim zum König und melde, er solle noch mehr Reiterei schicken, ich wollte sie alle in die Luft blasen.« Als der König den Bescheid vernahm, sprach er: »Laßt die Kerle gehen, die haben etwas an sich.«

Da brachten die sechs den Reichtum nach Hause, teilten ihn untereinander und lebten vergnügt bis an ihr Ende.

DIE KLUGE GRETEL

Es war eine Köchin, die hieß Gretel. Sie trug Schuhe mit roten Absätzen, und wenn sie damit ausging, so drehte sie sich hin und her, war ganz fröhlich und dachte: Du bist doch ein schönes Mädel! Und wenn sie nach Hause kam, trank sie aus Fröhlichkeit einen Schluck Wein, und weil der Wein auch Lust zum Essen macht, versuchte sie das Beste, was sie kochte, so lang, bis sie satt war, und sprach: »Die Köchin muß wissen, wie's Essen schmeckt.«

Einmal sagte der Herr zu ihr: »Gretel, heut abend kommt ein Gast. Richte mir zwei Hühner fein zu.«

»Will's schon machen, Herr«, antwortete Gretel. Nun stach sie die Hühner ab, brühte sie, rupfte sie, steckte sie an den Spieß und brachte sie, wie's gegen Abend ging, zum Feuer, damit sie braten sollten.

Die Hühner fingen an, braun und gar zu werden, aber der Gast war noch nicht gekommen.

Da rief Gretel dem Herrn: »Kommt der Gast nicht, so muß ich die Hühner vom Feuer tun, ist aber doch jammerschade, wenn sie nicht bald gegessen werden, wo sie am besten im Saft sind.«

Sprach der Herr: »So will ich nun selbst laufen und den Gast holen.«

Als der Herr den Rücken gekehrt hatte, legte Gretel den Spieß mit den Hühnern beiseite und dachte: So lange da beim Feuer stehen macht schwitzend und durstig; wer weiß, wann die kommen! Indessen spring' ich in den Keller und tue einen Schluck. Sie lief hinab, setzte einen Krug an, sprach: »Gott segne's dir, Gretel!« und tat einen guten Zug. »Der Wein verlangt nach mehr«, sprach sie weiter, »und ist nicht gut abzubrechen«, und tat noch einen ernsthaften Zug.

Nun ging sie und stellte die Hühner wieder übers Feuer, strich sie mit Butter und trieb den Spieß lustig herum. Weil aber der Braten so gut roch, dachte Gretel: Es könnte etwas fehlen, versucht muß er werden! schleckte mit dem Finger und sprach: »Ei, wie sind die Hühner gut! Ist ja Sünd' und Schand', daß man sie nicht gleich ißt!«, lief zum Fenster, ob der Herr mit dem Gast noch nicht käme, aber sie sah niemand. Sie stellte sich wieder zu den Hühnern und dachte: Der eine Flügel verbrennt, besser ist's, ich ess' ihn weg. Also schnitt sie ihn ab und aß ihn auf, und er schmeckte ihr. Und wie sie damit fertig war, dachte sie: Der andere muß auch weg, sonst merkt der Herr, daß etwas fehlt.

Als die zwei Flügel verzehrt waren, ging sie wieder und schaute nach dem Herrn und sah ihn nicht. Wer weiß, fiel ihr ein, sie kommen wohl gar nicht und sind wo eingekehrt. Sie sprach: »Hei, Gretel, sei guter Dinge, das eine Huhn ist doch angegriffen, tu noch einen frischen Trunk und iß es vollends auf! Wenn's weg ist, hast du Ruhe; warum soll die gute Gottesgabe umkommen?«

Also lief sie noch einmal in den Keller, tat einen ehrbaren Trunk und aß das Huhn in aller Freudigkeit auf. Als das eine Huhn hinunter war und der Herr immer noch nicht kam, sah Gretel das andere an und sprach: »Wo das eine ist, muß das andere auch sein, die zwei gehören zusammen. Was dem einen recht ist, das ist dem andern billig; ich glaube, wenn ich noch einen Trunk tue, so sollte mir's nicht schaden.« Also tat sie noch einen herzhaften Trunk und ließ das zweite Huhn zum andern laufen.

Als sie so im besten Essen war, kam der Herr dahergegangen und rief: »Eil dich, Gretel, der Gast kommt gleich nach!«

»Ja, Herr, will's schon zurichten«, antwortete Gretel.

Der Herr sah indessen, ob der Tisch wohl gedeckt war, nahm das große Messer, womit er die Hühner zerschneiden wollte, und wetzte es auf dem Gang.

Indes kam der Gast, klopfte ehrbar und höflich an die Haustür; Gretel lief und schaute, wer da sei, und als sie den Gast sah, hielt sie den Finger an den Mund und sprach: »Still! Still! Macht geschwind, daß Ihr wieder fortkommt; wenn Euch mein Herr erwischt, so geht's Euch schlecht. Er hat Euch zwar zum Nachtessen eingeladen, aber er hat nichts anders im Sinn, als Euch die beiden Ohren abzuschneiden. Hört nur, wie er das Messer dazu wetzt!« Der Gast hörte das Wetzen und eilte, was er konnte, die Stiegen wieder hinab.

Gretel war nicht faul, lief schreiend zu dem Herrn und rief: »Da habt Ihr einen schönen Gast eingeladen!«

»Ei warum, Gretel? Was meinst du damit?«

»Ja«, sagte sie, »der hat mir beide Hühner, die ich eben auftragen wollte, von der Schüssel genommen und ist damit fortgelaufen.«

»Das ist eine feine Weise!« sprach der Herr, und es war ihm leid um die schönen Hühner; »wenn er mir wenigstens das eine gelassen hätte, damit mir was zu essen geblieben wäre!«

Er rief ihm nach, er solle bleiben, aber der Gast tat, als höre er es nicht. Da lief er hinter ihm her, das Messer noch immer in der Hand, und schrie: »Nur eins! Nur eins!« und meinte, der Gast solle ihm nur das eine Huhn lassen und nicht beide nehmen. Der Gast aber meinte, er solle eins von seinen Ohren hergeben, und lief deshalb so schnell, als ob Feuer hinter ihm brenne, damit er beide Ohren heil heimbringe.

DER ARME UND DER REICHE

Vor alten Zeiten, als der liebe Gott noch selber auf Erden unter den Menschen wandelte, geschah es, daß er eines Abends müde war und ihn die Nacht überfiel, bevor er zu einer Herberge kommen konnte. Nun standen auf dem Wege vor ihm zwei Häuser einander gegenüber, das eine groß und schön, das andere klein und ärmlich anzusehen, und das große gehörte einem reichen; das kleine einem armen Manne.

Da dachte unser Herrgott: Dem Reichen werde ich nicht zur Last fallen; bei ihm werde ich übernachten. Als der Reiche an seine Tür klopfen hörte, machte er das Fenster auf und fragte den Fremdling, was er suche.

Der Herr antwortete: »Ich bitte um ein Nachtlager.«

Der Reiche guckte den Wandersmann vom Haupt bis zu den Füßen an, und weil der liebe Gott schlichte Kleider trug und nicht aussah wie einer, der viel Geld in der Tasche hat, schüttelte er den Kopf und sprach: »Ich kann Euch nicht aufnehmen; meine Kammern liegen voll Kräuter und Samen, und sollte ich einen jeden beherbergen, der an meine Tür klopft, so könnte ich selber den Bettelstab in die Hand nehmen. Sucht Euch anderswo ein Unterkommen.« Schlug damit sein Fenster zu und ließ den lieben Gott stehen.

Also kehrte ihm der liebe Gott den Rücken und ging hinüber zu dem kleinen Haus. Kaum hatte er angeklopft, so klinkte der Arme schon sein Türchen auf und bat den Wandersmann einzutreten. »Bleibt die Nacht über bei mir«, sagte er. »Es ist schon finster, und heute könnt Ihr doch nicht weiterkommen.«

Das gefiel dem lieben Gott, und er trat zu ihm ein. Die Frau des Armen reichte ihm die Hand, hieß ihn willkommen und sagte, er möge sich's bequem machen und vorliebnehmen; sie hätten nicht viel, aber was es wäre, gäben sie von Herzen gern.

Dann setzte sie Kartoffeln ans Feuer, und während sie kochten, melkte sie ihre Ziege, damit sie ein wenig Milch dazu hätten. Und als der Tisch gedeckt war, setzte sich der liebe Gott nieder und aß mit ihnen, und die schlichte Kost schmeckte ihm gut, denn es waren zufriedene Gesichter dabei. Nachdem sie gegessen hatten und Schlafenszeit war, rief die Frau heimlich ihren Mann und sprach:

»Hör, lieber Mann, wir wollen uns heute nacht eine Streu machen, damit sich der arme Wanderer in unser Bett legen und ausruhen kann; er ist den ganzen Tag über gegangen, da wird einer müde.«

»Von Herzen gern«, antwortete er, »ich will's ihm anbieten«, ging zu dem lieben Gott und bat ihn, wenn's ihm recht sei, möge er sich in ihr Bett legen und seine Glieder ordentlich ausruhen. Der liebe Gott wollte den beiden Alten ihr Lager nicht nehmen, aber sie ließen nicht ab, bis er es endlich tat und sich in ihr Bett legte.

Sich selbst aber machten sie eine Streu auf die Erde.

Am andern Morgen standen sie vor Tagesanbruch schon auf und kochten dem Gast ein Frühstück, so gut sie es hatten. Als nun die Sonne durchs Fensterlein schien und der liebe Gott aufgestanden war, aß er wieder mit ihnen und wollte dann seines Weges ziehen. Als er in der Tür stand, kehrte er sich um und sprach: »Weil ihr so mitleidig und fromm seid, so wünscht euch dreierlei, das will ich euch erfüllen.«

Da sagte der Arme: »Was soll ich mir sonst wünschen als die ewige Seligkeit, und daß wir zwei, solange wir leben, gesund bleiben und unser notdürftiges tägliches Brot haben; für's dritte weiß ich mir nichts zu wünschen.«

Der liebe Gott sprach: »Willst du dir nicht ein neues Haus für das alte wünschen?«

»O ja«, sagte der Mann, »wenn ich das auch noch erhalten kann, so wär's mir sehr lieb.«

Da erfüllte der Herr ihre Wünsche, verwandelte ihr altes Haus in ein neues, gab ihnen nochmals seinen Segen und zog weiter.

Es war schon voller Tag, als der Reiche aufstand. Er begab sich ans Fenster und sah gegenüber ein neues, stattliches Haus mit roten Ziegeln, wo eine alte Hütte gestanden hatte. Da machte er große Augen, rief seine Frau herbei und sprach: »Sag mir, was ist geschehen? Gestern abend stand noch die alte, elende Hütte, und heute steht da ein schönes, neues Haus. Lauf hinüber und höre, wie das gekommen ist.«

Die Frau folgte und fragte den Armen aus. Er erzählte ihr: »Gestern abend kam ein Wanderer, der suchte Nachtherberge, und heute morgen beim Abschied hat er uns drei Wünsche gewährt: die ewige Seligkeit, Gesundheit in diesem Leben und das notdürftige tägliche Brot dazu, und zuletzt noch statt unserer alten Hütte ein schönes, neues Haus.«

Die Frau des Reichen lief eilig zurück und erzählte ihrem Mann, wie alles gekommen war. Der Mann sprach: »Ich möchte mich zerreißen! Hätte ich das nur gewußt! Der Fremde ist zuvor hier gewesen und hat bei uns übernachten wollen, ich habe ihn aber abgewiesen.«

»Eil dich«, sprach die Frau, »und setz dich auf dein Pferd, dann kannst du den Mann noch einholen, und dann mußt du dir auch drei Wünsche gewähren lassen.«

Der Reiche befolgte den guten Rat, jagte mit seinem Pferd davon und holte den lieben Gott noch ein. Er redete freundlich und bat, er möge es nicht übelnehmen, daß er nicht gleich eingelassen worden sei; er habe den Schlüssel zur Haustür gesucht, indessen sei er weggegangen; wenn er des Wegs zurückkomme, müsse er bei ihm einkehren.

»Ja«, sprach der liebe Gott, »wenn ich einmal zurückkomme, will ich es tun.«

Da fragte der Reiche, ob er nicht auch drei Wünsche nennen dürfe wie sein Nachbar. Ja, sagte der liebe Gott, das dürfe er wohl; es sei aber nicht gut für ihn, und er solle sich lieber nichts wünschen. Der Reiche meinte, er wolle sich schon etwas aussuchen, das zu seinem Glück gereiche, wenn er nur wüßte, daß es erfüllt würde. Sprach der liebe Gott: »Reit heim, und drei Wünsche, die du tust, die sollen in Erfüllung gehen.«

Nun hatte der Reiche, was er verlangte, ritt heimwärts und fing an nachzusinnen, was er sich wünschen sollte. Wie er so nachdachte und die Zügel fallen ließ, fing das Pferd an zu springen, so daß er immerfort in seinen Gedanken gestört wurde und sie gar nicht zusammenbringen konnte. Er klopfte ihm den Hals und sagte: »Sei ruhig, Liese!« Aber das Pferd machte aufs neue Männchen. Da wurde er zuletzt ärgerlich und rief ganz ungeduldig: »So wollt' ich, daß du dir den Hals brächst!«

Wie er das Wort ausgesprochen hatte, plump, fiel er auf die Erde, und das Pferd lag tot da und regte sich nicht mehr; damit war der erste Wunsch erfüllt. Weil er aber von Natur geizig war, wollte er das Sattelzeug nicht im Stich lassen, schnitt's ab, hängte es auf seinen Rücken und mußte nun zu Fuß gehen. Du hast noch zwei Wünsche übrig, dachte er und tröstete sich damit.

Wie er nun langsam durch den Sand dahinging und zu Mittag die Sonne heiß brannte, wurde es ihm warm und verdrießlich zumute; der Sattel drückte ihn auf den Rücken, auch war ihm noch immer nicht eingefallen, was er sich wünschen sollte.

»Wenn ich mir auch alle Reiche und Schätze der Erde wünsche«, sprach er zu sich selbst, »so fällt mir hernach noch allerlei ein, dieses und jenes, das weiß ich im voraus. Ich will's aber so einrichten, daß mir gar nichts mehr zu wünschen übrigbleibt.« Dann seufzte er und sprach: »Ja, wenn ich der Bauer aus Bayern wäre, der auch drei Wünsche frei hatte, der wußte sich zu helfen! Der wünschte sich zuerst recht viel Bier und zweitens so viel Bier, wie er trinken könnte, und drittens noch ein Faß Bier dazu.«

Manchmal meinte er, jetzt hätte er's gefunden, aber hernach schien's ihm doch noch zuwenig. Da kam ihm so in die Gedanken, wie es seine Frau jetzt gut habe, die sitze daheim in einer kühlen Stube und lasse sich's wohl schmecken. Das ärgerte ihn ordentlich, und ohne daß er's wußte, sprach er so vor sich hin: »Ich wollte, die säße daheim auf dem Sattel und könnte nicht herunter, statt daß ich ihn da auf meinem Rücken schleppe!«

Und wie das letzte Wort aus seinem Munde kam, war der Sattel von seinem Rücken verschwunden, und er merkte, daß sein zweiter Wunsch auch in Erfüllung gegangen war. Da wurde ihm erst recht heiß: Er fing an zu laufen und wollte sich daheim ganz einsam in seine Kammer setzen und auf etwas Großes für den letzten Wunsch denken.

Sobald er aber daheim ankam und die Stubentür aufmachte, saß da seine Frau mitten drin auf dem Sattel und konnte nicht herunter, jammerte und schrie. Da sprach er: »Gib dich zufrieden, ich will dir alle Reichtümer der Welt herbeiwünschen, nur bleib da sitzen!«

Sie schalt ihn aber einen Schafskopf und sprach: »Was helfen mir alle Reichtümer der Welt, wenn ich auf dem Sattel sitze! Du hast mich darauf verwünscht, du mußt mir auch wieder herunterhelfen.« Er mochte wollen oder nicht, er mußte den dritten Wunsch tun, daß sie vom Sattel heruntersteigen könnte; und der Wunsch wurde gleich erfüllt.

Also hatte der Reiche nichts davon als Ärger, Mühe, Scheltworte und ein verlorenes Pferd; die Armen aber lebten vergnügt, still und fromm bis an ihr seliges Ende.

DAS WASSER DES LEBENS

Es war einmal ein König, der wurde krank, und niemand glaubte, daß er mit dem Leben davonkommen werde. Er hatte aber drei Söhne, die waren darüber traurig, gingen hinunter in den Schloßgarten und weinten. Da begegnete ihnen ein alter Mann, der fragte sie nach ihrem Kummer. Sie sagten ihm, ihr Vater sei so krank, daß er bald sterben würde, denn es wolle ihm nichts helfen.

Da sprach der Alte: »Ich weiß noch ein Mittel, das ist das Wasser des Lebens; wenn er davon trinkt, dann wird er wieder gesund; es ist aber schwer zu finden.«

Der älteste sagte: »Ich will es schon finden«, ging zum kranken König und bat ihn, er möchte ihm erlauben fortzuwandern, um das Wasser des Lebens zu suchen, denn das allein könne ihn heilen.

»Nein«, sprach der König, »die Gefahr dabei ist zu groß, lieber will ich sterben.«

Der Sohn bat aber so lange, bis der König einwilligte. Der Prinz dachte in seinem Herzen: Bringe ich das Wasser, so bin ich meinem Vater der liebste und erbe das Reich.

Also machte er sich auf, und als er eine Zeitlang fortgeritten war, stand da ein Zwerg auf dem Wege, der redete ihn an und sprach: »Wohinaus so geschwind?«

»Dummer Knirps«, sagte der Prinz gar stolz, »das brauchst du nicht zu wissen«, und ritt weiter. Das kleine Männchen aber war zornig geworden und hatte einen bösen Wunsch getan. Der Prinz geriet bald hernach in eine Bergschlucht, und je weiter er ritt, desto enger taten sich die Berge zusammen, und endlich wurde der Weg so eng, daß er keinen Schritt weiterkonnte; es war nicht möglich das Pferd zu wenden oder aus dem Sattel zu steigen, und er saß da wie eingesperrt.

Der kranke König wartete lange Zeit auf ihn, aber er kam nicht. Da sagte der zweite Sohn: »Vater, laß mich ziehen und das Wasser suchen«, und dachte bei sich: Ist mein Bruder tot, so fällt das Reich mir zu.

Der König wollte ihn anfangs auch nicht ziehen lassen, endlich gab er nach. Der Prinz zog also auf demselben Weg fort, den sein Bruder eingeschlagen hatte, und begegnete auch dem Zwerg, der ihn anhielt und fragte, wohin er so eilig wollte.

»Kleiner Knirps«, sagte der Prinz, »das brauchst du nicht zu wissen«, und ritt fort, ohne sich weiter umzusehen. Aber der Zwerg verwünschte ihn, und er geriet wie der andere in eine Bergschlucht und konnte nicht vorwärts und rückwärts. So geht's aber den Hochmütigen.

Als auch der zweite Sohn ausblieb, erbot sich der jüngste, das Wasser zu holen, und der König mußte ihn endlich ziehen lassen. Als er dem Zwerg begegnete und dieser fragte, wohin er so eilig wolle, hielt er an, gab ihm Rede und Antwort und sagte: »Ich suche das Wasser des Lebens, denn mein Vater ist sterbenskrank.«

»Weißt du auch, wo das zu finden ist?«

»Nein«, sagte der Prinz.

»Weil du dich betragen hast, wie sich's geziemt, nicht übermütig wie deine falschen Brüder, so will ich dir Auskunft geben und dir sagen, wie du zu dem Wasser des Lebens gelangst. Es quillt aus einem Brunnen in dem Hof eines verwunschenen Schlosses, aber du kommst nicht hinein, wenn ich dir nicht eine eiserne Rute gebe und zwei Laibchen Brot. Mit der Rute schlag dreimal an das eiserne Tor des Schlosses, dann wird es aufspringen. Inwendig liegen zwei Löwen, die den Rachen aufsperren. Wenn du aber jedem ein

Brot hineinwirfst, so werden sie still. Dann eile dich und hol von dem Wasser des Lebens, bevor es zwölf schlägt, sonst schlägt das Tor wieder zu und du bist eingesperrt.«

Der Prinz dankte ihm, nahm die Rute und das Brot und machte sich auf den Weg. Als er am Ziel anlangte, war alles so, wie der Zwerg gesagt hatte. Das Tor sprang beim dritten Rutenschlag auf, und als er die Löwen mit dem Brot besänftigt hatte, trat er in das Schloß und kam in einen großen, schönen Saal. Darin saßen verwunschene Prinzen, denen zog er die Ringe vom Finger. Dann lagen da ein Schwert und ein Brot, das nahm er mit. Und weiter kam er in ein Zimmer, darin war eine schöne Jungfrau, die freute sich, als sie ihn sah, küßte ihn und sagte, er habe sie erlöst und solle ihr ganzes Reich haben, und wenn er in einem Jahr wiederkomme, so solle ihre Hochzeit gefeiert werden. Dann sagte sie ihm auch, wo der Brunnen mit dem Lebenswasser sei, er müsse sich aber eilen und daraus schöpfen, ehe es zwölf schlage.

Schließlich ging er weiter und kam endlich in ein Zimmer, wo ein schönes frischgedecktes Bett stand; und weil er müde war, wollte er erst ein wenig

227

ausruhen. Also legte er sich nieder und schlief ein; als er erwachte, schlug es drei Viertel auf zwölf. Da sprang er ganz erschrocken auf, lief zu dem Brunnen und schöpfte daraus mit einem Becher, der daneben stand, und eilte, daß er fortkam. Wie er eben zum eisernen Tor hinausging, da schlug's zwölf, und das Tor schlug so heftig zu, daß es ihm noch ein Stück von der Ferse absprengte.

Er war aber froh, daß er das Wasser des Lebens erlangt hatte, ging heimwärts und kam wieder an dem Zwerg vorbei. Als dieser das Schwert und das Brot sah, sprach er: »Damit hast du sehr viel gewonnen: mit dem Schwert kannst du ganze Heere schlagen, das Brot aber wird niemals zu Ende gehen.«

Der Prinz wollte ohne seine Brüder nicht zu dem Vater nach Hause kommen und sprach: »Lieber Zwerg, kannst du mir nicht sagen, wo meine zwei Brüder sind? Sie sind früher als ich nach dem Wasser des Lebens ausgezogen und sind nicht wiedergekommen.«

»Zwischen zwei Bergen stecken sie eingeschlossen«, sprach der Zwerg; »dahin habe ich sie verwünscht, weil sie so hochmütig waren.«

Da bat der Prinz so lange, bis der Zwerg sie wieder losließ, aber er warnte ihn und sprach: »Hüte dich vor ihnen, sie haben ein böses Herz.«

Als seine Brüder kamen, freute er sich und erzählte ihnen, wie es ihm ergangen sei, daß er das Wasser des Lebens gefunden und einen Becher voll mitgenommen und eine schöne Prinzessin erlöst habe. Die wolle ein Jahr lang auf ihn warten, dann solle Hochzeit gehalten werden, und er bekomme ein großes Reich. Danach ritten sie zusammen fort und kamen in ein Land, wo Hunger und Krieg war, und der König des Landes glaubte schon, er müsse zugrunde gehen, so groß war die Not.

Da ging der Prinz zu ihm und gab ihm das Brot, womit er sein ganzes Reich speiste und sättigte. Dann gab ihm der Prinz auch das Schwert, damit schlug er die Heere seiner Feinde und konnte nun in Ruhe und Frieden leben. Hierauf nahm der Prinz sein Brot und Schwert wieder zurück, und die drei Brüder ritten weiter. Sie kamen aber noch in zwei Länder, wo Hunger und Krieg herrschten, und da gab der Prinz den Königen jedesmal sein Brot und sein Schwert und hatte nun drei Reiche gerettet. Und danach setzten sie sich auf ein Schiff und fuhren übers Meer.

Während der Fahrt sprachen die beiden ältesten unter sich: »Der jüngste hat das Wasser des Lebens gefunden und wir nicht. Dafür wird ihm unser Vater das Reich geben, das uns gebührt, und er wird unser Glück wegnehmen.«

Da wurden sie rachsüchtig und verabredeten miteinander, daß sie ihn verderben wollten. Sie warteten, bis er einmal fest eingeschlafen war, dann gossen sie das Wasser des Lebens aus dem Becher und nahmen es für sich, ihm aber schütteten sie bitteres Meerwasser hinein.

Als sie nun daheim ankamen, brachte der jüngste dem kranken König seinen Becher, damit er daraus trinken und gesund werden solle. Kaum aber hatte er ein wenig von dem bitteren Meerwasser getrunken, so wurde er noch kränker als zuvor. Als er darüber jammerte, kamen die beiden ältesten Söhne und klagten den jüngsten an, er habe den Vater vergiften wollen, sie aber brächten ihm das rechte Wasser des Lebens, und reichten es ihm. Kaum hatte er davon getrunken, fühlte er seine Krankheit verschwinden und war stark und gesund wie in seinen jungen Tagen.

Danach gingen die beiden zu dem jüngsten, verspotteten ihn und sagten: »Du hast zwar das Wasser des Lebens gefunden, aber du hast die Mühe gehabt und wir den Lohn; du hättest klüger sein und die Augen offenhalten sollen. Wir haben dir's genommen, während du auf dem Meere eingeschlafen warst, und übers Jahr, da holt sich einer von uns die schöne Königstochter. Aber hüte dich, daß du nichts davon verrätst, der Vater glaubt dir doch nicht; und wenn du ein einziges Wort sagst, so sollst du noch obendrein dein Leben verlieren. Schweigst du aber, so soll dir's geschenkt sein.«

Der alte König war zornig über seinen jüngsten Sohn und glaubte, er habe ihm nach dem Leben getrachtet. Er ließ daher den Hof versammeln und das Urteil über ihn sprechen, daß er heimlich erschossen werden solle.

Als der Prinz nun einmal auf die Jagd ritt und nichts Böses vermutete, mußte des Königs Jäger mitgehen. Als sie ganz allein draußen im Wald waren und der Jäger so traurig aussah, sagte der Prinz zu ihm. »Lieber Jäger, was fehlt dir?«

Der Jäger sprach: »Ich kann's nicht sagen, und soll es doch.«

Da sprach der Prinz: »Sag heraus, was es ist, ich will dir's verzeihen.«

»Ach«, sagte der Jäger, »ich soll Euch erschießen, der König hat mir's befohlen.«

Da erschrak der Prinz und sprach: »Lieber Jäger, laß mich leben, da gebe ich dir mein königliches Kleid, gib mir dafür dein einfaches.«

Der Jäger sagte: »Das will ich gerne tun, ich hätte doch nicht nach Euch schießen können.«

Da tauschten sie die Kleider, und der Jäger ging heim, der Prinz aber ging weiter in den Wald hinein.

Nach einiger Zeit kamen zu dem alten König drei Wagen mit Gold und Edelsteinen für seinen jüngsten Sohn vorgefahren. Sie waren von den drei Königen geschickt worden, die mit des Prinzen Schwert die Feinde geschlagen und mit seinem Brot ihr Land ernährt hatten und die sich dankbar erweisen wollten.

Da dachte der alte König: Sollte mein Sohn unschuldig gewesen sein? und sprach zu seinen Leuten: »Wäre er noch am Leben! Wie tut mir's so leid, daß ich ihn habe töten lassen!«

»Er lebt noch«, sprach der Jäger, »ich konnte es nicht übers Herz bringen, Euern Befehl auszuführen.« Und er sagte dem König, wie es zugegangen war. Da fiel dem König ein Stein vom Herzen, und er ließ in allen Reichen verkündigen, sein Sohn dürfe wiederkommen und solle in Gnaden aufgenommen werden.

Die Königstochter aber ließ eine Straße vor ihrem Schloß bauen, die war ganz golden und glänzend, und sie sagte ihren Leuten, wer darauf geradewegs zu ihr geritten komme, das sei der Rechte, den sollten sie einlassen. Wer aber daneben komme, der sei der Rechte nicht, und den sollten sie auch nicht einlassen.

Als nun die Zeit gekommen war, dachte der älteste Sohn, er wolle sich eilen, zur Königstochter gehen und sich für ihren Befreier ausgeben, da bekomme er sie zur Gemahlin und das Reich dazu. Also ritt er fort, und als er vor das Schloß kam und die schöne goldene Straße sah, dachte er: Das wäre jammerschade, wenn du darauf rittest, lenkte ab und ritt rechts nebenher. Als er aber vor das Tor kam, sagten die Leute zu ihm, er sei nicht der Rechte, er solle wieder fortgehen.

Bald darauf machte sich der zweite Prinz auf, und als der zur goldenen Straße kam, und das Pferd den einen Fuß daraufgesetzt hatte, dachte er: Es wäre jammerschade, das Pferd könnte etwas abtreten, lenkte ab und ritt links

nebenher. Als er aber vor das Tor kam, sagten die Leute, er sei nicht der Rechte, er solle wieder fortgehen.

Als nun das Jahr um war, wollte der dritte aus dem Wald fort zu seiner Liebsten reiten und bei ihr sein Leid vergessen. Also machte er sich auf, dachte immer an sie und wäre gern schon bei ihr gewesen. Er sah die goldene Straße gar nicht. Da ging sein Pferd mitten darüber hin, und als er vor das Tor kam, wurde es aufgetan, und die Königstochter empfing ihn mit Freuden und sagte, er sei ihr Befreier und der Herr des Königreiches. Und nun wurde Hochzeit gehalten mit großer Glückseligkeit. Als sie vorbei war, erzählte sie ihm, daß sein Vater ihn zu sich bitte und ihm verziehen habe.

Da ritt er hin und sagte ihm alles: wie seine Brüder ihn betrogen und er doch dazu geschwiegen habe. Der alte König wollte sie strafen, aber sie waren aufs Meer geflohen, hatten ein Schiff bestiegen und kamen ihr Lebtag nicht wieder.

DER GEIST IM GLAS

Es war einmal ein armer Holzhacker, der arbeitete vom Morgen bis in die späte Nacht hinein. Als er sich endlich etwas Geld zusammengespart hatte, sprach er zu seinem Jungen: »Du bist mein einziges Kind, ich will das Geld, das ich mit saurem Schweiß erworben habe, zu deinem Unterricht verwenden. Lernst du etwas Rechtes, so kannst du mich im Alter ernähren, wenn meine Glieder steif geworden sind und ich daheim sitzen muß.«

Da ging der Junge auf eine Hohe Schule und lernte fleißig, so daß ihn seine Lehrer rühmten, und blieb eine Zeitlang dort. Als er ein paar Schulen durchgemacht hatte, aber doch noch nicht in allem vollkommen war, da war das bißchen Geld, das der Vater erworben hatte, draufgegangen, und er mußte wieder zu ihm heimkehren.

»Ach«, sprach der Vater betrübt, »ich kann dir nichts mehr geben und bei der Teuerung auch keinen Heller mehr verdienen als das tägliche Brot.«

»Lieber Vater«, antwortete der Sohn, »macht Euch darüber keine Gedanken! Wenn's Gottes Wille ist, so wird's zu meinem Besten ausschlagen; ich will mich schon dreinfügen.«

Als der Vater in den Wald hinaus wollte, um etwas am Zurichten des Holzes zu verdienen, sprach der Sohn: »Ich will mit Euch gehen und Euch helfen.«

»Ja, mein Sohn«, sagte der Vater, »das wird dir aber wohl zu schwer sein, du bist an harte Arbeit nicht gewöhnt, du hältst das nicht aus. Ich habe auch nur eine Axt und kein Geld übrig, um noch eine zweite zu kaufen.«

»Geht nur zum Nachbar«, antwortete der Sohn, »der leiht Euch seine Axt so lange, bis ich mir selbst eine verdient habe.«

Da borgte sich der Vater beim Nachbar eine Axt, und am andern Morgen, bei Anbruch des Tages, gingen sie zusammen in den Wald hinaus. Der Sohn half dem Vater und war ganz munter und frisch dabei. Als nun die Sonne über ihnen stand, sprach der Vater: »Wir wollen rasten und Mittag halten, hernach geht's noch einmal so gut.«

Der Sohn nahm sein Brot in die Hand und sprach: »Ruht Euch nur aus,

Vater, ich bin nicht müde, ich will in dem Wald ein wenig auf und ab gehen und Vogelnester suchen.«

»O du Narr«, sprach der Vater, »was willst du da herumlaufen, hernach bist du müde und kannst den Arm nicht mehr aufheben; bleib hier und setze dich zu mir!«

Der Sohn aber ging in den Wald, aß sein Brot, war ganz fröhlich und sah in die grünen Zweige hinein, ob er nirgends ein Nest entdeckte. So ging er hin und her, bis er endlich zu einer großen Eiche kam, die gewiß schon viele hundert Jahre alt war und die keine fünf Menschen umspannt hätten. Er blieb stehen, sah sie an und dachte: Es muß doch mancher Vogel sein Nest hineingebaut haben.

Da kam es ihm auf einmal vor, als höre er eine Stimme.

Er horchte und vernahm, wie es mit recht dumpfem Ton rief: »Laß mich heraus, laß mich heraus!«

Er sah sich rings um, konnte aber nichts sehen, doch es war ihm, als ob die Stimme unten aus der Erde hervorkäme.

Da rief er: »Wo bist du?«

Die Stimme antwortete: »Ich stecke da unten bei den Eichwurzeln. Laß mich heraus, laß mich heraus!«

Der Schüler fing an, unter dem Baum zu graben und bei den Wurzeln zu suchen, bis er endlich in einer kleinen Höhlung eine Glasflasche fand. Er hob sie in die Höhe und hielt sie gegen das Licht, da sah er ein Ding, das wie ein Frosch aussah; das sprang darin auf und nieder.

»Laß mich heraus, laß mich heraus!« rief's von neuem, und der Schüler,

der an nichts Böses dachte, nahm den Pfropfen von der Flasche ab. Sogleich stieg ein Geist heraus und fing an zu wachsen und wuchs so schnell, daß er in wenigen Augenblicken als ein entsetzlicher Kerl, so groß wie der halbe Baum, vor dem Schüler stand.

»Weißt du«, rief er mit einer fürchterlichen Stimme, »was dein Lohn dafür ist, daß du mich herausgelassen hast?«

»Nein«, antwortete der Schüler ohne Furcht, »wie soll ich das wissen?«

»So will ich dir's sagen«, rief der Geist; »den Hals muß ich dir dafür brechen.«

»Das hättest du mir früher sagen sollen«, antwortete der Schüler, »dann hätte ich dich stecken lassen; mein Kopf aber soll wohl festsitzen!«

»Deinen verdienten Lohn, den sollst du haben«, rief der Geist. »Denkst du, ich wäre aus Gnade da so lange Zeit eingeschlossen worden? Nein, es war zu meiner Strafe. Ich bin der großmächtige Merkurius, wer mich losläßt, dem muß ich den Hals brechen.«

»Nur langsam!« antwortete der Schüler; »so geschwind geht das nicht! Erst muß ich auch wissen, daß du wirklich in der kleinen Flasche gesessen und daß du der rechte Geist bist; kannst du auch wieder hinein, so will ich's glauben, und dann magst du mit mir anfangen, was du willst.«

Der Geist sprach voll Hochmut: »Das ist keine Kunst«, zog sich zusammen und machte sich so dünn und klein, wie er anfangs gewesen war, so daß er durch dieselbe Öffnung und durch den Hals der Flasche wieder hineinkroch. Kaum aber war er darin, so drückte der Schüler den abgezogenen Pfropfen wieder auf und stellte die Flasche unter die Eichwurzeln an ihren alten Platz, und der Geist war betrogen.

Nun wollte der Schüler zu seinem Vater zurückgehen, aber der Geist rief ganz kläglich: »Ach, laß mich doch heraus, laß mich doch heraus!«

»Nein«, antwortete der Schüler, »zum zweitenmal nicht; wer mir einmal nach dem Leben gestrebt hat, den lass' ich nicht los, wenn ich ihn wieder eingefangen habe.«

»Wenn du mich freimachst«, rief der Geist, »so will ich dir so viel geben, daß du dein Lebtag genug hast.«

»Nein«, antwortete der Schüler, »du würdest mich betrügen wie das erste Mal.«

»Du verscherzest dein Glück«, sprach der Geist, »ich will dir nichts tun, sondern dich reichlich belohnen.«

Der Schüler dachte: Ich will's wagen; vielleicht hält er Wort, ich will schon sehen, daß er mir nichts zuleide tut.

Da nahm er den Pfropfen ab, der Geist stieg wie das vorige Mal heraus, dehnte sich auseinander und wurde groß wie ein Riese. »Nun sollst du deinen Lohn haben«, sprach er, reichte dem Schüler einen kleinen Lappen, der wie ein Pflaster aussah, und sagte: »Wenn du mit dem einen Ende eine Wunde bestreichst, so heilt sie, und wenn du mit dem anderen Ende Stahl und Eisen bestreichst, so wird es in Silber verwandelt.«

»Das muß ich erst versuchen«, sprach der Schüler, ging zu einem Baum, ritzte die Rinde mit seiner Axt und bestrich sie mit dem einen Ende des Pflasters; sogleich schloß sie sich wieder zusammen und war geheilt.

»Nun, es hat seine Richtigkeit«, sprach er zum Geist, »jetzt können wir uns trennen.« Der Geist dankte ihm für seine Erlösung, und der Schüler dankte ihm für sein Geschenk und ging zurück zu seinem Vater.

»Wo bist du herumgelaufen?« fragte der Vater, »warum hast du deine Arbeit vergessen? Ich habe es ja gleich gesagt, daß du nichts zustande bringen wirst.«

»Seid nicht böse, Vater, ich will's nachholen.«

»Ja, nachholen«, sprach der Vater zornig, »das ist nicht so leicht.«

»Gebt acht, Vater, den Baum da will ich gleich umhauen, daß es krachen soll.«

Da nahm er sein Pflaster, bestrich die Axt damit und tat einen gewaltigen Hieb. Aber weil das Eisen in Silber verwandelt war, so verlor die Schneide jede Schärfe.

»Ei, Vater, seht einmal, was habt Ihr mir für eine schlechte Axt gegeben, die ist ja ganz schief geworden.«

Da erschrak der Vater und sprach: »Ach, was hast du gemacht! Nun muß ich die Axt bezahlen und weiß nicht womit; das ist der Nutzen, den ich von deiner Arbeit habe.«

»Werdet nicht bös!« antwortete der Sohn, »die Axt will ich schon bezahlen.«

»O du Dummkopf«, rief der Vater, »wovon willst du sie bezahlen? Du hast nichts, als was ich dir gebe; das sind Studentenkniffe, die dir im Kopf stecken, aber vom Holzhacken verstehst du nichts.«

Nach einer Weile sprach der Schüler: »Vater, ich kann doch nichts mehr arbeiten, wir wollen lieber Feierabend machen und heimgehen!«

»Ei, was«, antwortete er, »meinst du, ich wollte die Hände in den Schoß legen wie du? Ich muß noch arbeiten, aber du kannst dich heimpacken.«

»Vater, ich bin zum erstenmal hier in dem Wald, ich weiß den Weg nicht allein, geht doch mit mir!«

Weil sich der Zorn gelegt hatte, ließ der Vater sich endlich bereden und ging mit ihm heim. Da sprach er zum Sohn: »Geh und verkaufe die verdorbene Axt und schau, was du dafür kriegst; das übrige muß ich verdienen, um sie dem Nachbarn zu bezahlen.«

Der Sohn nahm am nächsten Tag die Axt und trug sie in die Stadt zu einem Goldschmied.

Der probierte sie, legte sie auf die Waage und sprach: »Sie ist vierhundert Taler wert; so viel habe ich nicht bar.«

Der Schüler sprach: »Gebt mir, was Ihr habt, das übrige will ich Euch borgen.«

Der Goldschmied gab ihm dreihundert Taler und blieb einhundert schuldig. Darauf ging der Schüler heim und berichtete: »Vater, ich habe Geld, geht und fragt, was der Nachbar für die Axt haben will.«

»Das weiß ich schon«, antwortete der Alte, »einen Taler sechs Groschen.«

»So gebt ihm zwei Taler zwölf Groschen, das ist das Doppelte und ist genug. Seht Ihr, ich habe Geld im Überfluß!« Dabei gab er dem Vater einhundert Taler und sprach: »Es soll Euch nichts mehr fehlen, lebt nach Eurer Bequemlichkeit.«

»Mein Gott«, sprach der Alte, »wie bist du zu dem Reichtum gekommen?« Da erzählte ihm der Sohn, wie alles zugegangen war, und wie er im Vertrauen auf sein Glück einen so reichen Fang getan hatte. Mit dem übrigen Geld aber zog er wieder auf die Hohe Schule und lernte weiter, und weil er mit seinem Pflaster alle Wunden heilen konnte, wurde er der berühmteste Doktor auf der ganzen Welt.

DER ARME MÜLLERBURSCH UND DAS KÄTZCHEN

In einer Mühle lebte ein alter Müller, der hatte weder Frau noch Kinder, und drei Müllerburschen dienten bei ihm. Als sie nun etliche Jahre bei ihm gewesen waren, sagte er eines Tages zu ihnen: »Ich bin alt und will mich hinter den Ofen setzen. Zieht aus, und wer mir das beste Pferd nach Haus bringt, dem will ich die Mühle geben, und er soll mich dafür bis an meinen Tod verpflegen.«

Der dritte von den Burschen war aber der Kleinknecht. Der wurde von den andern für albern gehalten, dem gönnten sie die Mühle nicht. Und er wollte sie später nicht einmal.

Da zogen sie alle drei miteinander aus. Als sie vor das Dorf kamen, sagten die zwei zu dem albernen Hans: »Du kannst hierbleiben, du kriegst dein Lebtag keinen Gaul.«

Hans aber ging doch mit. Als es Nacht war, kamen sie an eine Höhle, dort legten sie sich schlafen. Die zwei Klugen warteten, bis Hans eingeschlafen war. Dann standen sie auf, machten sich fort und ließen Hänschen liegen und meinten, es recht fein gemacht zu haben.

Als nun die Sonne kam und Hans aufwachte, lag er in einer tiefen Höhle. Er guckte sich überall um und rief: »Ach Gott, wo bin ich!« Dann erhob er sich und krabbelte die Höhle hinauf, ging in den Wald und dachte: Ich

bin hier ganz allein und verlassen. Wie soll ich nun zu einem Pferd kommen?

Während er so in Gedanken dahinging, begegnete ihm ein kleines, buntes Kätzchen, das sprach ganz freundlich: »Hans, wo willst du hin?«

»Ach, du kannst mir doch nicht helfen.«

»Was dein Begehren ist, weiß ich wohl«, sprach das Kätzchen, »du willst einen hübschen Gaul haben. Komm mit mir und sei sieben Jahre lang mein treuer Knecht, dann will ich dir einen Gaul geben, schöner als du dein Lebtag einen gesehen hast.«

Nun, das ist eine wunderliche Katze, dachte Hans; aber sehen will ich doch, ob das wahr ist, was sie sagt.

Da nahm ihn die Katze mit in ihr verwunschenes Schlößchen, dort hatte sie lauter Kätzchen, die ihr dienten. Die sprangen flink die Treppe auf und ab, waren lustig und guter Dinge. Abends, als sie sich zu Tische setzten, mußten drei Musik machen. Eines strich den Baß, das andere die Geige, das dritte setzte die Trompete an und blies die Backen auf, sosehr es nur konnte.

Als sie gegessen hatten, wurde der Tisch weggetragen, und die Katze sagte: »Nun komm, Hans, und tanze mit mir.«

»Nein«, antwortete er, »mit einer Miezekatze tanze ich nicht, das habe ich noch niemals getan.«

»So bringt ihn ins Bett!« sagte sie zu den Kätzchen.

Da leuchtete ihm eines in seine Schlafkammer, eines zog ihm die Schuhe aus, eines die Strümpfe, und zuletzt blies eines das Licht aus. Am andern Morgen kamen sie wieder und halfen ihm aus dem Bett, eines zog ihm die Strümpfe an, eines band ihm die Strumpfbänder, eines holte die Schuhe, eines wusch ihn, und eines trocknete ihm mit dem Schwanz das Gesicht ab. »Das tut recht sanft«, sagte Hans.

Er mußte aber auch der Katze dienen und alle Tage Holz klein machen. Dazu bekam er eine Axt von Silber und die Keile und Säge von Silber, und der Schläger war von Kupfer. Nun, da machte er's klein, blieb von jetzt an im Haus, hatte sein gutes Essen und Trinken, sah aber niemand als die bunte Katze und ihr Gesinde.

Einmal sagte sie zu ihm: »Geh hin und mähe meine Wiese und mach das Gras trocken.« Sie gab ihm eine Sense von Silber und einen Wetzstein von Gold, hieß ihn aber auch alles wieder richtig abliefern. Da ging Hans hin und tat, was ihm geheißen war; nach vollbrachter Arbeit trug er Sense, Wetzstein und Heu nach Haus und fragte, ob die Katze ihm noch nicht seinen Lohn geben wolle.

»Nein«, sagte die Katze, »du mußt mir noch etwas tun. Hier ist Bauholz, Zimmeraxt, Winkeleisen und was nötig ist, alles von Silber; daraus baue mir erst ein kleines Häuschen.«

Da baute Hans das Häuschen und sagte dann, er hätte nun alles getan und habe noch kein Pferd. Doch waren ihm die sieben Jahre herumgegangen wie ein halbes.

Da fragte die Katze, ob er ihre Pferde sehen wolle. »Ja«, sagte Hans. Sie machte das Häuschen auf, da standen zwölf Pferde, ach, die waren ganz

stolz, die blinkten und spiegelten, daß sich sein Herz im Leibe darüber freute.

Nun gab sie ihm zu essen und zu trinken und sprach: »Geh heim! Dein Pferd gebe ich dir noch nicht mit; in drei Tagen aber komm' ich und bringe dir's nach.«

Also machte Hans sich auf, und sie zeigte ihm den Weg zur Mühle. Sie hatte ihm aber nicht einmal ein neues Kleid gegeben, sondern er mußte sein altes, lumpiges Kittelchen behalten, das er mitgebracht hatte und das ihm in den sieben Jahren überall zu kurz geworden war.

Als er nun heimkam, waren die beiden andern Müllerburschen auch wieder da. Jeder hatte zwar sein Pferd mitgebracht, aber des einen seines war blind, des andern seines lahm. Sie fragten: »Hans, wo hast du dein Pferd?«

»In drei Tagen wird's nachkommen.«

Da lachten sie und sagten: »Ja, Hans, wo willst du ein Pferd herkriegen? Das wird was Rechtes sein!« Hans ging in die Stube, der Müller sagte aber, er solle nicht an den Tisch kommen, er sei so zerlumpt, man müsse sich schämen, wenn jemand hereinkäme. Da gaben sie ihm ein bißchen Essen hinaus. Als sie abends schlafen gingen, wollten ihm die zwei andern kein Bett geben, und er mußte endlich ins Gänseställchen kriechen und sich auf ein wenig hartes Stroh legen.

Am Morgen, wie er aufwacht, sind schon die drei Tage um, und es kommt eine Kutsche mit sechs Pferden. Ei, die glänzten, daß es eine Pracht war! Ein Bedienter brachte noch ein siebentes Roß, das war für den armen Müllerburschen. Aus der Kutsche aber stieg eine prächtige Königstochter und

ging in die Mühle hinein. Die Königstochter war das kleine bunte Kätzchen, dem der arme Hans sieben Jahre gedient hatte. Sie fragte den Müller, wo der Mahlbursch, der Kleinknecht, wäre? Da sagte der Müller: »Den können wir nicht in der Mühle brauchen, der ist so zerlumpt und liegt im Gänsestall.« Da sagte die Königstochter, sie sollten ihn gleich holen.

Also holten sie ihn heraus, und er mußte sein Kittelchen zusammenhalten, um sich zu bedecken. Da packte der Bediente prächtige Kleider aus und mußte ihn waschen und anziehen, und als Hans fertig war, konnte kein König schöner sein. Dann verlangte die Königstochter die Pferde zu sehen, die die andern Mahlburschen mitgebracht hatten. Eins war blind, das andere lahm. Da ließ sie den Bedienten das siebente Pferd bringen. Wie der Müller das sah, sprach er, so eines sei ihm noch nicht auf den Hof gekommen. »Und das ist für den dritten Mahlburschen«, sagte sie.

»Dann muß er die Mühle haben«, sagte der Müller.

Die Königstochter aber sprach, hier sei das Pferd, er solle seine Mühle auch behalten. Dann nimmt sie ihren treuen Hans, setzt ihn in die Kutsche und fährt mit ihm fort.

Sie fahren zuerst nach dem kleinen Häuschen, das er mit dem silbernen Werkzeug gebaut hat. Es ist ein großes Schloß, und alles darin ist von Silber und Gold. Da hat sie ihn geheiratet, und er war reich, so reich, daß er für sein Lebtag genug hatte.

DIE BEIDEN WANDERER

Berg und Tal begegnen sich nicht, wohl aber die Menschenkinder, zumal gute und böse. So kamen auch einmal ein Schuster und ein Schneider auf der Wanderschaft zusammen. Der Schneider war ein kleiner, hübscher Kerl und war immer lustig und guter Dinge. Er sah den Schuster von der andern Seite herankommen, und da er an seinem Felleisen merkte, was er für ein Handwerk trieb, rief er ihm ein Spottliedchen zu:

»Nähe mir die Naht,
ziehe mir den Draht,
streich ihn rechts und links mit Pech,
schlag, schlag mir fest den Zweck.«

Der Schuster aber konnte keinen Spaß vertragen, er verzog sein Gesicht, als ob er Essig getrunken hätte, und machte Miene, das Schneiderlein am Kragen zu packen. Der kleine Kerl aber fing an zu lachen, reichte ihm seine

Flasche und sprach: »Es ist nicht bös gemeint. Trink einmal und schluck die Galle hinunter!«

Der Schuster tat einen gewaltigen Schluck, und das Gewitter auf seinem Gesicht fing an, sich zu verziehen. Er gab dem Schneider die Flasche zurück und sprach: »Ich habe ihr ordentlich zugesprochen; man spricht gern vom vielen Trinken, aber nicht vom großen Durst. Wollen wir zusammen wandern?«

»Mir ist's recht«, antwortete der Schneider, »wenn du Lust hast, in eine große Stadt zu gehen, wo es nicht an Arbeit fehlt.«

»Gerade dahin wollte ich auch«, antwortete der Schu-  ster; »in einem kleinen Nest ist nichts zu verdienen, und auf dem Lande gehen die Leute lieber barfuß.«

Sie wanderten also zusammen weiter und setzten immer einen Fuß vor den anderen wie die Wiesel im Schnee.

Zeit genug hatten sie beide, aber wenig zu essen und zu trinken. Wenn sie in eine Stadt kamen, so gingen sie umher und sprachen bei den Handwerkern vor. Und weil das Schneiderlein so frisch und munter aussah und so hübsche rote Backen hatte, gab ihm jeder gerne, und wenn das Glück gut war, gab ihm die Meisterstochter unter der Haustüre auch noch einen Kuß auf den Weg. Wenn er mit dem Schuster wieder zusammentraf, hatte er immer mehr in seinem Bündel. Der griesgrämige Schuster schnitt ein schiefes Gesicht und meinte: »Je größer der Schelm, desto größer das Glück.« Der Schneider fing an zu lachen und zu singen und teilte alles, was er bekam, mit seinem Kameraden. Klingelten nur ein paar Groschen in seiner Tasche, so ließ er auftragen, schlug vor Freude auf den Tisch, daß die Gläser tanzten, und es hieß bei ihm: »Leicht verdient, und leicht vertan.«

Als sie eine Zeitlang gewandert waren, kamen sie an einen großen Wald, durch den der Weg nach der Königsstadt ging. Es führten aber zwei Fußsteige dorthin, davon war der eine sieben Tage lang, der andere nur zwei Tage; aber keiner von ihnen wußte, welcher der kürzere Weg war. Die zwei Wanderer setzten sich unter einen Eichenbaum und berieten, was sie tun und für wieviel Tage sie Brot mitnehmen sollten.

Der Schuster sagte: »Man muß weiter denken, als man geht; ich will für sieben Tage Brot mitnehmen.«

»Was«, widersprach der Schneider, »für sieben Tage Brot auf dem Rücken schleppen wie ein Lasttier? Ich halte mich an Gott und kehre mich an nichts. Das Geld, das ich in der Tasche habe, das ist im Sommer so gut wie im Winter, aber das Brot wird in der heißen Zeit trocken und obendrein schimmelig. Warum sollen wir den richtigen Weg nicht finden? Für zwei Tage Brot, und damit gut.«

Es kaufte sich also ein jeder sein Brot, dann gingen sie auf gut Glück in den Wald hinein.

In dem Wald war es so still wie in einer Kirche. Kein Wind wehte, kein Bach rauschte, kein Vogel sang, und durch die dichtbelaubten Äste drang kein Sonnenstrahl. Der Schuster sprach kein Wort; ihn drückte das schwere Brot auf dem Rücken, daß ihm der Schweiß über sein finsteres Gesicht herabfloß. Der Schneider aber war ganz munter, sprang daher, pfiff auf einem Blatt oder sang ein Liedchen und dachte: Gott im Himmel muß sich freuen, daß ich so lustig bin.

Zwei Tage ging das so fort, aber als am dritten Tag der Wald kein Ende nehmen wollte und der Schneider sein Brot aufgegessen hatte, fiel ihm das Herz doch eine Elle tiefer herab.

Aber er verlor nicht den Mut, sondern verließ sich auf Gott und auf sein Glück. Den dritten Tag legte er sich abends hungrig unter einen Baum und stand am andern Morgen hungrig wieder auf. So ging es auch den vierten Tag, und wenn der Schuster sich auf einen umgestürzten Baum setzte und seine Mahlzeit verzehrte, blieb dem Schneider nichts als das Zusehen. Bat er um ein Stückchen Brot, so lachte der andere höhnisch und sagte: »Du bist immer so lustig gewesen, da kannst du auch einmal versuchen, wie's tut, wenn man verdrossen ist: Die Vögel, die morgens zu früh singen, die stößt abends der Habicht.« Kurz, er war ohne Barmherzigkeit.

Aber am fünften Tag konnte der arme Schneider nicht mehr aufstehen und vor Mattigkeit kaum ein Wort herausbringen; die Backen waren ihm weiß und die Augen rot. Da sagte der Schuster zu ihm: »Ich will dir heute ein Stück Brot geben, aber dafür will ich dein rechtes Auge haben.«

Der unglückliche Schneider, der doch gerne sein Leben erhalten wollte, konnte sich nicht anders helfen. Er weinte noch einmal mit beiden Augen und hielt sie dann hin, und der Schuster, der ein Herz von Stein hatte, nahm sich das rechte Auge. Dem Schneider kam in den Sinn, was ihm sonst seine Mutter gesagt hatte, wenn er in der Speisekammer genascht hatte: »Essen, soviel man mag, und leiden, was man muß.« Als er sein teuer bezahltes Brot verzehrt hatte, machte er sich wieder auf die Beine, vergaß sein Unglück und tröstete sich damit, daß er mit einem Auge noch immer genug sehen könne.

Aber am sechsten Tage meldete sich der Hunger aufs neue und verzehrte ihm fast das Herz. Er fiel abends bei einem Baum nieder, und am siebenten Morgen konnte er sich vor Mattigkeit nicht erheben, und der Tod saß ihm im Nacken.

Da sagte der Schuster: »Ich will Barmherzigkeit ausüben und dir nochmals Brot geben. Umsonst bekommst du es aber nicht; ich nehme dafür auch noch das andere Auge.«

Da erkannte der Schneider sein leichtsinniges Leben, bat den lieben Gott um Verzeihung und sprach: »Tu, was du mußt, ich will leiden, was ich muß! Ich habe in guten Tagen mit dir geteilt, was ich hatte. Mein Handwerk ist so, daß ich einen Stich an den andern setzen muß. Wenn ich keine Augen mehr habe und nicht mehr nähen kann, so muß ich betteln gehen. Laß mich nur, wenn ich blind bin, hier nicht allein liegen, sonst muß ich verschmachten!«

Der Schuster aber, der Gott aus seinem Herzen vertrieben hatte, nahm sich auch noch das linke Auge. Dann gab er ihm ein Stück Brot zu essen, reichte ihm einen Stock und führte ihn hinter sich her.

Als die Sonne unterging, kamen sie aus dem Wald, und vor dem Wald auf dem Feld stand ein Galgen. Dahin leitete der Schuster den blinden Schneider, ließ ihn dann liegen und ging seiner Wege. Vor Müdigkeit, Schmerz und Hunger schlief der Unglückliche ein und ruhte die ganze Nacht. Als der Tag dämmerte, erwachte er, wußte aber nicht, wo er lag. An dem Galgen hingen zwei arme Sünder, und auf dem Kopf eines jeden saß eine Krähe.

Da fing der eine an zu sprechen: »Bruder, wachst du?« — »Ja, ich wache«, antwortete der zweite. »So will ich dir etwas sagen«, fing der erste wieder an. »Der Tau, der heute nacht über uns vom Galgen herabgefallen ist, der gibt jedem, der sich damit wäscht, die Augen wieder. Wenn das die Blinden wüßten, wie mancher könnte sein Augenlicht wiederhaben, der nicht glaubt, daß das möglich sei.«

Als der Schneider das hörte, nahm er sein Taschentuch, drückte es auf das Gras, und als es mit Tau befeuchtet war, wusch er seine Augenhöhlen damit. Bald füllten ein Paar frische und gesunde Augen die Höhlen.

Es dauerte nicht lange, so sah der Schneider die Sonne hinter den Bergen aufsteigen. Vor ihm in der Ebene lag die große Königsstadt mit ihren prächtigen Toren und hundert Türmen, und die goldenen Knöpfe und Kreuze, die auf den Spitzen waren, fingen an zu glühen. Er unterschied jedes Blatt an den Bäumen, erblickte die Vögel, die vorbeiflogen, und die Mücken, die in der Luft tanzten. Er holte eine Nähnadel aus der Tasche, und als er den Zwirn einfädeln konnte, so gut, wie er es je gekonnt hatte, sprang sein Herz vor Freude. Er warf sich auf die Knie, dankte Gott für die erwiesene Gnade und sprach sein Morgengebet. Er vergaß auch nicht, für die armen Sünder zu bitten, die da hingen wie der Schwengel in der Glocke. Dann nahm er sein Bündel auf den Rücken, vergaß bald das ausgestandene Herzeleid und ging unter Singen und Pfeifen weiter.

Das erste, was ihm begegnete, war ein braunes Füllen, das frei im Felde herumsprang. Er packte es an der Mähne, wollte sich aufschwingen und in die Stadt reiten.

Das Füllen aber bat um seine Freiheit: »Ich bin noch so jung«, sprach es, »auch ein leichter Schneider wie du bricht mir den Rücken entzwei. Laß mich laufen, bis ich stark geworden bin. Es kommt vielleicht eine Zeit, wo ich dir's lohnen kann.«

»Lauf hin!« sagte der Schneider. »Ich sehe, du bist auch so ein Springinsfeld.« Er gab ihm noch einen Hieb mit der Gerte über den Rücken, daß es vor Freude mit den Hinterbeinen ausschlug, über Hecken und Gräben setzte und in das Feld hineinjagte.

Aber das Schneiderlein hatte seit gestern nichts gegessen. »Die Sonne«, sprach es, »füllt mir zwar die Augen, aber das Brot nicht den Mund. Das erste, was mir begegnet und halbwegs genießbar ist, das muß herhalten.«

In diesem Augenblick schritt ein Storch ganz ernsthaft über die Wiese daher. »Halt, halt«, rief der Schneider und packte ihn am Bein, »ich weiß nicht, ob man dich essen kann, aber mein Hunger erlaubt mir keine lange Wahl, ich muß dich braten!«

»Tu das nicht!« antwortete der Storch, »ich bin ein heiliger Vogel, dem niemand ein Leid zufügt und der den Menschen großen Nutzen bringt. Läßt du mir mein Leben, so kann ich dir's ein andermal vergelten.«

»So zieh ab, Vetter Langbein!« sagte der Schneider.

Der Storch erhob sich, ließ die langen Beine hängen und flog gemächlich fort.

»Was soll daraus werden?« sprach der Schneider zu sich selbst. »Mein

245

Hunger wird immer größer und mein Magen immer leerer. Was mir jetzt in den Weg kommt, das ist verloren.«

Da sah er auf einem Teich ein paar junge Enten daherschwimmen. »Ihr kommt ja wie gerufen«, sagte er, packte eine davon und wollte ihr den Hals umdrehen. Da fing eine alte Ente, die in dem Schilf steckte, laut zu kreischen an, schwamm mit aufgesperrtem Schnabel herbei und bat flehentlich, sich ihrer lieben Kinder zu erbarmen. »Denkst du nicht«, sagte sie, »wie deine Mutter jammern würde, wenn dich einer wegholen und dir den Garaus machen wollte?«

»Sei nur still«, sagte der gutmütige Schneider, »du sollst deine Kinder behalten«, und setzte die Gefangene wieder ins Wasser.

Als er sich umkehrte, stand er vor einem alten Baum, der hohl war, und sah die wilden Bienen aus und ein fliegen. »Da finde ich gleich den Lohn für meine gute Tat«, sagte der Schneider, »der Honig wird mich laben.« Aber die Bienenkönigin kam heraus, drohte und sprach: »Wenn du mein Volk anrührst und mein Nest zerstörst, sollen dir unsere Stacheln wie zehntausend glühende Nadeln in die Haut fahren. Läßt du uns aber in Ruhe und gehst deiner Wege, so wollen wir dir ein andermal dafür einen Dienst leisten.«

Das Schneiderlein sah, daß auch hier nichts anzufangen war. »Drei Schüsseln leer«, sagte er, »und auf der vierten nichts, das ist eine schlechte Mahlzeit.« Er schleppte sich also mit seinem ausgehungerten Magen in die Stadt, und da es eben zu Mittag läutete, war für ihn im Gasthaus schon gekocht, und er konnte sich gleich zu Tisch setzen. Als er satt war, sagte er: »Nun will ich auch arbeiten.«

Er ging in der Stadt umher, suchte einen Meister und fand auch bald ein gutes Unterkommen. Da er aber sein Handwerk von Grund aus gelernt hatte, dauerte es nicht lange, daß er weit und breit bekannt wurde, und jeder wollte seinen neuen Rock von dem kleinen Schneider gemacht haben. Alle Tage nahm sein Ansehen zu. »Ich kann in meiner Kunst nicht weiterkommen«, sprach er, »und doch geht's jeden Tag besser.« Endlich bestellte ihn der König zu seinem Hofschneider.

An demselben Tag war sein ehemaliger Kamerad, der Schuster, auch Hofschuster geworden. Als dieser den Schneider erblickte und sah, daß er wieder zwei gesunde Augen hatte, peinigte ihn das Gewissen.

Ehe er Rache an mir nimmt, dachte er bei sich selbst, muß ich ihm eine Grube graben. Wer aber andern eine Grube gräbt, fällt selbst hinein. Abends, als er Feierabend gemacht hatte und es dämmerig geworden war, schlich er sich zu dem König und sagte: »Herr König, der Schneider ist ein übermütiger Mensch und hat geprahlt, er wolle die goldene Krone wieder herbeischaffen, die vor alten Zeiten verlorengegangen ist.«

»Das sollte mir lieb sein«, sprach der König, ließ den Schneider am andern

Morgen kommen und befahl ihm, die Krone wieder herbeizuschaffen oder für immer die Stadt zu verlassen.

Oho, dachte der Schneider, ein Schelm gibt mehr, als er hat! Wenn der mürrische König von mir verlangt, was kein Mensch leisten kann, so will ich nicht warten bis morgen, sondern gleich heute wieder zur Stadt hinauswandern.

Er schnürte also sein Bündel. Als er aber aus dem Tor draußen war, tat es ihm doch leid, daß er sein Glück aufgeben und der Stadt, in der es ihm so gut gegangen war, den Rücken kehren sollte. Er kam zu dem Teich, wo er mit den Enten Bekanntschaft gemacht hatte. Da saß gerade die Alte, der er ihre Jungen gelassen hatte, am Ufer und putzte sich mit dem Schnabel. Sie erkannte ihn gleich und fragte, warum er den Kopf hängen lasse.

»Du wirst dich nicht wundern, wenn du hörst, was mir begegnet ist«, antwortete der Schneider und erzählte ihr sein Schicksal.

»Wenn's weiter nichts ist«, sagte die Ente, »da können wir Rat schaffen. Die Krone ist ins Wasser gefallen und liegt unten auf dem Grund; bald haben wir sie wieder heraufgeholt! Breite nur indessen dein Taschentuch am Ufer aus.«

Sie tauchte mit ihren zwölf Jungen unter, und nach fünf Minuten war sie wieder oben und saß mitten in der Krone, die auf ihren Flügeln ruhte. Die zwölf Jungen schwammen rundherum, hatten ihre Schnäbel untergelegt und halfen tragen. Sie schwammen ans Land und legten die Krone auf das Tuch. Wie prächtig war die Krone! Wenn die Sonne darauf schien, so glänzte sie wie hunderttausend Karfunkelsteine. Der Schneider band sein Tuch mit den vier Zipfeln zusammen und trug sie zum König, der hocherfreut war und dem Schneider eine goldene Kette um den Hals hing.

Als der Schuster sah, daß der eine Streich mißlungen war, erdachte er einen zweiten. Er trat vor den König und sprach: »Herr König, der Schneider ist wieder übermütig geworden; so brüstet er sich, er könne das ganze königliche Schloß, mit allem, was darin ist, innen und außen, in Wachs abbilden.«

Der König ließ den Schneider kommen und befahl ihm, das ganze königliche Schloß mit allem, was darin sei, lose und fest, innen und außen, in Wachs abzubilden. Wenn er es nicht zustande bringe, oder es fehle nur ein Nagel an der Wand, so solle er zeitlebens unter der Erde gefangensitzen.

Der Schneider dachte: Es kommt immer ärger, das hält kein Mensch aus, warf sein Bündel auf den Rücken und wanderte fort. Als er an den hohlen Baum kam, setzte er sich nieder und ließ den Kopf hängen. Die Bienen kamen herausgeflogen, und die Bienenkönigin fragte ihn, ob er einen steifen Hals habe, weil er den Kopf so schief hielt.

»Ach nein«, antwortete der Schneider, »mich drückt etwas anderes«, und erzählte, was der König von ihm gefordert hatte. Die Bienen fingen an, untereinander zu summen und zu brummen, und der Weisel sprach: »Geh nur wieder nach Hause, komm aber morgen um diese Zeit wieder und bring ein großes Tuch mit, dann wird alles gut gehen.«

Da kehrte er wieder um, die Bienen aber flogen nach dem königlichen Schloß, geradezu in die offenen Fenster hinein, krochen in allen Ecken herum und besahen sich alles aufs genaueste. Dann flogen sie zurück und bildeten das Schloß in Wachs nach, mit einer solchen Geschwindigkeit, daß man meinte, es wachse beim Zusehen. Schon am Abend war alles fertig, und als der Schneider am folgenden Morgen kam, stand das ganze prächtige Gebäude da, und es fehlte kein Nagel an der Wand und kein Ziegel auf dem Dach; dabei war es zart und schneeweiß und roch süß wie Honig. Der Schneider packte es vorsichtig in sein Tuch und brachte es dem König. Der aber konnte sich nicht genug wundern, stellte es in seinem größten Saal auf und schenkte dem Schneider dafür ein großes steinernes Haus.

Der Schuster aber ließ nicht nach, ging zum drittenmal zu dem König und sprach: »Herr König, dem Schneider ist zu Ohren gekommen, daß auf dem Schloßhof kein Wasser springen will. Da hat er versprochen, es soll mitten im Hof mannshoch aufsteigen und hell sein wie Kristall.«

Da ließ der König den Schneider herbeiholen und sagte: »Wenn nicht morgen ein Strahl von Wasser in meinem Hof springt, wie du versprochen hast, so soll dich der Scharfrichter auf demselben Hof um einen Kopf kürzer machen.«

Der arme Schneider überlegte nicht lange und eilte zum Tor hinaus, und weil es ihm diesmal ans Leben gehen sollte, so rollten ihm die Tränen über die Backen herab. Während er so voll Trauer dahinging, kam das Füllen herangesprungen, dem er einmal die Freiheit geschenkt hatte und aus dem ein hübscher Brauner geworden war.

»Jetzt kommt die Stunde«, sprach er zu dem Schneider, »wo ich dir deine Wohltat vergelten kann. Ich weiß schon, was dir fehlt, aber es soll dir bald geholfen werden! Sitz nur auf, mein Rücken kann zwei solche, wie du einer bist, tragen.«

Dem Schneider kam das Herz wieder, er sprang in einem Satz auf, und das Pferd rannte in vollem Lauf der Stadt zu und geradezu auf den Schloßhof. Da jagte es dreimal rundherum, schnell wie der Blitz, und beim drittenmal stürzte es nieder. In dem Augenblick aber krachte es furchtbar; ein Stück Erde sprang in der Mitte des Hofs wie eine Kugel in die Luft und über das Schloß hinaus, und gleich dahinterher erhob sich ein Strahl von Wasser, so hoch wie Mann und Pferd. Das Wasser war so rein wie Kristall, und die Sonnenstrahlen fingen an, darauf zu tanzen. Als der König das sah, stand er vor Verwunderung auf und umarmte das Schneiderlein im Angesicht aller Menschen.

Aber das Glück dauerte nicht lange. Der König hatte Töchter genug, eine schöner als die andere, aber keinen Sohn. Da begab sich der boshafte Schuster zum viertenmal zu dem König und sprach: »Herr König, der Schneider läßt nicht ab von seinem Übermut. Jetzt hat er sich gebrüstet, wenn er wolle, so könne er dem Herrn König einen Sohn durch die Lüfte herbeitragen lassen.«

Der König ließ den Schneider rufen und sprach: »Wenn du mir binnen neun Tagen einen Sohn bringen läßt, so sollst du meine älteste Tochter zur Frau haben.«

Der Lohn ist freilich groß, dachte das Schneiderlein, da täte man wohl ein übriges, aber die Kirschen hängen mir zu hoch. Wenn ich danach steige, so bricht unter mir der Ast, und ich falle herab.

Er ging nach Hause, setzte sich mit untergeschlagenen Beinen auf seinen Arbeitstisch und dachte nach, was zu tun wäre. »Es geht nicht«, rief er endlich aus, »ich will fort, hier kann ich doch nicht in Ruhe leben.«

Er schnürte sein Bündel und eilte zum Tor hinaus. Als er auf die Wiesen kam, erblickte er seinen alten Freund, den Storch, der da wie ein Weltweiser auf und ab ging, zuweilen stillstand, einen Frosch in nähere Betrachtung nahm und ihn endlich verschluckte. Der Storch kam heran und begrüßte ihn.

»Ich sehe«, fing er an, »du hast deinen Ranzen auf dem Rücken. Warum willst du die Stadt verlassen?« Der Schneider erzählte ihm, was der König von ihm verlangt hatte und er nicht erfüllen konnte, und jammerte über sein Unglück.

»Laß dir darüber keine grauen Haare wachsen!« sagte der Storch. »Ich will dir aus der Not helfen. Schon lange bringe ich die Wickelkinder in die Stadt, da kann ich auch einmal einen kleinen Prinzen aus dem Brunnen holen. Geh heim und verhalte dich ruhig! Heut über neun Tage geh in das königliche Schloß, da will ich kommen.«

Das Schneiderlein ging nach Hause und war zur rechten Zeit im Schloß. Bald darauf kam der Storch herangeflogen und klopfte ans Fenster. Der Schneider öffnete ihm, und Vetter Langbein stieg vorsichtig herein und ging mit gravitätischen Schritten über den glatten Marmorboden. Er hatte aber ein Kind im Schnabel, das, schön wie ein Engel, seine Händchen nach der Königin ausstreckte. Er legte es ihr auf den Schoß, und sie herzte und küßte es und war vor Freude außer sich. Der Storch nahm, bevor er wieder wegflog, seine Reisetasche von der Schulter herab und überreichte sie der Königin. Es steckten Tüten darin mit bunten Zuckererbsen; die wurden unter die kleinen Prinzessinnen verteilt. Die älteste erhielt nichts, sondern bekam den lustigen Schneider zum Mann.

»Es ist mir gerade so«, sprach der Schneider, »als hätte ich das große Los gewonnen. Meine Mutter hatte doch recht; die sagte immer, wer auf Gott vertraut und Glück hat, dem kann's nicht fehlen.«

Der Schuster mußte die Schuhe machen, in denen das Schneiderlein auf dem Hochzeitsfest tanzte, dann wurde ihm befohlen, die Stadt auf immer zu verlassen.

Der Weg nach dem Walde führte ihn zu dem Galgen. Von Zorn, Wut und der Hitze des Tages ermüdet, warf er sich nieder.

Als er die Augen zumachte und schlafen wollte, stürzten die beiden Krähen

von den Köpfen der Gehenkten mit lautem Geschrei herab und hackten ihm die Augen aus. Wie von Sinnen vor Schmerz rannte er in den Wald und muß darin verschmachtet sein, denn es hat ihn niemand wiedergesehen oder etwas von ihm gehört.

VOM KLUGEN SCHNEIDERLEIN

Es war einmal eine sehr stolze Prinzessin; kam ein Freier, so gab sie ihm etwas zu raten auf, und wenn er's nicht erraten konnte, so wurde er mit Spott fortgeschickt. Sie ließ auch bekanntmachen, wer ihr Rätsel löse, solle sich mit ihr vermählen, möge kommen, wer da wolle.

Schließlich fanden sich auch drei Schneider zusammen; von denen meinten die zwei ältesten, sie hätten so manchen feinen Stich getan und hätten's getroffen, da könnt's ihnen nicht fehlen, sie müßten's auch hier treffen. Der dritte war ein kleiner, unnützer Springinsfeld, der nicht einmal sein Handwerk verstand, aber meinte, er müßte dabei Glück haben, denn woher sollte es ihm sonst kommen?

Da sprachen die zwei andern zu ihm: »Bleib nur zu Haus, du wirst mit deinem bißchen Verstand nicht weit kommen.« Der Schneider ließ sich aber nicht irremachen und sagte, er habe sich's einmal in den Kopf gesetzt und wolle sich schon helfen, und ging dahin, als wäre die ganze Welt sein.

Da meldeten sich alle drei bei der Prinzessin und sagten, sie solle ihnen ihre Rätsel vorlegen. Es seien die rechten Leute angekommen, die hätten einen so feinen Verstand, daß man ihn wohl in eine Nadel fädeln könnte.

Da sprach die Prinzessin: »Ich habe zweierlei Haar auf dem Kopf, von was für Farben ist das?«

»Wenn's weiter nichts ist«, sagte der erste, »es wird schwarz und weiß sein wie Tuch, das man Kümmel und Salz nennt.«

Die Prinzessin sprach: »Falsch geraten! Antworte der zweite!«

Da sagte der zweite: »Ist's nicht schwarz und weiß, so ist's braun und rot wie meines Herrn Vaters Bratenrock.«

»Falsch geraten!« sagte die Prinzessin. »Antworte der dritte! Dem sehe ich's an, der weiß es sicherlich.«

Da trat das Schneiderlein vor und sprach: »Die Prinzessin hat ein silbernes und ein goldenes Haar auf dem Kopf, und das sind die zweierlei Farben.«

Wie die Prinzessin das hörte, wurde sie blaß und wäre vor Schrecken beinah umgefallen, denn das Schneiderlein hatte es erraten, und sie hatte fest geglaubt, das würde kein Mensch auf der Welt herausbringen. Als sie sich wieder gefaßt hatte, sprach sie: »Damit hast du mich noch nicht gewonnen, du mußt noch eins tun. Unten im Stall liegt ein Bär, bei dem sollst du die Nacht zubringen; wenn ich dann morgen aufstehe und du bist noch lebendig, so sollst du mich heiraten.«

Sie dachte aber, damit wolle sie das Schneiderlein loswerden, denn der Bär hatte noch keinen Menschen am Leben gelassen, der ihm unter die Tatzen gekommen war. Das Schneiderlein ließ sich nicht abschrecken, war ganz vergnügt und sprach: »Frisch gewagt ist halb gewonnen.«

Als nun der Abend kam, wurde das Schneiderlein zum Bären hinuntergebracht. Der Bär wollte auch gleich auf den kleinen Kerl losgehen und ihm mit seiner Tatze einen guten Willkommen geben. »Nur langsam«, sprach das Schneiderlein, »ich will dich schon zur Ruhe bringen.« Da holte es ganz gemütlich, als hätte es keine Furcht, Nüsse aus der Tasche, biß sie auf und aß die Kerne. Als der Bär das sah, bekam er Lust

und wollte auch Nüsse haben. Das Schneiderlein griff in
die Tasche und reichte ihm eine Handvoll; es waren aber keine
Nüsse, sondern Kieselsteine. Der Bär steckte sie ins Maul, konnte aber keine
aufbeißen, er mochte beißen wie er wollte. Ei, dachte er, was bist du für
ein dummer Klotz! Kannst nicht einmal die Nüsse aufbeißen, und sprach
zum Schneiderlein: »Mein Freund, beiß mir die Nüsse auf!«

»Da siehst du, was du für ein Kerl bist«, sprach das Schneiderlein, »hast
so ein großes Maul und kannst die kleine Nuß nicht aufbeißen.« Da nahm
es die Steine, vertauschte sie hurtig und steckte dafür eine Nuß in den Mund,
und knack, war sie entzwei. »Ich muß das Ding noch einmal probieren«,
sprach der Bär. »Wenn ich's so ansehe, ich mein', ich müßt's auch können.«

Da gab ihm das Schneiderlein abermals die Steine, und der Bär arbeitete
und biß aus allen Leibeskräften hinein. Aber du glaubst auch nicht, daß
er sie aufgebracht hat. Dann holte das Schneiderlein eine Violine unter dem
Rock hervor und spielte ein Stückchen darauf. Als der Bär die Musik hörte,
konnte er es nicht lassen und fing an zu tanzen. Als er ein Weilchen getanzt
hatte, gefiel ihm das Ding so sehr, daß er zum Schneiderlein sprach: »Hör,
ist das Geigen schwer?«

»Kinderleicht! Siehst du, mit der Linken leg' ich die Finger auf, und mit
der Rechten streich ich mit dem Bogen drauflos. Da geht's lustig, hopsassa,
vivallalera!«

»So geigen«, sprach der Bär, »das möcht' ich auch verstehen, damit ich
tanzen könnte, sooft ich Lust hätte. Willst du mir Unterricht darin geben?«

»Von Herzen gern«, sagte das Schneiderlein, »wenn du geschickt dazu bist.
Aber zeig einmal deine Tatzen her! Die sind gewaltig lang, ich muß dir die
Nägel ein wenig abschneiden.«

Da wurde der Schraubstock herbeigeholt, und der Bär legte seine Tatzen
darauf; das Schneiderlein aber schraubte sie fest und sprach: »Nun warte,
bis ich mit der Schere komme«, ließ den Bären brummen, soviel er wollte,
legte sich in eine Ecke auf ein Bund Stroh und schlief ein.

Als die Prinzessin am Abend den Bären gewaltig brummen hörte, glaubte

sie, er brumme vor Freuden und habe dem Schneider den Garaus gemacht. Am Morgen stand sie ganz unbesorgt und vergnügt auf. Wie sie aber nach dem Stall guckt, steht das Schneiderlein ganz munter davor und ist gesund wie ein Fisch im Wasser. Da konnte sie nun kein Wort mehr dagegen sagen, weil sie's öffentlich versprochen hatte, und der König ließ einen Wagen kommen, darin mußte sie mit dem Schneiderlein zur Kirche fahren, und nun sollte sie vermählt werden.

Als sie eingestiegen waren, gingen die beiden andern Schneider, die ein falsches Herz hatten und ihm sein Glück nicht gönnten, in den Stall und schraubten den Bären los. Der Bär rannte in voller Wut hinter dem Wagen her. Die Prinzessin hörte ihn schnauben und brummen; es wurde ihr angst, und sie rief: »Ach, der Bär ist hinter uns und will dich holen!«

Das Schneiderlein war fix, stellte sich auf den Kopf, steckte die Beine zum Fenster hinaus und rief: »Siehst du den Schraubstock? Wenn du nicht sofort weggehst, sollst du wieder hinein.« Wie der Bär das hörte, drehte er um und lief fort.

Das Schneiderlein aber fuhr ruhig in die Kirche, und die Prinzessin wurde mit ihm getraut, und er lebte mit ihr vergnügt wie eine Heidelerche.

DIE VIER KUNSTREICHEN BRÜDER

Es war ein armer Mann, der hatte vier Söhne. Als sie herangewachsen waren, sprach er zu ihnen: »Liebe Kinder, ihr müßt jetzt hinaus in die Welt, ich habe nichts, das ich euch geben könnte. Macht euch auf und geht in die Fremde, lernt ein Handwerk und seht, wie ihr euch durchschlagt.«

Da ergriffen die vier Brüder den Wanderstab, nahmen Abschied von ihrem Vater und zogen zusammen zum Tor hinaus. Als sie eine Zeitlang gewandert waren, kamen sie an einen Kreuzweg, der nach vier verschiedenen Gegenden führte. Da sprach der älteste: »Hier müssen wir uns trennen; aber heut über vier Jahre wollen wir an dieser Stelle wieder zusammentreffen und in dieser Zeit unser Glück versuchen.«

Nun ging jeder seinen Weg. Dem ältesten begegnete ein Mann, der fragte ihn, wohin er wolle und was er vorhabe.

»Ich will ein Handwerk lernen«, antwortete er.

Da sprach der Mann: »Geh mit mir und werde ein Dieb.«

»Nein«, antwortete er, »das gilt für kein ehrliches Handwerk, und das Ende vom Lied ist, daß einer als Schwengel in der Feldglocke gebraucht wird.«

»Oh«, sprach der Mann, »vor dem Galgen brauchst du dich nicht zu fürchten. Ich will dich bloß lehren, wie du etwas holst, was sonst kein Mensch kriegen kann und wo dir niemand auf die Spur kommt.«

Da ließ er sich überreden, wurde bei dem Manne ein gelernter Dieb und war bald so geschickt, daß nichts vor ihm sicher war, was er nur haben wollte.

Der zweite Bruder begegnete einem Mann, der dieselbe Frage an ihn tat: was er in der Welt lernen wolle. »Ich weiß es noch nicht«, antwortete er.

»So geh mit mir und werde ein Sterngucker; nichts besser als das, es bleibt einem nichts verborgen.«

Er ließ sich den Vorschlag gefallen und wurde ein so geschickter Sterngucker, daß sein Meister, als er ausgelernt hatte und weiterziehen wollte, ihm ein Fernrohr gab und zu ihm sprach: »Damit kannst du sehen, was auf Erden und am Himmel vorgeht, und nichts kann dir verborgen bleiben.«

Den dritten Bruder nahm ein Jäger in die Lehre und gab ihm in allem, was zur Jägerei gehört, so guten Unterricht, daß er ein ausgelernter Jäger wurde. Der Meister schenkte ihm beim Abschied eine Büchse und sprach: »Die fehlt nicht. Was du damit aufs Korn nimmst, das triffst du sicher.«

Der jüngste Bruder begegnete gleichfalls einem Mann, der ihn anredete und nach seinem Vorhaben fragte.

»Hast du nicht Lust, ein Schneider zu werden?«

»Daß ich nicht wüßte«, sprach der Junge, »das Krummsitzen von morgens bis abends, das Hin- und Herfegen mit der Nadel und dem Bügeleisen will mir nicht gefallen.«

»Ei was«, antwortete der Mann, »du sprichst, wie du's verstehst! Bei mir lernst du eine ganz andere Schneiderkunst, die ist anständig und kann sich sehen lassen; zum Teil ist sie sogar sehr ehrenvoll.«

Da ließ er sich überreden, ging mit und lernte die Kunst des Mannes von Grund auf. Beim Abschied gab ihm dieser eine Nadel und sprach: »Damit kannst du zusammennähen, was dir vorkommt, es sei so weich wie ein Ei oder so hart wie Stahl; und es wird ganz zu einem Stück, daß keine Naht mehr zu sehen ist.«

Als die bestimmten vier Jahre um waren, kamen die vier Brüder zu gleicher Zeit an dem Kreuzweg zusammen, herzten und küßten einander und kehrten heim zu ihrem Vater.

»Nun«, sprach dieser ganz vergnügt, »hat euch der Wind wieder zu mir geweht?«

Sie erzählten, wie es ihnen ergangen war und daß jeder das Seine gelernt hätte. Nun saßen sie gerade vor dem Haus unter einem großen Baum. Da sprach der Vater: »Jetzt will ich euch auf die Probe stellen und sehen, was ihr könnt.« Danach schaute er auf und sagte zu dem zweiten Sohn: »Oben im Gipfel dieses Baumes ist zwischen zwei Ästen ein Buchfinkennest. Sag mir, wieviel Eier liegen darin?«

Der Sterngucker nahm sein Glas, schaute hinauf und sagte: »Fünfe sind's.«

Sprach der Vater zum ältesten: »Hol du die Eier herunter, ohne daß der Vogel, der darauf sitzt und brütet, gestört wird.«

Der kunstreiche Dieb stieg hinauf und nahm dem Vöglein, das gar nichts davon merkte und ruhig sitzen blieb, die fünf Eier unter dem Leib weg und brachte sie dem Vater herab.

Der Vater nahm sie, legte an jede Ecke des Tisches eines und das fünfte in die Mitte, und sprach zum Jäger: »Du schießt mir nun mit einem Schuß alle fünf Eier in der Mitte entzwei.«

Der Jäger legte seine Büchse an und schoß die Eier, wie es der Vater verlangt hatte, alle fünf mit einem Schuß in der Mitte durch.

»Nun kommt die Reihe an dich« sprach der Vater zum vierten Sohn. »Du nähst die Eier wieder zusammen und auch die jungen Vöglein, die darin sind, und zwar so, daß ihnen der Schuß nichts schadet.«

Der Schneider holte seine Nadel und nähte, wie's der Vater verlangt hatte. Als er fertig war, mußte der Dieb die Eier wieder auf den Baum ins Nest tragen und dem Vogel unterlegen, ohne daß er etwas merkte. Das Tierchen brütete sie vollends aus, und nach ein paar Tagen krochen die Jungen hervor und hatten da, wo sie vom Schneider zusammengenäht waren, ein rotes Streifchen um den Hals.

»Ja«, sprach der Alte zu seinen Söhnen, »ich muß euch über den grünen Klee loben. Ihr habt eure Zeit wohl genutzt und was Ordentliches gelernt. Ich kann nicht sagen, wem von euch der Vorzug gebührt. Wenn ihr nur bald Gelegenheit habt, eure Kunst anzuwenden, da wird's sich zeigen.«

Nicht lange danach kam große Unruhe ins Land. Es hieß, die Königstochter sei von einem Drachen entführt worden. Der König war Tag und Nacht darüber in Sorgen und ließ bekanntmachen, wer sie zurückbrächte, solle sie zur Gemahlin haben.

Die vier Brüder sprachen untereinander: »Das wäre eine Gelegenheit, wo wir uns sehen lassen könnten«, wollten zusammen ausziehen und die Königstochter befreien.

»Wo sie ist, werde ich bald wissen«, sprach der Sterngucker, schaute durch sein Fernrohr und sprach: »Ich sehe sie schon! Sie sitzt weit von hier auf einem Felsen im Meer und neben ihr der Drache, der sie bewacht.«

Da ging er zu dem König und bat um ein Schiff für sich und seine Brüder und fuhr mit ihnen über das Meer, bis sie zu dem Felsen kamen. Die Königstochter saß da, aber der Drache lag in ihrem Schoß und schlief. Der Jäger sprach: »Ich darf nicht schießen, ich würde die schöne Jungfrau zugleich töten.«

»So will ich mein Heil versuchen«, sagte der Dieb. Er schlich sich heran und stahl das Mädchen unter dem Drachen weg, aber so leise und geschickt, daß das Untier nichts merkte, sondern weiterschnarchte. Sie eilten voll Freude mit ihm aufs Schiff und steuerten in die offene See.

Als aber der Drache bei seinem Erwachen die
Königstochter nicht mehr vorfand, kam er hinter ihnen
her und schnaubte wütend durch die Luft. Als er gerade über dem Schiff
schwebte und sich herablassen wollte, legte der Jäger seine Büchse an und
schoß ihn mitten ins Herz. Das Untier fiel tot herab, war aber so groß und
gewaltig, daß es im Herabfallen das ganze Schiff zertrümmerte. Sie erhasch-
ten glücklich noch ein paar Bretter und schwammen auf dem weiten Meer
umher.

Da war wieder große Not. Aber der Schneider, nicht faul, nahm seine

Wundernadel, nähte die Bretter mit ein paar großen Stichen in der Eile zusammen, setzte sich darauf und sammelte alle Stücke des Schiffs. Dann nähte er auch diese so geschickt zusammen, daß in kurzer Zeit das Schiff wieder segelfertig war und sie glücklich heimfahren konnten.

Als der König seine Tochter wieder erblickte, war große Freude. Er sprach zu den vier Brüdern: »Einer von euch soll sie zur Gemahlin haben, aber welcher das ist, macht unter euch aus.«

Da entstand ein heftiger Streit unter ihnen, denn jeder machte Ansprüche. Der Sterngucker sprach: »Hätte ich nicht die Königstochter gesehen, so wären alle eure Künste umsonst gewesen; darum ist sie mein.« Der Dieb sprach: »Was hätte das Sehen geholfen, wenn ich sie nicht unter dem Drachen weggeholt hätte; darum ist sie mein.« Der Jäger sprach: »Ihr wäret doch samt der Königstochter von dem Untier zerrissen worden, hätte es meine Kugel nicht getroffen; darum ist sie mein.« Der Schneider sprach: »Und hätte ich euch mit meiner Kunst nicht das Schiff wieder zusammengeflickt, ihr wäret alle jämmerlich ertrunken; darum ist sie mein.«

Da tat der König den Ausspruch: »Jeder von euch hat ein gleiches Recht. Aber weil nicht jeder die Jungfrau haben kann, so soll sie keiner von euch bekommen; aber ich will jedem zur Belohnung einen Anteil an dem halben Königreich geben.«

Den Brüdern gefiel diese Entscheidung, und sie sprachen: »Es ist besser so, als daß wir uneins werden.« Da erhielt jeder den achten Teil des Königreiches, und sie lebten mit ihrem Vater in aller Glückseligkeit, solange es Gott gefiel.

DER EISENHANS

Es war einmal ein König, der hatte einen großen Wald bei seinem Schloß, darin lief Wild aller Art herum. Eines Tages schickte er einen Jäger aus, der sollte ein Reh schießen, aber er kam nicht wieder.

»Vielleicht ist ihm ein Unglück zugestoßen«, sagte der König und schickte den folgenden Tag zwei andere Jäger aus, die sollten ihn suchen. Aber die blieben auch weg. Da ließ er am dritten Tag alle seine Jäger kommen und befahl: »Streift durch den ganzen Wald und hört nicht früher auf, bis ihr sie alle drei gefunden habt!« Aber auch von diesen Jägern kam keiner wieder heim, und von der Meute der Hunde, die sie mitgenommen hatten, ließ sich keiner wieder sehen.

Seither wollte sich niemand mehr in den Wald wagen, und er lag da in

tiefer Stille und Einsamkeit. Man sah nur zuweilen einen Adler oder Habicht darüber hinwegfliegen. Das dauerte viele Jahre; da meldete sich ein fremder Jäger bei dem König, der suchte einen Dienstplatz und erbot sich, in den gefährlichen Wald zu gehen. Der König aber wollte seine Einwilligung nicht geben und sprach: »Es ist nicht geheuer darin. Ich fürchte, es geht dir nicht besser als den andern und du kommst nicht wieder!« Der Jäger antwortete: »Herr, ich will's auf meine Gefahr wagen, von Furcht weiß ich nichts.«

Der Jäger ging also mit seinem Hund in den Wald. Es dauerte nicht lange, so geriet der Hund einem Wild auf die Fährte und wollte hinter ihm herlaufen. Kaum war er aber ein paar Schritte gelaufen, so stand er vor einem tiefen Wassertümpel, konnte nicht weiter, und ein nackter Arm streckte sich aus dem Wasser, packte ihn und zog ihn hinab. Als der Jäger das sah, sprang er zurück und holte drei Männer, die mußten mit Eimern kommen und das Wasser ausschöpfen.

Als sie auf den Grund sehen konnten, lag da ein wilder Mann, der braun am Leib war wie rostiges Eisen und dem die Haare über das Gesicht bis zu den Knien herabhingen. Sie banden ihn mit Stricken und führten ihn fort in das Schloß. Dort herrschte große Verwunderung über den wilden Mann.

Der König ließ ihn in einen eisernen Käfig auf seinen Hof setzen und verbot bei Lebensstrafe, die Tür des Käfigs zu öffnen. Die Königin mußte den Schlüssel selbst in Verwahrung nehmen. Von nun an konnte jeder wieder mit Sicherheit in den Wald gehen.

Der König hatte einen Sohn von acht Jahren, der spielte einmal auf dem Hof, und bei dem Spiel fiel ihm sein goldener Ball in den Käfig. Der Knabe lief hin und sprach: »Gib mir meinen Ball heraus!«

»Nicht eher«, antwortete der Mann, »als bis du mir die Türe aufgemacht hast.«

»Nein«, sagte der Knabe, »das darf ich nicht, das hat der König verboten«, und lief fort.

Am andern Tag kam er wieder und forderte seinen Ball. Der wilde Mann sagte: »Öffne meine Türe«, aber der Knabe wollte nicht.

Am dritten Tag war der König auf die Jagd geritten, da kam der Knabe nochmals und sagte: »Wenn ich auch wollte, ich kann die Tür nicht öffnen, ich habe keinen Schlüssel.«

Da sprach der wilde Mann: »Er liegt unter dem Kopfkissen deiner Mutter, dort kannst du ihn holen.« Der Knabe, der seinen Ball wieder

haben wollte, schlug alle Bedenken in den Wind und brachte den Schlüssel herbei. Die Tür ging schwer auf, und der Knabe klemmte sich dabei den Finger. Als sie offen war, trat der wilde Mann heraus, gab ihm den goldenen Ball und eilte hinweg. Dem Knaben war angst geworden, er schrie und rief ihm nach: »Ach, wilder Mann, geh nicht fort, sonst bekomme ich Schläge.«

Der wilde Mann kehrte um, hob ihn auf, setzte ihn auf seinen Nacken und ging mit schnellen Schritten in den Wald.

Als der König heimkam, bemerkte er den leeren Käfig und fragte die Königin, wie das zugegangen sei. Sie wußte nichts, suchte den Schlüssel, aber der war weg. Sie rief den Knaben, aber niemand antwortete. Der König schickte Leute aus, die ihn auf dem Feld suchen sollten, aber sie fanden ihn nicht. Da konnte er leicht erraten, was geschehen war, und es herrschte große Trauer am königlichen Hof.

Als der wilde Mann wieder in dem finstern Wald angelangt war, setzte er den Knaben von den Schultern herab und sprach: »Vater und Mutter siehst du nicht wieder. Aber ich will dich bei mir behalten, denn du hast mich befreit, und ich habe Mitleid mit dir. Wenn du alles tust, was ich dir sage, sollst du's gut haben. Schätze und Gold habe ich genug, mehr als jemand in der Welt.«

Er machte dem Knaben ein Lager von Moos, auf dem er einschlief. Am andern Morgen führte ihn der Mann zu einem Brunnen und sprach: »Siehst du, der Goldbrunnen ist hell und klar wie Kristall! Du sollst hier sitzen und achtgeben, daß nichts hineinfällt, sonst ist er verunehrt. Jeden Abend komme ich und sehe, ob du mein Gebot befolgt hast.«

Der Knabe setzte sich an den Rand des Brunnens, sah, wie manchmal ein goldener Fisch, manchmal eine goldene Schlange sich darin zeigte, und gab acht, daß nichts hineinfiel. Als er so saß, schmerzte ihn einmal der Finger so heftig, daß er ihn unwillkürlich in das Wasser steckte. Er zog ihn schnell wieder heraus, sah aber, daß er ganz vergoldet war. Wie große Mühe er sich auch gab, das Gold wieder abzuwischen, es war alles vergeblich.

Abends kam der wilde Mann zurück, sah den Knaben an und sprach: »Was ist mit dem Brunnen geschehen?«

»Nichts, nichts!« antwortete er und hielt den Finger auf dem Rücken, daß er ihn nicht sehen sollte.

Aber der Mann sagte: »Du hast den Finger in das Wasser getaucht! Diesmal mag's hingehen, aber hüte dich, daß du nicht wieder etwas hineinfallen läßt.«

Am frühesten Morgen saß der Knabe schon bei dem Brunnen und bewachte ihn. Der Finger tat ihm wieder weh, und er fuhr damit über seinen Kopf. Da fiel unglücklicherweise ein Haar in den Brunnen hinab. Er nahm es schnell heraus, aber es war schon ganz vergoldet. Der Eisenhans kam und wußte schon, was geschehen war. »Du hast ein Haar in den Brunnen fallen lassen«, sagte er. »Ich will dir's noch einmal nachsehen, aber wenn's zum drittenmal geschieht, so ist der Brunnen entehrt, und du kannst nicht länger bei mir bleiben.«

Am dritten Tag saß der Knabe wieder am Brunnen und bewegte den Finger nicht, wenn er ihm auch noch so weh tat. Aber die Zeit wurde ihm lang, und er betrachtete sein Angesicht, das auf dem Wasserspiegel stand. Und als er sich dabei immer mehr vorbeugte und sich recht in die Augen sehen wollte, fielen ihm seine langen Haare von den Schultern herab in das Wasser. Er richtete sich schnell in die Höhe, aber das ganze Haupthaar war schon vergoldet und glänzte wie eine Sonne. Ihr könnt euch denken, wie der arme Knabe erschrak! Er nahm sein Taschentuch und band es um den Kopf, damit es der Mann nicht sehen sollte.

Als er kam, wußte er schon alles und sprach: »Binde das Tuch auf!« Da quollen die goldenen Haare hervor, und der Knabe mochte sich entschuldigen, wie er wollte, es half ihm nichts. »Du hast die Probe nicht bestanden und kannst nicht länger hierbleiben. Geh hinaus in die Welt, da wirst du erfahren, wie die Armut tut. Aber weil du kein böses Herz hast und ich's gut mit dir meine, so will ich dir eines erlauben: Wenn du in Not gerätst, so geh zu dem Wald und rufe ›Eisenhans!‹, dann will ich kommen und dir helfen. Meine Macht ist groß, größer als du denkst, und Gold und Silber habe ich im Überfluß.«

Da verließ der Königssohn den Wald und ging auf Wegen und Straßen, durch Felder und Wälder immerzu, bis er zuletzt in eine große Stadt kam. Er suchte Arbeit, aber er konnte keine finden und hatte auch nichts gelernt, womit er sich hätte forthelfen können. Endlich ging er in das Schloß und fragte, ob sie ihn behalten wollten. Die Hofleute wußten nicht, wozu sie ihn brauchen sollten, aber sie hatten Gefallen an ihm und hießen ihn bleiben.

Zuletzt nahm ihn der Koch in Dienst und sagte, er könne Holz und Wasser tragen und die Asche zusammenkehren.

Einmal, als gerade kein anderer zur Hand war, hieß ihn der Koch die Speisen zur königlichen Tafel tragen. Da er aber seine goldenen Haare nicht sehen lassen wollte, behielt er sein Hütchen auf. Dem König war so etwas noch nicht vorgekommen, und er sprach: »Wenn du zur königlichen Tafel kommst, mußt du deinen Hut abziehen.«

»Ach, Herr«, antwortete er, »ich kann nicht, ich habe einen bösen Ausschlag auf dem Kopf.«

Da ließ der König den Koch herbeirufen, schalt ihn und fragte, wie er einen solchen Jungen hätte in seinen Dienst nehmen können; er solle ihn gleich fortjagen. Der Koch aber hatte Mitleid mit ihm und vertauschte ihn mit dem Gärtnerjungen.

Nun mußte der Junge im Garten pflanzen und begießen, hacken und graben und Wind und böses Wetter über sich ergehen lassen. Einmal im Sommer, als er allein im Garten arbeitete, war der Tag so heiß, daß er sein Hütchen abnahm, damit die Luft ihn kühlen solle. Als die Sonne auf das Haar schien, glitzerte und blitzte es, daß die Strahlen in das Schlafzimmer der Königstochter fielen und sie aufsprang, um zu sehen, was das wäre. Da erblickte sie den Jungen und rief ihn an: »Junge, bring mir einen Blumenstrauß!« Er setzte in aller Eile sein Hütchen auf, brach wilde Feldblumen ab und band sie zusammen.

Als er damit die Treppe hinaufstieg, begegnete ihm der Gärtner und sprach: »Wie kannst du der Königstochter einen Strauß von wilden Blumen bringen? Geschwind hole andere und suche die schönsten und seltensten aus.«

»Ach nein«, antwortete der Junge, »die wilden riechen kräftiger und werden ihr besser gefallen!«

Als er in das Zimmer der Königstochter trat, sprach diese: »Nimm dein Hütchen ab! Es ziemt sich nicht, daß du es vor mir aufbehältst.«

Er antwortete wieder: »Ich darf nicht, ich habe einen garstigen Ausschlag am Kopf!«

Sie griff aber nach dem Hütchen und zog es ab. Da rollten seine goldenen Haare auf die Schultern herab, daß es prächtig anzusehen war. Er wollte fortspringen, aber sie hielt ihn am Arm und gab ihm eine Handvoll Dukaten. Er ging damit fort, achtete aber des Goldes nicht, sondern brachte es dem Gärtner und sprach: »Ich schenke es deinen Kindern, die können damit spielen.«

Am andern Tag rief ihm die Königstochter wiederum zu, er solle ihr einen Strauß Feldblumen bringen, und als er damit eintrat, griff sie gleich nach seinem Hütchen und wollte es ihm wegnehmen. Aber er hielt es mit beiden Händen fest. Sie gab ihm wieder eine Handvoll Dukaten, aber er wollte sie nicht behalten und gab sie dem Gärtner zum Spielzeug für seine Kinder. Am dritten Tag ging's nicht anders; sie konnte ihm sein Hütchen nicht wegnehmen, und er wollte ihr Gold nicht.

Nicht lange danach entbrannte im Land Krieg. Der König sammelte sein Volk und wußte nicht, ob er dem Feind, der übermächtig war und ein großes Heer hatte, Widerstand leisten könne. Da sagte der Gärtnerjunge: »Ich bin jetzt herangewachsen und will mit in den Krieg ziehen. Gebt mir nur ein Pferd.« Die andern lachten und sprachen: »Wenn wir fort sind, so suche dir eins; wir wollen dir eins im Stall zurücklassen.«

Als sie ausgezogen waren, ging er in den Stall und zog das Pferd heraus. Es war an einem Fuß lahm und hinkte. Dennoch setzte er sich auf und ritt fort nach dem dunklen Wald. Als er an seinen Rand gekommen war, rief er dreimal »Eisenhans!«, so laut, daß es durch die Bäume schallte.

Gleich darauf erschien der wilde Mann und sprach: »Was verlangst du?«

»Ich verlange ein starkes Roß, denn ich will in den Krieg ziehen.«

»Das sollst du haben und noch mehr, als du verlangst.«

Dann ging der wilde Mann in den Wald zurück, und es dauerte nicht lange, so kam ein Stallknecht aus dem Wald und führte ein Roß herbei, das schnaubte aus den Nüstern und war kaum zu bändigen. Und hinterher folgte eine große Schar Kriegsvolk, ganz in Eisen gerüstet, und ihre Schwerter blitzten in der Sonne. Der Jüngling übergab dem Stallknecht sein lahmes Pferd, bestieg das andere und ritt vor der Schar her.

266

Als er sich dem Schlachtfeld näherte, war schon ein großer Teil von des Königs Leuten gefallen, und es fehlte nicht viel, so mußten die übrigen weichen. Da jagte der Jüngling mit seiner eisernen Schar heran, fuhr wie ein Wetter über die Feinde und schlug alles nieder, was sich ihm widersetzte. Sie wollten fliehen, aber der Jüngling saß ihnen auf dem Nacken und ließ nicht ab, bis kein Mann mehr übrig war. Statt aber zu dem König zurückzukehren, führte er seine Schar auf Umwegen wieder zu dem Wald und rief den Eisenhans heraus. »Was verlangst du?« fragte der wilde Mann. »Nimm dein Roß und deine Schar zurück und gib mir mein lahmes Pferd wieder.« Es geschah alles, was er verlangte, und er ritt auf seinem hinkenden Pferd heim.

Als der König wieder in sein Schloß kam, lief ihm seine Tochter entgegen und wünschte ihm Glück zu seinem Sieg. »Ich bin es nicht, der den Sieg davongetragen hat«, sprach er, »sondern ein fremder Ritter, der mir mit seiner Schar zu Hilfe kam.«

Die Tochter wollte wissen, wer der fremde Ritter gewesen sei. Aber der König wußte es nicht und sagte: »Er hat die Feinde verfolgt, und ich habe ihn nicht wiedergesehen.«

Sie erkundigte sich bei dem Gärtner nach seinem Jungen. Der lachte aber und sprach: »Eben ist er auf seinem lahmen Pferd heimgekommen, und die andern haben gespottet und gerufen: ›Da kommt unser Hunkepuus wieder an.‹ Sie fragten auch: ›Hinter welcher Hecke hast du inzwischen gelegen und geschlafen?‹ Er sprach aber: ›Ich habe das Beste getan, und ohne mich wäre es schlechtgegangen.‹ Da wurde er noch mehr ausgelacht.«

Der König sprach zu seiner Tochter: »Ich will ein großes Fest ansagen lassen, das drei Tage währen soll, und du sollst einen goldenen Apfel werfen. Vielleicht kommt der Unbekannte herbei.«

Als das Fest verkündet war, ging der Jüngling hinaus in den Wald und rief den Eisenhans. »Was verlangst du?« fragte er.

»Daß ich den goldenen Apfel der Königstochter fange.«

»Es ist so gut, als hättest du ihn schon«, sagte Eisenhans. »Du sollst auch eine rote Rüstung haben und auf einem stolzen Fuchs reiten.«

Als der Tag kam, sprengte der Jüngling heran, stellte sich unter die Ritter und wurde von niemand erkannt. Die Königstochter trat hervor und warf den Rittern einen goldenen Apfel zu. Aber keiner fing ihn als er allein, und als er ihn besaß, jagte er davon. Am zweiten Tag hatte ihn Eisenhans als weißen Ritter ausgerüstet und ihm einen Schimmel gegeben. Wiederum fing er den Apfel, verweilte aber keinen Augenblick, sondern jagte damit fort.

Der König wurde bös und sprach: »Das ist nicht erlaubt, er muß vor mir erscheinen und seinen Namen nennen.« Er gab den Befehl, dem Ritter, der den Apfel gefangen habe, nachzusetzen, wenn er sich wieder davonmachen wolle, wenn er nicht gutwillig zurückkehre, ihn zur Rückkehr zu zwingen.

Am dritten Tag erhielt er vom Eisenhans eine schwarze Rüstung und einen Rappen und fing auch wieder den Apfel. Als er aber damit fortjagte, verfolgten ihn die Leute des Königs, und einer kam ihm so nahe, daß er ihn mit der Spitze des Schwertes am Bein verwundete. Er entkam ihnen jedoch. Aber sein Pferd sprang so weit, daß ihm der Helm vom Kopf fiel und sie sehen konnten, daß der junge Ritter goldene Haare hatte. Sie ritten zurück und meldeten dem König alles.

Am andern Tag fragte die Königstochter den Gärtner nach seinem Jungen. »Er arbeitet im Garten. Der wunderliche Kauz ist bei dem Fest gewesen und erst gestern abend wiedergekommen. Er hat auch meinen Kindern drei goldene Äpfel gezeigt, die er gewonnen hat.«

Der König ließ ihn holen, und er erschien und hatte wieder sein Hütchen auf dem Kopf. Aber die Königstochter ging auf ihn zu und nahm es ihm ab. Da fielen seine goldenen Haare über die Schultern, und er war so schön, daß alle erstaunten.

»Bist du der Ritter gewesen, der jeden Tag zu dem Fest gekommen ist, immer in einer andern Farbe, und der die drei goldenen Äpfel gefangen hat?« fragte der König.

»Ja«, antwortete er, »und da sind die Äpfel!« Er holte sie aus seiner Tasche und reichte sie dem König.

»Wenn Ihr noch mehr Beweise verlangt, so könnt Ihr die Wunde sehen, die mir Eure Leute geschlagen haben, als sie mich verfolgten. Aber ich bin auch der Ritter, der Euch zum Sieg über die Feinde verholfen hat.«

»Wenn du solche Taten verrichten kannst, so bist du kein Gärtnerjunge. Sage mir, wer ist dein Vater?«

» Mein Vater ist ein mächtiger König, und Gold habe ich, soviel ich nur verlange.«

»Ich sehe wohl«, sprach der König, »ich bin dir Dank schuldig. Kann ich dir etwas zu Gefallen tun?«

»Ja«, antwortete er, »das könnt Ihr. Gebt mir Eure Tochter zur Frau!«

Da lachte die Königstochter und sprach: »Der macht keine Umstände! Aber ich habe schon an seinen goldenen Haaren gesehen, daß er kein Gärtnerjunge ist.« Dann ging sie hin und küßte ihn.

Zu der Vermählung kamen sein Vater und seine Mutter und waren in großer Freude, denn sie hatten schon alle Hoffnung aufgegeben, ihren lieben Sohn wiederzusehen.

Und als sie an der Hochzeitstafel saßen, da schwieg auf einmal die Musik, die Türen gingen auf, und ein stolzer König trat herein mit großem Gefolge. Er ging auf den Jüngling zu, umarmte ihn und sprach: »Ich bin der Eisenhans und war in einen wilden Mann verwünscht, aber du hast mich erlöst. Alle Schätze, die ich besitze, die sollen dein Eigentum sein.«

HANS IM GLÜCK

Hans hatte sieben Jahre bei seinem Herrn gedient, da sprach er zu ihm: »Herr, meine Zeit ist um, nun möchte ich gerne wieder heim zu meiner Mutter, gebt mir meinen Lohn.« Der Herr antwortete: »Du hast mir treu und ehrlich gedient; wie der Dienst war, so soll der Lohn sein«, und gab ihm ein Stück Gold, das so groß wie sein Kopf war. Hans zog sein Tüchlein aus der Tasche, wickelte den Klumpen hinein, hob ihn auf die Schulter und machte sich auf den Weg nach Haus.

Wie er so dahinging und immer ein Bein vor das andere setzte, kam ein Reiter vorbei, der frisch und fröhlich auf einem munteren Pferd dahertrabte. »Ach«, sprach Hans ganz laut, »wie ist doch das Reiten schön! Da sitzt man wie auf einem Stuhl, stößt sich an keinen Stein, spart die Schuh und kommt fort, man weiß nicht wie.«

Der Reiter, der das gehört hatte, hielt an und rief: »Ei, Hans, warum läufst du auch zu Fuß?« — »Ich muß ja wohl«, antwortete er, »da hab' ich einen Klumpen heimzutragen. Es ist zwar Gold, aber ich kann den Kopf dabei nicht gerade halten, auch drückt es mich auf die Schulter.« — »Weißt du was«, sagte der Reiter, »wir wollen tauschen: Ich gebe dir mein Pferd, und du gibst mir deinen Klumpen.«

»Von Herzen gern«, sprach Hans, »aber ich sage Euch, Ihr müßt Euch damit schleppen.« Der Reiter stieg ab, nahm das Gold und half dem Hans hinauf, gab ihm die Zügel fest in die Hände und erklärte: »Wenn es recht

geschwind gehen soll, so mußt du mit der Zunge schnalzen und hopp, hopp rufen!«

Hans war seelenfroh, als er auf dem Pferd saß und so frank und frei dahinritt. Dann fiel ihm ein, es sollte noch schneller gehen, und Hans fing an mit der Zunge zu schnalzen und hopp, hopp zu rufen. Das Pferd setzte sich in starken Trab, und ehe sich's Hans versah, war er abgeworfen und lag in einem Graben, der die Äcker von der Landstraße trennte. Das Pferd wäre auch durchgegangen, wenn es nicht ein Bauer aufgehalten hätte, der des Wegs kam und eine Kuh vor sich hertrieb. Hans machte sich wieder auf die Beine. Er war aber verärgert und sprach zu dem Bauer: »Das Reiten ist ein schlechter Spaß, zumal wenn man auf so eine Mähre gerät wie diese, die stößt und einen herabwirft, daß man sich den Hals brechen kann. Ich setze mich nimmermehr wieder auf. Da lob' ich mir Eure Kuh, da kann einer mit Gemächlichkeit hinterhergehen und hat obendrein jeden Tag seine Milch, Butter und Käse. Was gäbe ich darum, wenn ich so eine Kuh hätte!« — »Nun«, sprach der Bauer, »geschieht Euch so ein großer Gefallen, so will ich Euch gern die Kuh für das Pferd vertauschen.« Hans willigte mit tausend Freuden ein. Der Bauer schwang sich aufs Pferd und ritt eilig fort.

Hans trieb seine Kuh ruhig vor sich her und überlegte den glücklichen Handel. »Hab' ich nur ein Stück Brot, und daran wird mir's doch nicht fehlen, so kann ich, sooft mir's beliebt, Butter und Käse dazu essen; hab' ich Durst, so melke ich meine Kuh und trinke Milch. Herz, was verlangst du

mehr?« Als er zu einem Wirtshaus kam, machte er halt, aß in der großen
Freude alles, was er bei sich hatte, sein Mittag- und Abendbrot, und ließ sich
für seine letzten paar Heller ein halbes Glas Bier einschenken. Dann trieb
er seine Kuh weiter, immer nach dem Dorfe seiner Mutter zu. Die Hitze
wurde drückend, je näher der Mittag kam. Hans befand sich gerade in einer
Heide, die er wohl noch eine Stunde lang überqueren mußte. Da wurde
ihm ganz heiß, so daß ihm vor Durst die Zunge am Gaumen klebte. Dem
ist leicht abzuhelfen, dachte Hans, jetzt will ich meine Kuh melken und
mich an der Milch laben. Er band das Tier an einen dürren Baum, und da er
keinen Eimer hatte, stellte er seine Ledermütze unter. Aber wie er sich auch
bemühte, kein Tropfen Milch kam zum Vorschein. Und weil er sich unge-
schickt dabei anstellte, so gab ihm das ungeduldige Tier endlich mit einem
der Hinterfüße einen solchen Schlag vor den Kopf, daß er zu Boden taumelte
und eine Zeitlang sich nicht besinnen konnte, wo er war.

Glücklicherweise kam gerade ein Metzger der Wegs, der auf einem Schub-
karren ein junges Schwein liegen hatte. »Was sind das für Streiche!« rief er
und half dem guten Hans wieder auf. Hans erzählte, was vorgefallen war.
Der Metzger sprach: »Die Kuh will wohl keine Milch geben, das ist ein altes
Tier, das höchstens noch zum Ziehen taugt oder zum Schlachten.«

»Ei, ei«, meinte Hans und strich sich die Haare über den Kopf, »wer hätte
das gedacht! Es ist freilich gut, wenn man so ein Tier im Haus schlachten
kann, was gibt es da für Fleisch! Aber ich mache mir aus dem Kuhfleisch
nicht viel, es ist mir nicht saftig genug. Ja, wer so ein junges Schwein hätte!
Das schmeckt anders, dabei noch die Würste.«

»Hört, Hans«, schlug der Metzger vor, »Euch zuliebe
will ich tauschen und will Euch das Schwein für
die Kuh überlassen.« — »Gott lohn Euch Eure
Freundschaft«, meinte Hans, übergab

ihm die Kuh, ließ sich das Schweinchen vom Karren losmachen und den Strick, woran es gebunden war, in die Hand geben.

Hans zog wieder weiter und war glücklich, weil ihm doch alles nach Wunsch ging. Es gesellte sich danach ein Bursch zu ihm, der trug eine schöne weiße Gans unter dem Arm. Sie grüßten einander, und Hans fing an von seinem Glück zu erzählen, und wie er immer so vorteilhaft getauscht hätte. Der Bursche erzählte ihm, daß er die Gans zu einem Kindtaufschmaus brächte. »Hebt einmal«, fuhr er fort und packte sie bei den Flügeln, »wie schwer sie ist, die ist aber auch acht Wochen lang gemästet worden. Wer in den Braten beißt, muß sich das Fett von beiden Seiten des Mundes abwischen.« — »Ja«, sprach Hans und wog sie mit einer Hand, »die hat ihr Gewicht, aber mein Schwein ist auch keine Sau.«

Indessen sah sich der Bursche nach allen Seiten bedenklich um und schüttelte mit dem Kopf.

»Hört«, fing er an, »mit Eurem Schweine mag's nicht ganz richtig sein. In dem Dorf, durch das ich gekommen bin, ist eben dem Schulzen eins aus dem Stall gestohlen worden! Ich fürchte, ich fürchte, Ihr habt's da an der Hand. Sie haben Leute ausgeschickt, und es wäre schlimm, wenn sie Euch mit dem Diebsgut erwischten! Das geringste wäre, daß Ihr ins finstere Loch gesteckt werdet.« Dem guten Hans wurde bang: »Ach Gott«, sprach er, »helft mir aus der Not, Ihr wißt hier herum bessern Bescheid, nehmt mein Schwein da und laßt mir Eure Gans.«–»Ich muß schon etwas aufs Spiel setzen«, antwortete der Bursche, »aber ich will doch nicht schuld sein, daß Ihr ins Unglück geratet.« Er nahm also den Strick in die Hand und trieb das Schwein schnell auf einem Seitenweg fort. Der gute Hans aber ging, seiner Sorgen entledigt, mit der Gans unter dem Arme der Heimat zu. »Wenn ich's recht überlege«, redete er mit sich selbst, »habe ich noch einen Vorteil bei dem Tausch: einmal den guten Braten, hernach die Menge Fett. Das gibt Gänsefettbrot auf ein Vierteljahr! Und endlich die schönen weißen Federn, die lass' ich mir in mein Kopfkissen stopfen, und darauf werde ich wohl köstlich schlafen. Was wird meine Mutter für eine Freude haben!«

Als er durch das letzte Dorf gekommen war, stand da ein Scherenschleifer mit seinem Karren, sein Rad schnurrte, und er sang dazu:

> »Ich schleife die Schere und drehe geschwind
> und hänge mein Mäntelchen nach dem Wind.«

Hans blieb stehen und sah ihm zu. Endlich redete er ihn an und sprach: »Euch geht's gut, weil Ihr so lustig bei Eurer Arbeit seid.« — »Ja«, antwortete der Scherenschleifer, »das Handwerk hat einen goldenen Boden. Ein rechter Schleifer ist ein Mann, der, sooft er in die Tasche greift, auch Geld darin findet. Aber wo habt Ihr die schöne Gans gekauft?« — »Die hab' ich nicht

gekauft, sondern für ein Schwein eingetauscht.« — »Und das Schwein?« —
»Das hab' ich für eine Kuh gekriegt.« — »Und die Kuh?« — »Die hab' ich für
ein Pferd bekommen.« — »Und das Pferd?« — »Dafür habe ich einen Klumpen
Gold, so groß wie mein Kopf, gegeben.« — »Und das Gold?« — »Ei, das war
mein Lohn für sieben Jahre Dienst.«

»Ihr habt Euch jederzeit zu helfen gewußt«, sprach der Schleifer, »könnt
Ihr's nun soweit bringen, daß Ihr das Geld in der Tasche springen hört, wenn
Ihr aufsteht, so habt Ihr Euer Glück gemacht.« — »Wie soll ich das anfangen?«
fragte Hans. »Ihr müßt ein Schleifer werden wie ich! Dazu gehört eigentlich
nichts als ein Wetzstein, das andere findet sich schon von selbst. Hier hab'
ich einen, er ist zwar ein wenig schadhaft, dafür sollt ihr mir aber weiter nichts
als Eure Gans geben. Wollt Ihr das?« — »Wie könnt Ihr noch fragen«, antwortete
Hans, »ich werde ja zum glücklichsten Menschen auf Erden! Habe ich Geld,
sooft ich in die Tasche greife, was brauche ich mich da länger zu sorgen?«,
reichte ihm die Gans hin, und er nahm den Wetzstein in Empfang. »Nun«,
sprach der Schleifer und hob dabei einen gewöhnlichen, schweren Feldstein,
der neben ihm lag, auf, »da habt Ihr noch einen Stein dazu, auf dem sich's
gut schlagen läßt und Ihr Eure alten Nägel geradeklopfen könnt. Nehmt ihn
und hebt ihn ordentlich auf.«

Hans nahm den Stein und ging vergnügten Herzens weiter; seine Augen
leuchteten vor Freude. »Ich muß in einer Glückshaut stecken«, rief er, »alles,
was ich wünsche, trifft zu.«

Allmählich, weil er seit Tagesanbruch auf den Beinen gewesen war, begann er müde zu werden; auch plagte ihn der Hunger, da er allen Vorrat
auf einmal in der Freude über die erhandelte Kuh aufgezehrt hatte. Er konnte

nur mit Mühe weitergehen und mußte jeden Augenblick haltmachen. Dazu drückten ihn die Steine ganz erbärmlich. Da konnte er sich des Gedankens nicht erwehren, wie gut es wäre, wenn er sie gerade jetzt nicht zu tragen brauchte. Wie eine Schnecke kam er zu einem Feldbrunnen geschlichen, wollte da ruhen und sich mit einem frischen Trunk laben. Damit er aber die Steine im Niedersitzen nicht beschädige, legte er sie bedächtig neben sich auf den Rand des Brunnens. Darauf setzte er sich nieder und wollte sich zum Trinken bücken. Versehentlich stieß er ein klein wenig an, und beide Steine plumpsten hinab. Als Hans die Steine in die Tiefe versinken sah, sprang er vor Freuden auf, kniete nieder und dankte Gott mit Tränen in den Augen, daß er ihm auch diese Gnade noch erwiesen und ihn auf eine so gute Art und ohne daß er sich einen Vorwurf zu machen brauchte, von den schweren Steinen befreit hätte. »So glücklich wie ich«, rief er aus, »gibt es keinen Menschen unter der Sonne.«

Mit leichtem Herzen und frei aller Last und Sorge sprang er nun fort, bis er daheim bei seiner Mutter war.

DIE GESCHENKE DES KLEINEN VOLKES

Ein Schneider und ein Goldschmied wanderten zusammen. Sie vernahmen eines Abends, als die Sonne hinter die Berge gesunken war, den Klang einer fernen Musik, die immer deutlicher wurde. Sie tönte ungewöhnlich, aber so anmutig, daß sie alle Müdigkeit vergaßen und rasch weiterschritten.

Der Mond war schon aufgegangen, als die zwei zu einem Hügel gelangten, auf dem sie eine Menge kleiner Männer und Frauen erblickten, die sich bei den Händen gefaßt hatten und mit größter Lust und Freudigkeit im Tanze herumwirbelten. Sie sangen dazu auf das lieblichste, und das war die Musik, die die Wanderer gehört hatten.

In der Mitte des Festes saß ein alter Mann, der etwas größer war als die übrigen, in einem buntfarbigen Rock, und ein eisgrauer Bart hing ihm über die Brust herab. Die beiden blieben voll Verwunderung stehen und sahen dem Tanz zu. Der Alte winkte, sie möchten eintreten, und das kleine Volk öffnete bereitwillig seinen Kreis.

Der Goldschmied, der unerschrocken genug war, trat als erster hinzu. Der Schneider empfand zuerst einige Scheu, doch als er erkannte, wie lustig es zuging, faßte er sich ein Herz und kam nach. Alsbald schloß sich der Kreis wieder, und die Kleinen sangen und tanzten in den wildesten Sprüngen weiter.

Der Alte aber nahm ein breites Messer, das an seinem Gürtel hing, wetzte es, und als es hinlänglich geschärft war, blickte er sich nach den Fremdlingen um.

Die beiden Wanderer bekamen Angst, aber sie hatten nicht lange Zeit, sich zu besinnen. Der Alte packte den Goldschmied und schor ihm in der größten Geschwindigkeit Haupthaar und Bart glatt weg; ein gleiches geschah hierauf dem Schneider.

Doch ihre Angst verschwand, als der Alte nach vollbrachter Tat beiden freundlich auf die Schulter klopfte, als wollte er sagen, sie hätten es gut gemacht, daß sie ohne Sträuben alles willig hätten geschehen lassen. Er zeigte mit dem Finger auf einen Haufen Kohlen, der zur Seite lag, und deutete ihnen durch Gebärden an, daß sie ihre Taschen damit füllen sollten. Beide gehorchten, obgleich sie nicht wußten, wozu die Kohlen dienen sollten, und gingen dann weiter, um ein Nachtlager zu suchen. Als sie ins Tal gekommen waren, schlug die Glocke des benachbarten Klosters Mitternacht. Augenblicklich verstummte der Gesang, alles war verschwunden, und der Hügel lag in einsamem Mondschein.

Die beiden Wanderer fanden eine Herberge und deckten sich auf dem Strohlager mit ihren Röcken zu, vergaßen aber wegen ihrer Müdigkeit, die Kohlen zuvor herauszunehmen. Ein schwerer Druck auf ihren Gliedern weckte sie früher als gewöhnlich. Sie griffen in die Taschen und wollten ihren Augen nicht trauen, als sie sahen, daß sie nicht mit Kohlen, sondern mit reinem Golde angefüllt waren. Auch Haupthaar und Bart waren glücklich wieder wie zuvor vorhanden. Sie waren nun reiche Leute geworden, doch besaß der Goldschmied, der seiner habgierigen Natur gemäß die Taschen besser gefüllt hatte, noch einmal soviel wie der Schneider.

Ein Habgieriger, wenn er noch so viel hat, verlangt immer mehr. Der Goldschmied machte daher dem Schneider den Vorschlag, den Abend wieder abzuwarten, um sich bei dem Alten auf dem Berge noch größere Schätze zu holen. Der Schneider wollte nicht recht mittun und erklärte: »Ich habe genug und bin zufrieden! Jetzt werde ich Meister, heirate bald und bin ein glücklicher Mann.« Doch war er bereit, ihm zu Gefallen, einen Tag noch zu bleiben.

Abends hing der Goldschmied sich noch ein paar Taschen über die Schulter, um recht viel einstecken zu können, und machte sich auf den Weg zu dem Hügel. Er fand, wie in der vorigen Nacht, das kleine Volk bei Gesang und Tanz, der Alte schor ihn abermals glatt und deutete ihm an, Kohlen mitzunehmen. Der Goldschmied zögerte nicht, sich einzustecken, was nur in seine Taschen gehen wollte, kehrte ganz glückselig heim und deckte sich mit dem Rock zu.

»Wenn das Gold auch drückt«, sprach er, »ich will es schon ertragen«, und schlief endlich mit dem süßen Vorgefühl ein, morgen als steinreicher Mann zu erwachen.

Als er die Augen öffnete, erhob er sich schnell, um die Taschen zu untersuchen. Aber wie staunte er, als er nichts als schwarze Kohlen herauszog, er mochte so oft hineingreifen, wie er wollte. Noch bleibt mir das Gold, das ich die Nacht vorher gewonnen habe, dachte er und holte es herbei. Aber wie erschrak er, als er feststellte, daß es ebenfalls wieder zu Kohle geworden war. Er schlug sich mit den verrußten Händen an die Stirne, da fühlte er, daß der ganze Kopf kahl und glatt war wie der Bart. Nun erkannte er die Strafe für seine Habgier und begann laut zu weinen.

Der gute Schneider, der davon aufgeweckt wurde, tröstete den Unglücklichen, so gut es gehen wollte, und sprach:

»Du bist mein Gefährte auf der Wanderschaft gewesen, du sollst bei mir bleiben und mit von meinem Schatz zehren.«

Er hielt Wort, aber der arme Goldschmied mußte sein Lebtag seinen kahlen Kopf mit einer Mütze bedecken.

DER GESTIEFELTE KATER

Es war einmal ein Müller. Der besaß eine Windmühle und drei Söhne, weiters einen Esel und einen Kater. Die drei Söhne arbeiteten von klein auf, mußten Getreide mahlen, der Esel Mehl tragen, und die Katze die Mäuse fangen.

Als der Müller starb, teilten sich die drei Söhne das Erbe. Der älteste bekam die Windmühle, der zweite den Esel und der dritte den Kater, weil sonst nichts mehr übrig war. Da war der jüngste sehr traurig und meinte zu sich selbst:

»Ich bin am allerschlechtesten weggekommen. Mein ältester Bruder kann mahlen, der andere auf dem Esel reiten — aber was kann ich mit dem Kater anfangen? Wenn ich mir aus seinem Fell ein Paar Pelzhandschuhe machen lasse, wäre das alles, was ich dann besitze!«

»Hör zu«, begann der Kater zu flüstern, »du brauchst mich nicht zu töten. Bekommst nur ein Paar schlechter Handschuhe aus meinem Fell! Aber laß mir schöne, hohe Stiefel machen, daß ich ausgehen und mich unter den Leuten sehen lassen kann, dann wird auch dir geholfen werden!«

Der Müllerssohn wunderte sich, daß der Kater so verständlich redete. Da er aber gerade an einem Schusterladen vorüberging, rief er den Kater herbei und ließ ihm ein Paar prächtiger, neuer Stiefel anfertigen. Es dauerte nicht lange. Als sie fertig waren, zog sie der Kater an, nahm einen Sack über die Schulter, nachdem er zuvor etwas Korn darein gegeben hatte, und ging auf zwei Beinen, wie ein Mann, zur Tür hinaus.

In diesem Lande regierte zu jenen Zeiten ein König, der allzugerne Rebhühner aß. Obgleich zwischen den Ackerfurchen recht viele liefen, waren die Vögel so scheu, daß die Jäger keine erlegen konnten. Dies wußte der Kater und überlegte, wie er die Sache besser anstellen könnte. Als er an die Waldgrenze kam, machte er den Sack auf, streute Korn umher und legte die Schnur, mit der er den Sack zugebunden hatte, in das Gras. Das andere Schnurende führte er hinter eine Hecke. Dort versteckte sich der Kater und lauerte auf seine Opfer.

Die Rebhühner kamen gar bald aus dem Acker gelaufen, fanden das Korn und hüpften in ihrer Gefräßigkeit eins nach dem andern in den Sack. Als

eine stattliche Anzahl drin war, zog der Kater mit der Schnur den Sack zu, lief dann hervor, schulterte die schwere Last und eilte geradewegs nach des Königs Schloß.

Vor dem Tore des gewaltigen Königssitzes angelangt, rief sofort der Wachtposten: »Halt, wohin?«

»Zum König«, antwortete der Kater kurzweg.

»Bist du verrückt? Ein Kater will den König sprechen?«

»Laß ihn doch gehen«, meinte der andre Posten, »ein König hat gewiß oft Langeweile. Vielleicht macht ihm dieser Kater Vergnügen.«

Als der Kater dann vor den König trat, machte er eine tiefe Verbeugung und begann mit kräftiger Stimme:

»Mein Herr, der Graf«, dabei nannte er einen langen und vornehmen Namen, »läßt sich seinem König und Landesherrn ergebenst empfehlen und schickt durch mich diese Rebhühner.«

Der König war über die fetten Hühner ganz besonders erfreut und gewährte dem Kater, so viel Gold aus seiner Schatztruhe in den Sack zu tun, als drin Platz wäre und er tragen könne.

»Das bring deinem Herrn und bestelle ihm meinen Dank für sein Geschenk!«

Der arme Müllerssohn aber saß daheim an seinem Fenster, stützte den Kopf auf die Hand und trauerte, daß er sein allerletztes Geld für die Stiefel ausgegeben habe. Was würde ihm denn der Kater schon dafür bringen? Im selben Augenblick knarrte die Tür, der Kater trat ein und warf den Sack von seinem Rücken. Dann schnürte er ihn auf und schüttete das Gold vor den armen Müllerssohn, während er hinzufügte:

»Hier — für die Stiefel, die du mir machen ließest. Der König läßt dich grüßen und dir Dank sagen!«

Der Müllerssohn war glücklich über den Schatz, obgleich er sich nicht erklären konnte, wie das Ganze zugegangen sei. Und während der Kater seine prächtigen Stiefel auszog, erzählte er dem Jungen alles, meinte aber schließlich:

»Du hast jetzt zwar sehr viel Geld bekommen — aber dabei soll es nicht bleiben! Morgen ziehe ich wieder meine Stiefel an. Übrigens erklärte ich dem König, du seist ein Graf!«

Am nächsten Morgen ging der Kater in aller Morgenfrühe wohlgestiefelt wieder auf die Jagd. Und wieder brachte er dem König einen reichen Fang. So ging es mehrere Tage fort, immer brachte er reiche Goldschätze heim, um am nächsten Tag wieder im Schloß aufzukreuzen. Bald war der Kater im königlichen Schloß so beliebt, daß er dort ein- und aus- und herumgehen konnte, wie er mochte.

Eines Tages stand der Kater wohlgestiefelt in des Königs Küche und wärmte sich am lodernden Feuer. Da kam plötzlich der alte Kutscher fluchend bei der Tür herein:

»Den König mit seiner Prinzessin wünscht' ich zum Kuckuck! Gerade als ich ins Wirtshaus gehen wollte, um etwas zu trinken und Karten zu spielen, schickte der König nach mir, und ich muß die beiden um den See spazieren-fahren!«

Als der Kater diesen Fluch hörte, schlich er leise aus der Küche und eilte mit seinen Stiefeln zu seinem Müller und rief schon von weitem: »Willst du ein Graf werden, dann komm mit, schnell hinaus in den See und bade dort!«

Der Müller wußte nicht recht, was er dazu sagen sollte. Jedenfalls folgte er sogleich dem Kater, zog sich am Seeufer aus und sprang in das Wasser. Der Kater nahm gleich die Kleider, um sie zu verstecken.

Kaum war er damit fertig, als die königliche Karosse anrollte.

Der Kater hielt den Wagen an und begann zu klagen: »Mein aller-gnädigster König! Ach, mein Herr, der dort im See badet, hatte seine Kleider ans Ufer gelegt. Da kam ein Dieb, nahm ihm die Kleider weg. Jetzt kann

er nicht heraus, und wenn er
länger drin bleibt, wird er sich
erkälten, ja es besteht sogar
Lebensgefahr!«

Als der König dies hörte, mußte
einer aus seinem Gefolge sofort
zurücklaufen und von des Königs
Kleidern holen. Dann hüllte sich
der Müller in die schönen Königs-
kleider.

Der König, der in ihm den Grafen sah, dem er für die prächtigen
Hühner zu tiefstem Dank verpflich-
tet war, bat ihn, in der Kutsche
Platz zu nehmen. Die Prinzessin
war über dieses Anerbieten auch
nicht böse, denn er war jung und
als Graf in den königlichen Ge-
wändern besonders schön. Er gefiel ihr recht gut.

Der Kater war indessen der
Kutsche vorausgeeilt und kam
zu einer großen Wiese, wo viele
Leute mit dem Hereinbringen von
Heu beschäftigt waren.

»Wessen Besitz ist diese Wiese?« fragte der Kater die Landleute.

»Dem bösen Zauberer gehören diese Gründe«, erwiderten sie.

»Hört, Freunde«, setzte der Kater fort, »in wenigen Augenblicken wird
euer König hier vorbeifahren, und wenn er fragt, wie euer Herr heißt. dann
sagt nur: Dem Grafen gehören diese Äcker. Tut ihr mir aber das nicht— dann
werdet ihr alle Böses zu ertragen haben!«

Dann lief der Kater weiter und gelangte an ein großes Kornfeld. »Wessen
Besitz ist dieser Acker?« fragte der Kater die zahlreichen Landleute.

»Dem bösen Zauberer gehören diese Gründe«, erwiderten sie. Und wieder
befahl der Kater den Leuten, den gräflichen Besitz zu bestätigen.

Auf seinem weiteren Weg kam der Kater an einem hochstämmigen Eichen-
wald vorbei, wo zahllose Holzarbeiter mit dem Fällen prächtiger Bäume beschäftigt waren.

»Wessen Besitz ist dieser Wald?« fragte der Kater die Holzarbeiter. »Dem
bösen Zauberer gehören diese Gründe«, erwiderten sie.

Und ein drittesmal begehrte der Kater, die Leute müßten dem König
den gräflichen Besitz bestätigen.

Dann zog der Kater weiter seiner Wege. Alle Leute sahen ihm nach, weil er so stattlich in den prächtigen Stiefeln aussah und wie ein Mensch einherschritt.

Bald war der Kater an der Burg des Zauberers angelangt. Unerschrocken marschierte er durch das gewaltige Tor und begab sich in die Wohnräume. Als er den Schloßherrn erspähte, machte der Kater seine tiefste Verbeugung und begrüßte ihn:

»Großer Zauberer und Künstler! Es geht die Kunde, daß du dich jederzeit in jedes Tier nach deinem Wunsch verwandeln kannst – ausgenommen Elefanten!«

»Was«, sagte der Zauberer und ward schon ein Elefant.

»Großartig«, meinte der Kater, »aber wie wär's mit einem Löwen?«

»Bitte, eine Kleinigkeit«, und ein Löwe lefzte den Kater an.

Der Kater stellte sich unerschrocken vor diesen König aller Tiere und bat mit etwas zittriger Stimme:

»Großartig — aber noch mehr als alles andere wäre es, wenn du dich in ein so kleines Tier verwandeln könntest, wie eine Maus ist. Dies würde dich zum Meisterzauberer der Erde machen!«

Der Zauberer war geschmeichelt durch die süßen Worte und sagte:

»Liebes Kätzchen, dies kann ich auch!« Und schon lief er als Maus im

Saal umher. Der Kater stürzte sofort dem Mäuschen nach, fing es mit einem Sprung und fraß es mit Wohlbehagen.

Der König aber war mit dem Grafen und der Prinzessin weiter spazierengefahren und kam zu der großen Wiese.

»Wem gehört diese Wiese?« fragte er die Leute, die mit dem Hereinbringen von Heu beschäftigt waren.

»Dem Herrn Grafen!« riefen alle, wie der Kater ihnen befohlen hatte.

»Ihr habt da ein schönes Stück Land, Herr Graf«, sagte der König.

Darnach kamen sie zu dem großen Kornfeld.

»Wem gehört dieser Acker?« fragte der König.

»Dem Herrn Grafen!« bestätigten die Landleute, die das Korn schnitten.

»Ei! Herr Graf! Große, schöne Ländereien besitzt Ihr!« sprach der König.

Und als sie in den Wald kamen, fragte er:

»Wem gehört dieser Wald, ihr Leute?«

»Dem Herrn Grafen!« riefen die Holzarbeiter, die die Bäume fällten?

Der König verwunderte sich noch mehr und sprach zum Grafen:

»Ihr müßt ein reicher Mann sein, Herr Graf. Ich habe keinen so schönen, hochstämmigen Wald.«

Endlich langte die Kutsche beim Schloß an, das dem Zauberer gehört hatte. Der Kater stand schon oben an der Treppe. Als die königliche Karosse unten vorfuhr, sprang der Kater herab, öffnete den Wagenschlag, verbeugte sich tief und begrüßte den König mit den Worten:

»Herr König, Ihr gelangt hier in das Schloß meines Herrn, des reichen und mächtigen Grafen, den diese Ehre für sein Lebtag glücklich machen wird.«

Der König verließ den Wagen und war über das Gebäude sehr verwundert, das er früher noch nie gesehen hatte. Es kam ihm fast größer und prächtiger vor als das königliche Schloß.

Der Graf bot der Prinzessin den Arm und geleitete sie über die Treppe in den Empfangssaal des Schlosses, der ganz von Gold und Edelsteinen flimmerte.

Festliche Zeiten waren den Tagen der Not gefolgt. Aus dem armen

Müllerssohn war zuerst ein reicher Mann geworden, und nun war er sogar ein Graf.

Die Prinzessin wurde dem Grafen versprochen, und bald wurde die Hochzeit gefeiert. Und als das Paar zur Kirche schritt, ging der gestiefelte Kater vor ihm her und streute Blumen.

Als nach Jahren der König dahinsiechte und starb, wurde der Graf zum Landesherrn und König erkoren. Er gedachte in Treue seines gestiefelten Katers und ernannte ihn zum Haus- und Hofmarschall.